어쩐지, 도망치고 싶더라니

어쩐지, 도망치고 싶더라니

: 변화를 가로막는 내 마음의 정체는 무엇일까?

1판 1쇄 발행 2018년 3월 7일
1판 5쇄 발행 2019년 12월 17일
2판 1쇄 발행 2023년 8월 10일
2판 2쇄 발행 2023년 2월 1일

지은이 뇌부자들(김지용, 손정현, 오동훈, 윤희우, 허규형)
펴낸이 김영곤
펴낸곳 아르테

편집 김지영 최윤지
구성 김성현 **일러스트** 김보통 **디자인** 데시그
기획위원 장미희
출판마케팅영업본부 본부장 민안기
마케팅 배상현 한경화 김신우 강효원
영업 최명열 김다운
제작 이영민 권경민

출판등록 2000년 5월 6일 제406-2003-061호
주소 (10881) 경기도 파주시 회동길 201(문발동)
대표전화 031-955-2100 **팩스** 031-955-2151 **이메일** book21@book21.co.kr

ISBN 978-89-509-9692-5 03180

어쩐지, 도망치고 싶더라니

변화를 가로막는 내 마음의 정체는 무엇일까?

뇌부자들 지음

도망치는 마음에는
이유가 있다

"앞으로 무슨 일을 하면서 살아야 할지 모르겠어요."
"사람들을 만나는 게 두려워요."
"이유 없이 자꾸만 화가 나는데 어떻게 해야 하나요?"

팟캐스트 〈뇌부자들〉을 시작한 지 벌써 만 1년이 되었습니다. 처음에는 마음 맞는 동료들끼리 '정확한 정신의학 정보를 전달해 정신건강의학과를 둘러싼 오해와 편견을 줄여 보자!'라는, 약간은 거창한 목표를 가지고 출발했습니다. 마음의 문제로 힘들어하는 분들의 사연을 받겠다고 했지만, 한편으로는 얼마나 많은 이들이 얼굴도 모르는 저희에게 고민을 털어놓을까 반신반의한 것도 사실입니다. 하지만 상담소를 연 지 얼마 되지 않아 하루가 멀다 하고 많게는 수십 통씩 쌓이는 사연들을 보며 그런 고민이 기우였음을 알게 되었습니다. 그중 많은 분이 공감하거나 궁금해할 만한 사연을 골라 방송을 하고, 미처 방송에서 다루지 못한 사연들에는 정성껏 답장을 썼습니다.

사연의 주인공들은 나이도, 직업도, 성별도 다양했습니다. 이제막 진로를 고민하는 고등학생부터 일에서 오는 스트레스로 힘들어하는 직장인, 아이를 키우며 낯선 두려움과 책임감 때문에 혼란스러워하는 초보 엄마까지, 각자의 입장만큼이나 고민도 천차만별이었습니다. 답이 명확한 사연들도 있었지만, 어떻게 도와드려야 할지 답을 찾지 못해 한참 끙끙거리게 만든 사연들도 많았습니다.

마음에 묻는 첫 번째 질문, "나는 왜 이러는 걸까요?"

사연자들은 대개 반복되는 현실의 문제로 괴로워하다 〈뇌부자들〉의 문을 두드렸습니다. 어떤 관계에서든 매번 상처를 받는다거나, 발등에 불이 떨어진 상황에서도 자꾸만 일을 미룬다거나, 하루종일 부정적인 생각으로 가득 차 아무 일도 할 수 없는 자신에게지쳐 있는 상태였지요. 그러다가 "나는 왜 이러는 걸까?" 하는 질문을 스스로에게 던지며 그러한 문제들이 내 마음이 반복해서 그려 내는 패턴 탓은 아닐까 의심을 하게 되었을 겁니다. 이 의심이야말로 이 책에서 전개될 모든 이야기의 출발점입니다. 나도 모르고 있던 내 안의 불안과 드러내고 싶지 않은 상처들로 하여금 스스로 말을 할 준비를 시키는 것이지요.

하지만 대부분의 사람들은 문제가 반복된다는 걸 알면서도 자기 마음을 들여다보는 대신 도망치는 쪽을 선택합니다. 때로는 자신이 도망치고 있다는 사실조차 알아차리지 못한 채 말이지요. 이렇게 도망치는 까닭은 예상되는 심리적 고통에서 자아를 지키기 위한 마음의 방어막, 다시 말해 '방어기제'가 작동하기 때문입니다. 이러한 방어기제 가운데에는 고통을 견뎌 내면서 자신을 발전시키는 성숙한 방법도 있지만, 많은 사람들이 감당하기 버거운 감정을 억압하고, 원인이 되는 문제를 부정하고, 타인을 탓하는 등의 미성숙한 방법을 사용합니다. 이 경우 마음의 통증이 일시적으로 가라앉을 수는 있지만 결코 근본적인 해법이 되지는 않습니다. 문제는 방어기제라는 녀석이 대부분 자동적으로 작동해서, 관심을 기울이지 않으면 어떤 것인지도 모른 채 습관적으로 사용하게 된다는 점입니다.

〈뇌부자들〉에 도움을 청한 사연자들은 도망치고 싶은 자신의 마음을 알아차리고, 그 마음을 붙잡을 방법을 묻고 있었습니다. 이들은 자신을 가로막고 있는 마음의 방어막을 걷어 내기로 결심한 사람들입니다. 우리는 각자의 마음에 드리워진 방어막의 정체가 무엇인지, 어떤 상태인지에 대해 성심껏 설명해 주었습니다. 마음의 민낯을 들여다보지 못하게 하는 장애물이 무엇인지 알아야 비로소 그것을 걷어 낼 수 있기 때문입니다. 그 과정에서 때로는 섣부른 판단을 했을 수도 있고, 때로는 너무 조심스럽게 다가갔을 수도 있습니다. 하지만 적어도 자신의 상처와 불안을 탐험하기로 용기를 낸 분들에게 우리의 조언이 자신감을 불어넣기를 바랐습니다.

나와 꼭 닮은 내 마음속 불안을 찾아서

상처는 누를수록 커지고, 불안은 피할수록 더 강하게 나를 덮쳐 옵니다. 나를 지켜 줄 거라 믿은 마음의 방어막이 도리어 내 마음을 무너지게 할 수도 있습니다. 반대로 그 불안과 상처를 직면해 적절히 활용하기만 한다면 닫힌 마음을 열어 줄 유일한 열쇠가 되기도 합니다. 그렇게 마주하게 된 자신이 생각보다 왜소하고 볼품없어도 괜찮습니다. 있는 그대로의 내 모습을 받아들이고 사랑할 수 있는 마음이라면, 곳곳에서 날아드는 화살에도 끄떡없을 정도로 단단해질 테니까요.

내가 가장 피하고 싶은 내면의 불안과 상처가 바로 지금의 나를 만들었다는 것을 깨닫는 데서부터 자신을 있는 그대로 인정할 힘이 자라납니다. 자신의 가장 취약한 면을 발견함으로써 더 강한 나를 만나는 마음의 역설이 여기에 있지요. 변하고 싶은데 주춤거리는 마음이 답답한가요? 알 수 없는 감정에 휘둘리는 일에 진력이 났나요? 불안이나 상처로부터 대책 없이 도망치는 일이 지긋지긋

한가요? 그렇다면 이제 내면의 방어막을 마주할 준비가 된 것입니다. 여러분이 각자의 마음속 방어막을 발견할 수 있도록 길을 터주고, 그 아래 감춰 둔 불안과 상처 앞에서 담담할 수 있도록 마음의 채비를 돕는 것, 그것이 저희 〈뇌부자들〉의 바람이기도 합니다.

우리는 모두, 조금씩 도망치고 있다

이 책에는 정신건강의학과를 배경으로 각자의 이유로 진료실 문을 두드린 다섯 명의 내담자 이야기를 담았습니다. 글을 쓰다 갑자기 작업을 멈춰 버리는 시나리오 작가, 사랑하는 아이한테 이유 없이 화가 치솟는 엄마, 공황 발작을 겪은 취업 준비생, 폭식 때문에 어머니 손에 이끌려 온 웹툰 작가, 불면증에 시달리는 성형외과 의사까지, 다섯 명의 주인공이 가진 사연은 특수한 것처럼 보이지만, 그 안에는 누구나 겪을 수 있는 고민이 담겨 있습니다. 다섯 명 내담자들이 가진 내면의 방어막이 무엇인지 알아 가는 과정에서 독자 여러분 역시 자신에게 친숙한 마음들을 마주칠 수 있을 것입니다. 반동형성, 투사, 격리, 동일시……, 각각의 에피소드가 끝날 때마다 그 마음들에 이름을 붙여 줌으로써 독자 여러분 스스로가 자기 마음을 진단해 볼 수 있도록 책을 구성했습니다.

이 책을 다 읽으면 마음의 문제가 단번에 해결될 수 있을까요? 그렇지는 않을 겁니다. 하지만 적어도 방황하는 마음의 갈피를 잡고 변화의 실마리를 찾으실 수 있기를 기대합니다. 책 속 주인공들이 그러했듯이 마음이 변화하는 데는 충분한 시간이 필요합니다. 때로는 힘들어 주저앉고 싶을 정도로 그 과정이 순탄하지 않을 겁니다. 그렇지만 서두르지 말고 실마리가 제시하는 길로 뚜벅뚜벅 걸어가다 보면 분명 목적지에 도착할 수 있습니다. 그리고 그 목적지에서 더 이상 나를 가로막는 방어막이 필요하지 않을 정도로 단단해진 마음과 마주할 수 있을 거라 믿습니다.

자, 이제 이야기를 들으러 떠날 시간입니다.

정신과 의사들이 보여 주는 정신과의 속살,
어디서도 듣지 못한 정신과의 속사정 이야기
〈뇌부자들〉
지금 바로 시작합니다!

차례

1부

사랑받지
못할까 봐
불안한가요?

우리는 누구나 사랑받고 싶다.

때로는 그 마음 때문에 상대의 기분을, 눈치를,

욕망을 살피느라 내 생각과 감정과 바람을 무시하기도 한다.

하지만 언젠가는 깨닫게 된다.

진짜 '나'를 드러내지 않는 관계란 허울뿐이라는 것을,

관계에서 '내'가 빠지는 순간

누구도 진정 사랑하기 어렵다는 것을.

여기, 모두에게 사랑받길 원하는 사람이 있다.

그리고 그 마음 때문에 애써 지워 온 자신의 목소리에

이제는 귀를 기울이려고 한다. 오동훈

일이 마무리되는 게 두려워요

"자꾸 딴짓을 한다고요?"

내 질문에 문정 씨가 경쾌하게 고개를 끄덕였다. 서른여덟 살인 문정 씨는 겉모습만 봤을 때는 삼십 대 초반으로 보일 정도로 동안이었다. 직업이 프리랜서 작가라니, 예술 계통 사람들이 또래보다 어려 보이는 편이지. 상담을 받는 건 처음이라던 문정 씨는 문장을 다루는 사람답게 차분하고 여유롭게 자기 상황을 말했다.

"네, 그게 고민이에요. 최근 일할 때 자꾸 제 뜻과 다르게 맥이 끊기거든요. 주로 의뢰를 받아 영화 시나리오를 쓰거나 각색하는 일을 하는데 언제부턴가 작업에 쭉 집중하기가 어려워요. 중간에 잠깐씩 딴짓을 하죠."

"기계처럼 사람도 예열이 필요하잖아요. 컴퓨터 로딩 시간 같은 거요. 그런 거랑 크게 다른가요?"

"네, 말씀하신 것처럼 본격적으로 작업을 시작하기 전까진 으레 그런 시간이 있죠. 제 문제는 한창 흐름이 좋을 때, 저도 모르게 흐름을 끊어 버린다는 거예요. 좋은 아이디어가 떠오르거나, 어렴풋하던 감이 확실해지려고 할 때 갑자기 글 쓰는 걸 멈춰 버려요."

"그러니까 한창 '필'을 받아서 일이 잘될 때, 문정 씨 스스로 좋은 흐름을 멈춘다는 건가요?"

"
한창 흐름이 좋을 때,
그 흐름을 끊어 버려요
"

나의 말에 문정 씨는 고개를 크게 끄덕였다. 동작이 이목구비처럼 시원시원했다.

"보통 작가들은 흐름을 타면 몇 시간씩 한 자리에 앉아서 글을 써요. 그럴 때는 배고픈 줄도 모르고 화장실 갈 생각도 안 들죠. 말 그대로 '그 분이 오셨다'라는 순간이에요. 그런 날은 장면 전개도 찰떡처럼 이어지고, 대사도 빵빵 터져요. 어떤 사람들은 그럴 때 집중해서 며칠 작업할 분량을 해치우기도 하죠. 그런데 저는 오히려 그 흐름을 끊어 버려요. 갑자기 미뤄 둔 이메일에 답장하고, 설거지를 하거나 빨래를 하기도 해요. 한참 딴짓을 하다가 다시 자리에 앉으면 '그 분'도 이미 사라지고 없죠. 아무래도 집중력에 문제가 생긴 게 아닐까요?"

입담이 좋아 문제 상황을 설명하는데도 어딘가 명랑한 느낌이 들었다. 문정 씨의 질문에 나는 잠깐 뒤로 물러났다.

"그럴 가능성도 있지만 지금 상황만으로는 확실하게 말하기 어렵습니다. 이전에도 한 가지 일에 오래 집중하기 어려웠던 적이 있나요?"

"정확하게 말하면 한 가지 일에 오래 집중하지 못하는 게 문제가 아니에요. 유독 글을 쓸 때, 집중이 잘된다고 느껴지는 순간 저도 모르게 브레이크를 거는 게 문제죠. 지금도 책이나 영화는 집중해서 봐요. 다른 일을 할 때도 특별히 집중이 안 된다고 느낀 적은 없고요."

"학교 다닐 때 눈에 띄게 산만하다거나 부산스럽다는 이야기를 들은 적은요?"

문정 씨가 다소 어이없다는 듯 웃음을 터트리며 대답했다.

"전혀요. 조용하고 차분하다는 이야기를 들은 건 아니었지만, 그렇다고 눈에 띄게 산만한 아이도 아니었어요."

내담자의 상태를 파악하기 위한 의례적인 질문과 대답이 몇 차례 더 이어졌다. 그 끝에 나는 문정 씨가 주의력결핍과잉행동장애

ADHD나 우울증을 앓고 있을 가능성은 낮다고 판단했다. '글이 잘 풀릴 때 갑자기 딴짓을 한다', '집중이 잘된다고 느껴지는 순간 브레이크를 건다'는 것만 빼면 문정 씨는 별다른 문제가 없는 것처럼 보였다. 식욕이 없지도, 잠을 이루지 못해 고생하지도, 사람들을 만나는 게 싫다거나 갑자기 죽을 것만 같은 두려움에 휩싸이지도 않았다. 그게 문제라면 문제였다. **당장 생활하는 데 극심한 문제가 없는데도 병원에 왔다는 게 특별히 주의를 끌었다.**

"글을 쓸 때는 주로 어떤 기분이 드세요?"

방금까지 탁구공을 받아치듯 빠르고 명쾌하게 답을 하던 문정 씨가 잠시 머뭇거리더니 이내 한숨 쉬듯 말했다.

"즐거워요. 잘 안 풀릴 때는 짜증도 나지만 대체로 즐거워하고 있어요. 제가 쓴 이야기에서는 현실과 다르게 제가 하고 싶은 대로 뭐든 할 수 있잖아요? 한 사람의 인생을 제가 원하는 대로 끌고 나간다는 게 참 재미있어요. 특히 영화 시나리오 작업은 제 글이 스크린에서 살아 움직이니 짜릿하기까지 하죠."

"그렇게 즐거운 일인데 왜 집중하기 어렵고 맥이 끊어질까요?"

문정 씨는 한참 생각을 고르다 망설이듯 답했다.

"음……, 글이 완성되는 걸 피하고 싶은 것 같아요. 흐름을 타다 보면 작업이 생각보다 금방 끝날 수 있는데, 그 상황을 피하고 싶은 게 아닐까요?"

"완성을 피한다라……. 왜 피하고 싶은 걸까요?"

"저도 그걸 계속 고민했지만 잘 모르겠어요."

"혹시 좋아하는 일이니까 계속 붙잡고 싶은 마음일까요?"

"그건 아니에요. 어쨌든 저한테는 일이니까 끝나야 좋은 거죠. 해야 할 일은 얼마든지 더 있고요."

"문정 씨도 자기 마음이 잘 이해되지 않는다는 말씀이시군요. 왜 글이 완성되는 걸 피하고 싶은 건지 알고 싶어서 오신 거고요."

> **"**
>
> *글이 완성되는 걸*
> *피하고 싶은 것 같아요*
>
> **"**

문득, 몇 달 전에 만난 고시생 환자가 떠올랐다. 그는 아무리 노력해도 20분 이상 집중하지 못하는 문제 때문에 병원을 찾아왔다고 했다. 자신도 모르는 사이 집중력이 흐트러질까 두려운 나머지 스스로 그 흐름을 끊어 버린 것이다. 잠시도 쓸데없는 생각을 해서는 안 되고 항상 완벽하게 집중하는 상태를 유지해야 한다는 강박적인 생각이 문제의 원인이었다. 강박적인 성격을 가진 사람들 중에 '흐름의 완벽성'이 손상되는 걸 심하게 두려워하는 이들이 있다. 그런 두려움이 이런 역설적인 상황을 낳은 것이다. 문정 씨도 같은 경우일까? 그러나 문정 씨에게 강박적 성향을 의심할 만한 단서는 보이지 않았다. 실마리가 잡히지 않아 답답해하며 차트에 떠오르는 대로 다양한 병명을 휘갈겨 쓰다가 지금까지 나눈 대화 주제와는 조금 다른 질문을 던졌다.

"글 쓸 때 말고도 자꾸만 '브레이크를 건다'라고 느낄 때가 있나요? 일상생활 중 다른 영역에서요."

면담을 시작한 뒤로 가장 오랜 침묵이 흘렀다. 한참 만에 문정 씨가 앞으로 흘러내리는 머리카락을 쓸어 넘기며 대답했다.

"음, 연애할 때도 그런 경향이 있는 것 같아요. 좋은 감정으로 잘 만나다가도 막상 결혼을 전제로 진지하게 교제하자고 하면 왠지 부담스러워요. 거절하기가 어려워서 일단은 알겠다고 하지만 그 뒤에 부모님께 인사를 드린다든가 미래에 관한 이야기를 한다든가 하면 이런저런 핑계를 대면서 미루다가 결국 헤어져요."

"지금은 만나는 분이 있으세요?"

"네, 만난 지 얼마 안 됐는데 좋은 사람인 것 같아서 진지하게 생각하고 있어요. 저도 이제 정신 차리고 결혼해야죠."

마치 준비해 온듯 기계적으로 느껴지는 답이었다.

"음, 그렇군요. 그럼, 연애 외에 다른 관계는 어때요? 사람들과 친해지는 걸 꺼리는 편인가요? 사람들과 어울리는 것보다는 혼자 지내는 게 더 편한가요?"

문정 씨가 이번에는 고개를 가로저었다.

"아뇨. 사람들이랑 어울리는 건 좋아해요. 동료들하고 자주 만나서 술도 한잔하고 그래요."

깊은 관계를 피한다는 점에 초점을 맞추면 회피성 성격장애를 고려해 볼 수 있었다. 그러나 연인이 아닌 다른 사람들과의 관계에서는 특별한 문제점을 찾기 어려웠다. 나는 내가 메모한 '회피성 성격'에 X표를 그리다 곧 '회피'라는 단어에 동그라미를 쳤다. 어쨌든 '회피'는 문정 씨가 겪는 문제의 핵심을 드러내는 단어였다. 문정 씨는 빨리 글 작업을 마치고 싶고, 진지한 관계를 맺을 때가 됐다고 말했지만 실제로는 말과 반대되는 행동을 취하는 것 같았다. 보통은 일에서든 연애에서든 빨리 결론을 맺길 원할 텐데, 문정 씨는 무의식적으로 그것을 피하고 있는 것처럼 보였다.

왜?

회피는 둘째가라면 서러운 방어기제의 대표 주자다. **그런데 회피가 방어기제로 작동하고 있다면, 피하려는 대상이 문정 씨에게 내적 갈등을 유발하는 것이어야 한다.** 즉, 그 대상이 심리적인 고통을 유발하기에 맞닥뜨리고 싶지 않은 일이어야 하는 것이다. 글 작업은 어떨까? 그건 문정 씨에게 경제적 이득을 가져다주는 직업적 성과물임과 동시에 그녀의 재능을 다른 사람에게 드러내는 통로이기도 하다. 자신의 재능이 냉정하게 평가되는 상황은 어떤 이들에겐 매우 큰 압박일 수 있다. 그렇다면 연애는 어떠한가? 관계가 깊어지는 걸 피하는 사람들은 일반적으로 상대방에게 거절당하거나 버림받을 걸 두려워하는 마음이 내재된 경우가 많다. 문정 씨도 그런 걸까? 지금으로선 뭐라 결론 내리기 어려웠다.

"오늘 첫 진료인데, 문정 씨가 차분하게 많은 이야기를 해 줘서 상황을 잘 파악할 수 있었어요. 그렇지만 이것만으로는 문정 씨에게 닥친 문제가 무엇 때문이라고 확실하게 말하기는 어렵네요. 다만 글을 완성시키는 걸 피한다는 게 좀 더 깊은 내면의 문제와 연관돼 있을 거라는 생각이 들어요. 정기적으로 면담을 하면서 그 연결 고리를 찾아 나가는 건 어떨까요?"

문정 씨는 순순히 면담을 하겠다고 했다. 그런데 다음을 기약하며 자리에서 일어선 문정 씨가 진료실을 빠져나가다 말고 갑자기 뒤돌아 물었다.

"선생님은 절 보면 어떤 느낌이 드세요?"

예상하지 못한 질문에 당황해서 눈을 댕그랗게 뜨고만 있었다. 내 표정을 보고 문정 씨는 장난스럽게 웃더니 말을 이었다.

"그냥 정신과 선생님 눈에는 제가 어떻게 보일지 궁금해서 여쭤봤어요. 그럼, 안녕히 계세요."

미처 뭐라고 대답하기도 전에 문정 씨는 작별 인사까지 마치고 진료실 문을 닫았다. 자신이 어떻게 보일지 궁금하다라……. 면담 내내 그걸 신경 쓰고 있었던 건가? 방금 일어난 상황을 곱씹으며 의미를 읽으려 했지만 다음 환자를 알리는 노크 소리가 나를 더 강하게 현실로 끌어당겼다.

지금, 마음이
도망치고 있진 않나요?

엄마의 서운한 말 한마디, 상사의 못마땅한 표정, 하루 종일 연락 한 번 없는 남자 친구……. 우리는 매순간 우리 마음에 생채기를 내려는 많은 시도들을 접합니다. 그 안에서 우리 마음을 아프게 헤집는 뾰족한 화살촉을 발견하지요. 하루에도 몇 번씩, 언제 어디서 날아들지 모르는 화살을 막기 위해 우리는 저마다의 심리적 방어막을 지니고 있습니다. 그것이 바로 방어기제입니다.

방어막에도 튼튼한 게 있고 약한 게 있듯 방어기제도 마찬가지입니다. 심리적 스트레스를 세련된 방식으로 부드럽게 해소하는 방어기제가 있는가 하면, 그것을 마음속에 쌓아 놓은 채 대충 덮어두거나 밖으로 고스란히 분출하는 방어기제도 있습니다. 전자를

'성숙한' 방어기제, 후자를 '미성숙한' 방어기제라고 하지요. 한 사람이 한 가지의 방어기제만을 사용하는 것은 아닙니다. 대개는 상황에 따라 성숙한 방어기제와 미성숙한 방어기제를 번갈아 가며 사용하고, 같은 상황이라도 마음의 컨디션에 따라 다른 방어기제를 사용하기도 합니다. 하지만 누구나 각자의 주특기가 있듯이 습관적으로 사용하는 주된 방어기제가 따로 있기 마련입니다.

그중 가장 널리 쓰이는 회피는 문자 그대로 심리적 스트레스를 유발할 수 있는 문제적 상황이나 대상으로부터 거리를 두는 것을 뜻합니다. 이것은 다시 인지적 회피와 행동적 회피라는 두 가지 개념으로 나뉩니다. 친한 친구와 다툰 뒤 뒤늦게 그것이 내 오해에서 비롯된 일이었다는 사실을 알게 된 상황을 가정해 볼까요? 친구에게 사과해야 하는 건 알지만, 막상 말을 꺼내자니 어색하고 친구가 어떤 반응을 보일지 두렵기도 할 것입니다. 결국 이러지도 저러지도 못하다가 '아, 몰라. 어떻게든 되겠지' 하고 생각을 멈추고 머릿속 한구석으로 치워 버리는 것이 바로 인지적 회피입니다. 그런데 고민을 하던 사이 맞은편 복도 끝에서 친구가 걸어오는 걸 보고 당황해 옆 강의실로 숨어 버린다면, 이것은 행동적 회피라고 할 수 있습니다. 다시 말해, 인지적 회피는 사고의 영역에서, 행동적 회피는 물리적인 상황에서 각각 스트레스 요인으로부터 거리를 두는 것이지요.

우리는 알아차리지 못하는 사이 하루에도 몇 번씩 회피를 합니다. 많은 회피가 무의식적으로 일어나지요. 중요한 약속이나 해야 할 일을 감쪽같이 잊어버릴 때, 단순한 건망증 때문이라고 생각할 수 있지만 알고 보면 회피가 방어기제로 작동한 결과인 경우가 많습니다. 좋아하지 않는 사람과의 만남이나 부정적인 결과가 예상되는 상황으로 인해 발생할 심리적 불편을 예방하려고 우리 마음이 자동적으로 반응한 것입니다.

회피가 반드시 나쁜 것은 아닙니다. 앞에 놓인 장애물에 무조건 부딪혀 보는 것보다는 한 발 물러서는 게 도움이 될 때가 있으니까요. 문제는 한발 물러서고 난 뒤, 장애물의 옆으로 돌아가거나 그 아래로 지나가려는 시도조차 하지 않은 채 장애물의 존재를 외면하려고만 한다는 겁니다. 결국, 시간이 지나도 내 앞에 장애물이 놓여 있는 상황은 바뀌지 않지요. 그래서 정신건강의학과 의사들은 보통 회피를 미성숙한, 비적응적인 방어기제 중 하나로 분류합니다.

앞에서 글쓰기에 집중하지 못하고 자꾸만 다른 일을 하는 문정 씨의 문제를 일종의 무의식적 회피 행동으로 해석을 했습니다. 그렇다면 문정 씨가 외면하려고 했던 장애물은 무엇일까요? 이 질문에 답을 하기 위해서는 문정 씨가 스트레스를 느끼는 상황이 무엇인지, 문정 씨 마음에 갈등을 일으키는 진짜 원인이 무엇인지 한 걸음 더 깊숙이 들어가야 할 것입니다.

두 번째 이야기

내가 보는 나는
어떤 모습일까?

"선생님, 라문정 씨 오셨습니다. 들어오시라고 할까요?"

유난히 나른한 오후였다. 잠시 붙였던 눈을 뜨고 헝클어진 머리를 빗는데 박 간호사가 문을 열며 들어왔다. 왜 박 간호사가 문을 열지? 그런 내 표정을 읽었는지 박 간호사가 나를 보며 눈썹 한쪽을 찡긋하더니 뒤로 물러섰다. 곧 문정 씨가 미소를 띤 채 진료실 안으로 들어왔다. 양손에 따뜻한 커피를 들고서.

"손이 모자라서요. 문 좀 열어 달라고 부탁드렸어요."

문정 씨 얼굴에 의기양양한 기색이 역력했다. 그 표정이 '지금 당신한테 필요한 걸 센스 있게 챙겨 왔지?'라고 말하는 듯했다. 나는 졸음이 묻은 눈으로 문정 씨가 내민 커피를 가만히 들여다봤다.

이 호의를 어떻게 해석해야 할까? 단순한 친절일까? 아니면 문정 씨만의 행동 패턴일까? 이제 겨우 여섯 번째 면담이라 파악하는 게 어려웠다.

"선생님, 많이 피곤해 보이시더라고요. 드시고 기운 좀 내세요. 이전에 커피 좋아한다고 하셨잖아요."

문정 씨는 전반적으로 면담에 협조적이었지만, 문제를 파고들려 할 때마다 교묘하게 신변잡기로 화제를 틀곤 했다. 커피 이야기도 그러다가 나온 것이었다. 내담자가 하고 싶어 하는 이야기를 듣는 게 면담의 기본 원칙이라 줄곧 문정 씨가 하는 이야기를 참을성 있게 들었지만 너무 오래 변죽만 울리는 것 같아 마음이 조금씩 조급해지던 참이었다. 일단 호의를 거절할 경우 지금껏 쌓아 온 라포가 무너질 수도 있기에 커피를 받아 들고 감사 인사를 했다.

"원고를 마무리 짓고 요즘은 쉬고 있어요. 오랫동안 끌던 거라 보내고 나니 홀가분하네요."

자리에 앉은 문정 씨가 평소처럼 밝은 목소리로 이야기를 꺼냈다.

"정말 그렇겠어요. 그럼, 다음 일은 언제 시작하시는 건가요?"

"그야말로 대중없죠. 일감이 막 몰려서 들어오다가 뚝 끊길 때도 많아요. 작가들끼리는 물 들어올 때 노 저으라는 말을 많이 하죠. 근데 일이 여러 개 들어온다고 해도 그중에서 마음에 드는 건 한두 개 정도예요. 사실 지금도 받아 둔 일이 하나 있긴 한데, 할지 말지 고민이고요."

"어떤 일인데요?"

"알고 지내던 감독님한테 초벌 시나리오를 손봐 달라는 부탁을 받았어요. 독립 영화인데, 탈북자가 한국 사회에 적응하지 못하고 재입북을 선택하는 과정을 다룬 이야기예요. 나름 재미있는 작업이 될 것 같아요."

"그렇군요. 그런데 왜 고민이 될까요?"

"음, 글쎄요……. 그냥 좀 불편하달까?"

내 질문에 문정 씨도 고개를 갸웃했다.

"어떤 점이요? 그분이랑 작업하는 게?"

"그건 아니에요. 그렇게 까다로운 분은 아니거든요."

"그럼?"

"글쎄요? 잘 모르겠어요. 기한이 촉박한 것도 아니고 페이가 나쁜 것도 아니고……. 그냥, 그냥 내키지 않아요. 좀 쉬고 싶은 건가 싶기도 하고요. 그런데 선생님은 어떤 장르의 영화를 좋아하세요?"

면담과 상관없이 취향을 묻는 질문을 던지는 건 문정 씨가 화제를 돌리고 싶을 때 쓰는 전략이었다. 이러다 영화 티켓 선물도 받겠군. 오늘은 문정 씨의 전략에 넘어가지 않기로 했다.

"혹시 그 작업이 문정 씨한테 부담이 되나요?"

곧바로 아니라는 대답이 튀어나올 줄 알았는데 문정 씨는 의외로 한참을 곰곰이 생각하더니 입을 열었다.

"네, 부담 돼요. 이런 작업을 한두 번 한 것도 아닌데 매번 그러네요. 갈 길이 참 먼 것 같아요, 정말. 하하하."

진료실에 문정 씨의 쾌활한 웃음소리가 퍼졌다. 그 웃음소리는 대화가 더 깊게 들어갈 경우 불편할 수 있으니 여기까지 하자는 의사를 품고 있는 것 같았다. 나는 그런 뉘앙스를 모르는 척하며 집요하게 다시 물었다.

"어떤 점이 부담스러운지 구체적으로 말해 볼까요?"

"구체적으로요?"

"네. 같이 일하는 분도 괜찮고 조건도 나쁘지 않다면서요. 그럼 그 일을 피하고 싶을 정도로 부담을 주는 게 무얼까 싶어서요."

일부러 '피하고 싶을 정도로'라는 말을 강조하며 문정 씨의 답을 기다렸다.

"음, 성과를 부담스러워하는 거 같아요. 좋은 영화를 만들려면 필수적으로 좋은 시나리오가 있어야 해요. 제가 좋은 글을 써야 하는 거죠."

"문정 씨가 참여한 영화가 성공해야 한다는 그런 압박인가요?"

"말하자면 그렇지요. 여러 명이 함께하는 작업이니까 더 부담스러운 것 같네요."

문정 씨는 마치 남의 일처럼 추측하듯이 말했다. 나는 그 말이 무슨 뜻인지 알겠다는 듯 고개를 주억거리다 되물었다.

"그런데 성공과 실패는 어떤 기준으로 판가름이 나는 건가요?"

"네?"

"보통 영화는 관객 수로 성공과 실패를 나누는 것 같더라고요. 그런데 독립 영화는 또 다르지 않나요?"

"네, 그렇죠. 독립 영화는 상업 영화보다 작품성에 조금 더 가치를 두죠."

"그럼, 그 작품성은 어떻게 평가하나요?"

피하고 싶은 질문이었는지, 문정 씨는 불편한 듯 여러 번 자세를 고쳐 앉았다.

"뭐, 평론가들도 있고요. 영화 기자들도 있죠. 굳이 그런 사람들이 아니더라도 포털 사이트에 영화를 검색하면 한 줄 평이나 기사 댓글 같은 걸 볼 수 있잖아요?"

"그런 걸 찾아보는 편인가요?"

"네, 틈날 때마다 찾아보는 편이에요. 말 한마디에 기분이 왔다 갔다 하더라고요."

"사람들이 문정 씨가 참여한 영화를 어떻게 보는지 그 평가에 신경을 많이 쓰시는군요."

이번에는 문정 씨가 곧바로 맞장구를 치지 않았다. 생각보다 긴 침묵이 이어졌다. 직감적으로 이것이 문정 씨가 들여다보고 싶지 않은 내면의 문제와 맞닿아 있을 거라는 생각이 들었다. 문정 씨 스스로 정리할 시간을 줘야 할 것 같았다. 무겁게 가라앉은 진료실의 공기가 서서히 압박을 가할 때쯤, 문정 씨가 다시 입을 열었다.

"네, 선생님 말씀이 맞아요. 성과보다 평가라는 말이 더 맞겠네요. 영화마다 별점이 있잖아요. 그 별점이 꼭 시험 성적표 같아요. 그런데 요즘에는 사람들 평가가 박한 건지, 제 능력이 예전만 못한 건지 평균을 넘기는 것도 버겁더라고요."

명랑하던 목소리가 담담하게 가라앉았고 가늘게 떨렸다.

"점수가 생각한 것보다 낮을 때는 어떻게 하시나요?"

"'재미없다'라는 감상평을 본 날은 잠을 제대로 못 자요. '이 사람은 자기가 뭔데 나를 평가하지?' 하고 화가 나기도 했다가, 영화가 재미없는 게 모두 내 탓은 아니라고 위안도 해요. 그러다 자꾸 부족한 곳이 어딘지, 고쳐야 할 곳이 어딘지를 곱씹게 돼요. 몇 시간을 뒤척이다가 새벽에 노트북 앞에 앉아서 시나리오 파일을 열고 읽을 때도 있어요."

> 영화마다 별점이 있잖아요
> 그 별점이 꼭 시험 성적표 같아요

"잘못된 부분을 찾으려고요?"

"아니요. 잘된 부분을 찾으려고요. 감독님이 칭찬하거나 동료들이 좋다고 한 부분을 찾아서 계속 읽어요. 그러고 나서 '나는 틀리지 않았어', '나는 못하지 않았어'라는 말을 주문 걸듯 외는 거죠."

문정 씨가 고개를 숙이고 얼굴을 감싸 쥐었다. 말을 하면서 그때의 감정이 되살아난 모양이었다. 문득 첫 면담이 끝나고 난 후 "절보면 어떤 느낌이 드세요?" 하고 묻던 문정 씨의 모습이 떠올랐다. 의례적인 질문일 거라 생각했는데, 이제 보니 문정 씨의 성향이 잘 드러나는 말이었다. 문정 씨에겐 사람들이 나를 어떻게 바라보는지, 나를 어떻게 평가하는지 하나하나가 중요했던 것이다. 그러니 얼굴도 모르는 불특정 다수로부터 작업이 끝날 때마다 평가를 받는 상황은 너무나 큰 스트레스였을 것이다. 글의 완성을 무의식적으로 지연시키는 것도 같은 맥락에서 이해할 수 있었다. 결과물이 나오면 어떤 식으로든 평가를 받을 테고, 부정적인 평이라도 듣는 날에는 틀림없이 괴로워질 테니까. 많은 사람들이 문정 씨와 비슷한 상황에서 좌절하지만 모두가 같은 크기의 괴로움을 겪는 것은 아니다. 왜 그녀는 유독 평가에 연연해 상처를 받는 걸까?

타인의 평가에 매달리는 사람들의 내면엔 스스로가 존중받을 가치가 없다는 생각이 자리한 경우가 많다. 그 생각을 반박하기 위해 끊임없이 긍정적인 평가를 갈구하는 것이다. 이를 우리는 '자존감이 낮다'고 표현한다. 혹시 쾌활하고 적극적인 문정 씨의 이면에 낮은 자존감이라는 문제가 도사리고 있는 것은 아닐까? 어두운 새벽에 노트북 불빛을 받으며 칭찬을 받은 부분을 반복해서 읽는 문정 씨를 떠올리자 안쓰러운 마음이 들었다. 문정 씨 스스로도 그 행동이 자기 위안일 뿐이라는 사실을 잘 알고 있을 터였다. 그러나 그 행동을 멈출 수 없을 만큼 그 순간 간절하게 자기 자신이 가치 있다는 증거를 찾고 싶었던 것이다.

문정 씨가 한숨을 깊게 내쉰 뒤 가라앉은 목소리로 말했다.

"이런 이야기는 다른 사람한테 처음 해 봐요. 전 주위 사람들한테 쿨한 이미지거든요. 저 스스로도 자유로운 영혼으로 보이길 원하고요. 지금은 좀……, 이런 제가 부끄럽네요. 이런 제 모습을 알면 사람들이 뭐라 그럴까요? 사실은 사소한 평가 하나하나에 민감하고, 매번 상처받는다는 사실을 알면……."

66

이런 제 모습을 사람들이 알면
뭐라 그럴까요?

99

사람들이 자신의 진짜 모습을 알면 싫어할 거라는 믿음은 자신의 본모습은 사랑받을 가치가 없다는 생각을 전제한다. 내면에 이런 메커니즘이 작동하는 사람은 자신의 진짜 감정은 꽁꽁 숨긴 채 다른 사람이 좋아할 것만 같은 '가짜 자기'를 만들어 내세운다. 가짜 자기는 사람마다 각양각색으로 나타나는데 문정 씨가 덮어쓴 가짜 자기는 '남들의 시선을 신경 쓰지 않는 쿨한 사람'이었다.

나는 차분하게 말을 이었다.

"오늘 문정 씨가 용기 내어 이야기를 해 준 덕분에 문제가 좀 더 명확해졌네요. 결국 글을 쓰다 자꾸만 딴짓을 하게 되는 것도 완성 후 찾아올 평가에 대한 두려움 때문이 아닐까 하는 생각이 듭니다. 어떻게 생각하세요?"

문정 씨가 아무 말 없이 천천히 고개를 끄덕였다. 눈가가 붉었다.

"그런데 중요한 건 다른 사람이 문정 씨의 작품을, 나아가 문정 씨 자체를 어떻게 보느냐가 아니라 문정 씨가 스스로를 바라보는 시선이 아닐까요?"

"제가 저를 어떻게 바라보고 있는지를 알아야 한다는 말씀인 가요?"

"네, 만약 그 시선이 너무 가혹하거나 비뚤어져 있다면 바로잡아 야죠. 문정 씨가 생각하는 나 자신은 어떤 사람인지, 그걸 찾아봤으면 해요. 막상 떠올리기 어려울 수도 있고, 외면하고 싶은 생각일 수도 있지만 노력해 보면 좋겠어요."

진료실 문을 닫고 나가는 문정 씨의 뒷모습은 이전보다 힘이 빠져 보였다. 지금 문정 씨의 마음을 채우고 있는 건 속마음을 솔직하게 털어놓고 난 후 찾아온 후련함일까, 아니면 치료자인 나에게 조차 쿨하지 못한 모습을 보였다는 자책감일까?

나를 사랑하는 게
이렇게 힘든 일이었다니

요즘 사람들에게 친숙한 단어인 '자존감'은 자아 존중감의 줄임말입니다. 자아 존중감이란 스스로 존중받을 만한 가치가 있는 사람이라고 생각하는 정도를 뜻합니다. 우리는 흔히 타인의 평가와 인정에 따라 자존감이 결정된다고 믿습니다. 그래서 상대적으로 외모, 학력, 직업, 재력 등 외적 조건이 뛰어난 사람들이 자존감도 높을 거라고 생각하지요. 영 틀린 말은 아닙니다. 외적 조건이 뛰어난 사람은 아무래도 그렇지 못한 사람에 비해 타인의 인정을 얻기 쉬우니까요. "넌 멋져!", "넌 훌륭해!"라고 이야기해 주는 사람들이 주변에 있는 건 분명 자존감에 긍정적인 영향을 줍니다.

그렇지만 자존감을 결정하는 주체는 바로 나 자신입니다. 내가 나를 바라보는 시각의 문제이지요. 자존감이 낮은 사람들은 자신을 모자란 사람이라고 여깁니다. 그렇기 때문에 역설적이게도 그 생각을 반박할 근거를 찾으려 항상 신경을 곤두세웁니다. 타인의 말, 표정, 제스처에 '너는 사실 괜찮은 사람이야'라는 신호가 담겨 있기를 바라며 자신에 대한 평가에 예민하게 반응합니다. 심리적 고통을 줄이기 위한 진통제를 찾는다고 할 수 있습니다.

그런데 정작 레이더에 걸려드는 건 정반대의 메시지가 많습니다. 이미 마음속에 자리 잡은 '나는 부족하다'라는 고정관념이 상대방이 보내는 신호를 실제보다 부정적으로 해석하도록 만들기 때문입니다. 좋은 평가를 받더라도 있는 그대로 받아들이지 못하고 이면에 다른 의도가 숨어 있다고 오해하기도 하지요. 또 어렵게 긍정적인 신호를 잡아내더라도 그 효과는 오래가지 못합니다. 스스로에 대한 부정적인 시각이 갖는 힘은 굉장히 커서 기껏해야 잠깐 억누를 수 있을 뿐이고, 또다시 '너는 부족하지 않아'라고 대신 말해줄 누군가를 찾아 헤매게 됩니다. 타인의 칭찬과 관심을 끊임없이 갈구하는 상태인 인정 중독에 빠지는 것이지요.

인정 중독에 빠진 사람들은 두 가지 모습을 보입니다. 하나는 자신이 가진 능력을 과시하는 유형입니다. 성과를 실제보다 부풀려서 이야기하는 사람, 상대방이 불편할 정도로 사소한 것까지 자랑을 늘어놓는 사람, 주변에 한 명쯤은 있지 않나요? 그 행동의 기저에는 그렇게 하지 않으면 상대가 자신을 인정하지 않을 것이라는 무의식적 두려움이 있습니다. '이것 봐, 나는 결코 모자란 사람이 아니야. 어서 날 칭찬해 줘'라고 온몸으로 외치는 것이지요.

다른 하나는 상대방이 원하는 모습에 자신을 맞추는 유형입니다. 이런 유형의 사람들은 자신의 생각과 감정은 숨긴 채 다른 사람이 좋아할 만한 모습을 꾸며 냅니다. 덕분에 대체로 친절하고 착한 사람, 매력적인 사람이라는 평가를 받습니다. 정신분석가인 도널드 위니콧은 이렇게 진정한 감정을 억누른 채 주변에 동조하는 능력만 발달한 상태를 가짜 자기라고 명명했습니다. 이때 일어나는 감정의 억압은 의식적인 동시에 무의식적일 수 있는데, 어떤 경우에는 자신의 진짜 감정이 무엇인지도 모른 채 주변 사람들이 표현하거나 요구하는 감정을 자기 것처럼 받아들이기도 한다는 뜻입니다.

문정 씨의 가짜 자기는 '사람들의 시선을 신경 쓰지 않는 쿨한 모습'이었습니다. 누구나 어느 정도의 가짜 자기를 가지고 있습니다. 문제는 그러한 가짜 자기가 진짜 나를 잠식할 정도로 삶에서 차지하는 비중이 늘어날 때 발생합니다. 이렇게 되면 내면에 무언가가 결여되었다는 불만족감이나 나라는 존재가 허상에 가깝다는 허무감에 시달리게 됩니다. 가짜 자기를 통해 다른 사람의 관심을 받게 되자 문정 씨는 그 가면을 벗을 수 없었을 겁니다. 본심과는 정반대의 모습을 연출하며 얼마나 많은 자괴감이 들었을까요? 감당하기 힘든 감정이기 때문에 자괴감마저 무의식 속으로 억압해 버렸을지도 모릅니다. 이제 해야 할 일은 문정 씨가 자기 자신을 바라보는 시각이 왜곡됐다는 걸 깨닫고, 그런 시각이 어디에서 시작되었는지를 탐색하는 것입니다. '가짜 자기'와 이별할 준비를 하는 것이지요.

최선을 다하지
않기로 했습니다

다음 면담에 문정 씨가 나타나지 않았다. 급한 일이 생겨서 한 주 쉬겠다고 알려 왔지만 어째서인지 불안한 마음이 들었다. 지난 면담 때 내가 실수한 게 있나? 해서는 안 될 말을 하지는 않았나? 아직 마음을 직면할 준비가 안 됐는데 너무 집요하게 파고든 건 아닐까? 문정 씨가 면담을 취소하는 바람에 생긴 여유 시간에 나는 문정 씨의 진료 기록을 다시 샅샅이 살펴봤다. 어디가 문제였을까? 어디가 미숙했을까?

'새벽에 노트북 앞에 앉아서 시나리오 파일을 열고 읽기 시작해요. ······ 잘된 부분을 찾으려고요.'

면담 기록을 정신없이 보는데 문득 지난 면담 때 문정 씨가 한 말이 떠올랐다. 진료 기록을 뒤적이는 내 모습이 낮은 평가 때문에 상처를 받은 뒤 밤새 시나리오를 다시 읽는 문정 씨의 모습과 쏙 빼닮았다는 생각이 들었다.

나도 자존감이 높은 편은 아니다. 이렇게 말하면 주위 사람들은 모두 '네가?' 하고 반문하며 웃을 것이다. 나는 매사에 자신 있는 것처럼 굴지만 사실은 고민에 고민을 거듭해 결정을 내리고, 결정을 내린 뒤에도 확신이 없어 불안해하는 사람이었다. 수련을 받던 전공의 시절에는 외래 진료를 본 환자를 기억해 두었다가 다음 번 외래 방문일의 경과 기록 차트를 열어 보고는 했다. 환자의 변화에 관심이 있기도 했지만, 그것보다 내 처방이 효과가 있었는지 알고 싶은 마음이 더 컸다. 차트에 증상이 호전됐다는 기록이 있으면 내가 틀리지 않았다는 생각에 안도감이 들었다. 반면, 별다른 변화가 없거나 부작용이 생겼다는 기록이 있으면 하루 종일 마음이 불편했다. 그 차트가 마치 '네가 능력이 부족해서 환자가 괜히 고생하는 거야'라고 비난하는 것처럼 느껴졌다.

'치료자는 내담자의 마음에 파동을 일으키는 존재일 뿐, 그 파동에 따라 어디로 나아갈지 결정하는 건 환자의 몫이다.'

너무 과도하게 환자의 증상과 내 능력을 연결 짓는다는 느낌이 들 때면 전공의 때 들었던 이 말을 차분히 곱씹었다. 나는 진료 차트를 덮고 숨을 한 번 크게 내쉬었다.

문정 씨는 다음 진료 시간에 제때 나타났다. 일주일 내내 속앓이를 한 나는 속으로 안도하며 문정 씨를 맞았다.

　"혼자서 차분히 생각하고 싶었어요. 사실 그때 선생님한테 한 말에 제가 오히려 충격을 받았거든요. 자유로운 영혼처럼 보이고 싶다는 말이요. 이런 모습을 사람들이 알면 저를 좋아하지 않을 거라든가…… . 저도 저를 그렇게 생각하고 있는 줄 몰랐어요."

　지난 면담에 오지 않은 까닭을 묻자 문정 씨는 담담하게 답했다.

　"그렇군요. 그동안 어떤 생각을 하셨는지 궁금한데요?"

　"그냥 지금까지 제가 어떻게 살아왔는지 떠오르는 대로 내버려 뒀어요. 그랬더니 대학 때 생각이 나더라고요. 문창과에 가겠다고 결심했을 때만 해도 제가 글쓰기에 특출하다고 믿었어요. 막상 뚜껑을 열어 보니 저보다 더 뛰어난 사람들이 세상에 많더라고요."

　"대학 때 좋은 평가를 받지 못했나요?"

　"뭐, 중간은 갔죠. 그런데 플롯이든 표현이든 어떤 부분에서든 누구보다 뛰어나다는 소리를 듣지는 못했어요. 내색은 하지 않았지만, 칭찬에 너무 고팠어요."

　"칭찬을 듣지 못했을 때 마음이 어땠어요?"

　"괴로웠어요. 글을 고치고 또 고쳐도 부족하게만 보였어요. 어떤 과제는 수십 번을 새로 쓰기도 했어요. 그런데 그렇게 고치다 보니까 다른 불안이 피어올랐어요."

　"다른 불안이요?"

"'이렇게 열심히 했는데도 좋은 평가를 받지 못하면 그땐 어쩌지?'라는 불안이요. 아무리 노력해도 소용이 없을까 봐 두려웠어요. 그런 불안에서 벗어나려고 처음에는 영화나 책을 봤어요. 근데 그게 어떤 식으로든 글쓰기를 떠올리게 하더라고요. 다음에는 마냥 걸었죠. 그래도 과제 생각을 떨칠 수 없었어요. 그러다 마감을 코앞에 두고 친구랑 술을 진탕 마셨어요."

나는 뜻밖의 말에 고개를 차분하게 끄덕이던 걸 멈췄다. 평가에 연연해 시험이나 과제에 최선을 다하던 사람이 갑자기 시험과 과제를 앞두고 술을 마셨다고? 내가 의아해 하는 걸 이해한다는 듯 문정 씨도 어깨를 한 번 으쓱했다.

> **"**
> *이렇게 열심히 했는데도*
> *좋은 평가를 받지 못하면*
> *그땐 어쩌지?*
> **"**

"그냥 다 잊어버리고 싶었거든요. 바로 다음 날이 과제 마감인데 말이에요. 아예 펑크를 내는 것보다는 낫겠다 싶어서 그때까지 써놓은 걸 그냥 냈어요. 그런데 이상하게 마음이 편하더라고요."

"글을 평소만큼 충분히 다듬지 못했을 것 같은데, 오히려 마음이 편했어요?"

"네, 그냥 답답한 게 풀렸나 싶었어요. 그날 이후로 과제 마감 전 날이면 술을 마시는 게 습관이 됐어요. 그게 소문이 나더니 친구들이 모여들더라고요. 애들 눈에 제가 성적이나 평가에 연연하지 않는 자유로운 영혼처럼 보인 거예요. 그 뒤에는 저도 그 시선에 맞춰 행동한 것 같아요. 시험 전날 밤새 술도 마시고, 아무한테도 말하지 않고 훌쩍 여행을 떠나기도 하고……. 그때는 그게 저다운 거라고 생각했어요."

"갑자기 확 달라진 거군요. 성실한 노력파에서 애써 노력하지 않는 사람으로요. 그래서 성적은 어땠나요?"

"뭐, 약간 떨어졌나? 큰 차이는 없었을 거예요."

"속상하지 않았어요? 칭찬받고 싶었잖아요?"

"별로요. 그렇게 놀고 성적이 잘 나오길 바라는 게 이상하죠."

마지막 말에서 머릿속이 환해졌다. 술을 마시거나 여행을 떠나는 식의 일탈 행동이 칭찬받고 싶어 전전긍긍하던 마음을 편안하게 해 줬다. 준비를 열심히 하지 않았으니 성적이 만족할 만큼 잘 나오지 않는 건 당연한 일이기 때문이었다. 문정 씨가 정말로 두려워하는 상황은 최선을 다했는데도 동기들보다 못 하다는 평가를 받는 것이었다. 재능의 차이를 인정하고 싶지 않다는 간절한 마음이 자존감을 보호하기 위한 방법을 하나 찾아냈다. 바로 최선을 다하지 않는 것. 내가 좋은 평가를 받지 못한 건 재능이 없어서가 아

니야. 나는 아직 최선을 다하지 않았거든?

　이러한 일탈의 패턴은 지금도 형태를 바꿔 지속되고 있을 가능성이 컸다. 글이 잘 풀릴 때 완성되는 게 두려워서 갑자기 딴짓을 하는 행동도 같은 패턴의 변주일 수 있다. 최선을 다해 노력하는 것에 대한 불안감, 정확히 말해 최선을 다해 노력했을 때에도 원하는 결과를 얻지 못할 수 있다는 것에 대한 불안감이 일을 지연시켜 온 게 아닐까? 나는 문정 씨의 패턴을 곧장 해석해 수면 위로 끌어올리는 대신 스스로가 그것을 파악할 때까지 기다리기로 했다.

　"문정 씨 말도 일리가 있네요. 그런데 어릴 때부터 작가가 되고 싶으셨나요? 중고등학생 때 상도 많이 받았고, 전공도 문예창작과를 선택한 걸 보니까요."

　"뚜렷하게 작가가 꿈이었던 건 아니지만 어릴 때부터 글 쓰는 걸 좋아했어요. 나름대로 잘할 수 있는 분야라고 생각했고요."

　"그렇군요. 부모님께서는 문정 씨의 선택에 관해 어떻게 생각하셨나요?"

　의례적인 질문이었는데, 문정 씨의 얼굴이 미세하게 굳었다.

　"아빠가 굉장히 많이 반대하셨어요."

　"왜 반대하셨나요?"

　"아빠가 생각했을 때 제가 행복할 수 있는 길은 명문대에서 경제나 경영학을 전공한 뒤 은행에 들어가는 거였어요. 제가 아주 어릴 때부터 제 인생 계획을 다 짜 놓으셨죠. 그전까진 언제나 아빠의 기대에 맞춰 왔는데, 마지막 순간에 그걸 어그러뜨린 거예요."

"많은 부모님이 자식이 행복할 수 있는 길을 자기가 안다고 생각하시죠. 아버지의 반대를 무릅쓰는 게 쉽지 않았을 것 같은데요?"

"네, 그래서 아빠랑 거의 연을 끊었어요. 아빠는 저한테 다정한 분이셨어요. 단, 제가 본인의 뜻을 따를 때만. 제가 말을 듣지 않으면 무서울 정도로 차가우시죠. 처음에는 저를 설득하다가, 화를 내다가, 결국엔 아예 무시하셨어요. 심지어 고등학교 졸업식에도 안 오셨고 엄마도 못 오게 막았어요. 졸업식에 저만 꽃다발도 없이 혼자 우두커니 앉아 있었어요."

문정 씨의 목소리가 가늘게 떨렸다. 모두 축하를 받는 날에 혼자만 외톨이가 된 심정이 어땠을지 상상하니 그 감정이 이해가 됐다.

"그렇군요. 그럼에도 문정 씨의 뜻을 밀어붙인 건, 그 정도로 간절하게 작가가 되고 싶기 때문이었나요?"

"그랬다고 생각했어요, 그때는. 그런데 시간이 지나 돌아보니 그냥 아빠한테서 벗어나고 싶었던 것 같아요. 아빠가 저를 위해 많은 걸 희생하고 있다는 걸 알았기 때문에 그때까지 아빠 뜻을 거슬러 본 적이 없거든요. 사실은 저도 아빠를 견디는 게 많이 힘들었나 봐요."

아주 잠시 아버지 이야기를 꺼냈을 뿐인데 문정 씨는 지친 듯했다. 아버지를 향한 감정의 강도가 그만큼 크기 때문이겠지. 좀 더 들어가 볼까, 아니면 여기서 멈추어야 하나 고민하다 고개를 들어

시계를 보니 어느새 면담이 예정된 시간을 훌쩍 넘어가 있었다. 모니터에는 예약한 다음 환자가 대기 중이라며 나를 채근하는 박 간호사의 메시지가 벌써 여러 통 쌓여 있었다. 나는 차트에 '아버지와의 관계에 대해 물어볼 것'이라고 써넣으며 입을 열었다.

66

그냥 아빠한테서
벗어나고 싶었던 것 같아요

99

"이제 면담을 마칠 시간이네요. 마지막에 잠깐 나왔지만, 문정 씨에게 아버지는 큰 의미를 지닌 분 같아요."

문정 씨가 고개를 끄덕이며 중얼거리듯 말했다.

"어느 쪽인지 모르겠지만……."

좋은 쪽인지, 나쁜 쪽인지 알 수 없다는 뜻이리라. 속단하기엔 일렀지만 아버지를 향한 감정의 실타래를 따라가다 보면 문정 씨가 가진 근원적 문제에 도달할 수 있을 거라는 생각이 어렴풋이 들었다. 어쩌면 문정 씨 마음속에 자리한 아버지라는 존재가 그녀를 끊임없이 압박하고 다그치고 있는 건 아닐까?

"다음 시간엔 아버지에 대한 이야기를 해 보죠. 이야기하고 싶은 내용이 있다면 미리 생각해 오셔도 좋습니다."

우리의 행동을
결정하는 마음의 이해관계

면담을 하다 보면 종종 고개를 갸웃거리게 되는 상황을 마주합니다. 환자 분이 별다른 위화감을 느끼지 않으면서 앞뒤가 다른 말을 할 때가 그렇습니다. 문정 씨가 시험 직전에 술을 마시거나 여행을 가는 버릇이 있었다는 걸 이야기했을 때도 그런 상황이었지요. 교수님이나 친구 들에게 인정받으려면 과제와 시험공부에 최선을 다하는 게 자연스럽습니다. 술이 일시적으로 긴장을 풀어 줄 수는 있지만 시험 때마다 패턴이 반복됐다는 건 쉽게 납득하기 어렵습니다. 게다가 문정 씨는 시험 성적이 별로 좋지 않았는데도 신경이 쓰이지 않았다고 했지요. 평가에 민감한 문정 씨답지 않은 반응이었습니다.

우리는 의식하지 못하는 사이 우리 자신에게 심리적인 이득이 되는 방향으로 특정 행동을 취합니다. 이러한 심리적 이득은 크게 일차적 이득과 이차적 이득으로 나뉩니다.

일차적 이득은 특정 행동을 취함으로써 내적 갈등을 피하거나 해소하는 것을 말합니다. 충분히 노력했는데도 성적이 좋지 못하면 재능이 부족하다는 것을 인정할 수밖에 없습니다. 이것은 문정 씨의 연약한 자존심을 무너뜨릴 수 있는 일이었고, 문정 씨는 그런 상황이 두려웠을 겁니다. 결국, 문정 씨는 시험 전날 술을 마시는 등 최선을 다하지 않는 쪽을 선택합니다. 성격상 평소 과제 준비나 시험 대비에 소홀했을 리 없기 때문에 갑작스러운 일탈에도 성적이 크게 떨어지지 않았고요. 그러면서 동시에 문정 씨는 자기 자신과 주변 사람들에게 '내가 우수한 성적을 받지 못한 건 내가 노력하지 않았기 때문이야. 재능이나 실력이 부족한 게 아니야'라는 메시지를 전달할 수 있었습니다. 심리적 고통을 효율적으로 줄이는 나름의 방법을 찾은 셈이지요. 이런 논리가 비합리적이고 유치하게 느껴지시나요? 우리의 무의식 속에서 작동하는 방어기제는 대부분 현실 기준에서 비논리적이고 미성숙하다는 점을 감안해야 합니다.

반면, 이차적 이득은 해당 행동을 통해 얻을 수 있는 외부적 이익과 현실적 이익을 말합니다. 주변 사람들의 동정이나 관심, 경제적 이익, 법적 책임의 회피 등이 이차적 이득이라고 할 수 있습니다. 문정 씨는 일탈 행동을 통해 친구들한테서 '자유로운 영혼'이라는 매력적인 타이틀을 얻었습니다. 이는 타인에게 인정받고자 하는 문정 씨의 욕구를 채워 주었고, 결국 그런 행동을 고착화하는 데 기여합니다. 나아가 지금 문정 씨가 가지고 있는 '가짜 자기'의 모습에도 영향을 준 듯합니다.

거의 모든 정신과적 증상들이 이런 심리적 이득과 연관돼 있습니다. 그중 가장 대표적인 게 신체화입니다. 심한 스트레스 상황에서 습관적으로 두통이나 가슴 답답함을 호소하는 사람들이 있습니다. 이런 증상은 내적 갈등에서 신체라는 표면적 문제로 주의를 돌려 잠시나마 심리적 고통을 경감시키는 역할을 합니다. 동시에 주변 사람들에게 동정과 위로를 받는 이차적 이득을 얻기도 하지요.

대부분의 행동에 심리적 이득이 작용하는 만큼 그 자체가 잘못되었다고 말할 수는 없습니다. 그러나 문정 씨의 일탈 행동은 자신이 가진 능력을 온전히 발휘하지 못하게 하는 결과를 낳았습니다. 문정 씨가 글의 완성을 무의식적으로 지연하는 것도 심리적 이득을 얻으려는 부적응적 행동으로 볼 수 있습니다. 이처럼 당장의 심리적 이득은 자신이 정말로 원하는 목표를 향해 가는 데 방해가 되기도 합니다. 자신의 행동 패턴과 그 패턴에서 얻는 심리적 이득을 차분하게 돌아보세요. 어쩌면 그 과정을 통해 제자리걸음만 하던 일에서 한 발짝 나아갈 수도 있으니까요.

제가 선생님을
좋아하는 걸까요?

겨울의 끝물 추위가 제법 매서웠다. 지난주만 해도 날이 포근해 이제 곧 봄인가 싶었는데 거기에 깜빡 속아 겨울옷을 정리해 넣는 부지런을 떨었다면 크게 낭패를 볼 뻔했다. 위에서 아래로 흐르기만 하는 물처럼 계절도 한 방향으로 일관성 있게 변하면 얼마나 좋을까? 그러나 계절과 계절의 접경인 환절기에는 기온이 심하게 변덕을 부린다. 문득, 그게 꼭 사람의 심리를 닮았다는 생각이 들었다. 사람도 자신의 상처를 발견하고, 인정하고, 해소하는 과정에서 전진과 후퇴를 몇 번이고 반복한다.

문정 씨도 마찬가지였다. 그날의 면담 이후 문정 씨와 나는 본격적으로 아버지와의 기억을 더듬어 내려갔다. 문정 씨의 아버지는 외동딸인 문정 씨에게 헌신적이면서 동시에 엄격했다. 넉넉하지 않은 형편에도 문정 씨를 좋은 학교에 보내기 위해 몇 차례나 이사를 했고, 중고등학교 내내 퇴근 후 학원 앞에서 문정 씨를 기다릴 정도로 딸의 교육에 열성적이었다. 그러는 내내 문정 씨는 아버지의 기대를 충족시키지 못할 거라는 불안감에 시달렸다. 아버지는 칭찬에 인색했고, 문정 씨가 잘못한 것에 대해서는 가차 없는 태도를 보였다.

> 66
>
> *문정 씨는 아버지의 기대를*
> *충족시키지 못할 거라는*
> *불안감에 시달렸다*
>
> 99

한번은 어린 시절 아버지와 연관된 가장 강렬한 기억이 무엇인지 물었다.

"초등학교 5학년 때인가? 늘 반에서 4~5등을 맴돌다가 한 번 2등을 한 적이 있어요. 칭찬받을 생각에 신이 나서 아빠가 퇴근하자마자 시험지를 들이밀며 자랑했는데, 그걸 보시더니 틀린 문제를 하나하나 지적하면서 '이런 실수를 안 했으면 1등도 할 수 있었

잖아?' 하시더라고요. 그게 너무 야속해서 시험지를 **뺏어** 들고 방
에 들어가 펑펑 울었어요."

항상 아버지가 원하는 만큼 좋은 성과를 내야 한다는 압박감은
결국 문정 씨로 하여금 작가의 길을 택하게 만들었다. 아버지가 건
드릴 수 없는 곳으로 도망친 것이다. 하지만 그곳에서도 문정 씨는
자유로울 수 없었다. **이미 그녀의 마음속엔 부족하다고 다그치는**
아버지의 목소리가 단단하게 자리 잡고 있었기 때문이다. 그 목소
리로부터 스스로를 지키기 위해선 '최선을 다하지 않기'라는 미숙
한 방법을 택할 수밖에 없었던 것이다.

문정 씨는 아버지에 대한 '양가감정'에 힘들어했다. 어린 시절
기억을 되짚을 때마다 아버지를 원망했지만, 아버지가 본인의 것
을 포기해 가면서까지 자식에게 헌신했다는 점은 부인할 수 없
었다. 누군가를 미워하는 일은 쉽다. 모든 문제의 책임을 상대에
게 전가하면 그만이기 때문이다. 그러나 양가감정은 다르다. 상대
를 비난하고 싶은 감정이 고개를 들면 다른 한쪽에서는 그를 옹호
하는 목소리가 들려온다. '그는 잘못이 없다. 단지 너에게 잘해 주
려고 했던 것뿐이다.' 문제의 책임이 상대에게 없다면 결국 그것
은 '내가 부족하기 때문'이라는 결론으로 자연스럽게 귀결된다. 이
렇듯 고통스러운 감정이기에, 극단적인 경우 환청, 망상을 보이는
'정신증'의 원인이 되기도 한다. 양가감정을 피하기 위해 사람들은
흔히 자신이 느끼는 부정적인 생각이나 감정까지 상대방의 것으로

돌리곤 한다. 내가 나빠서가 아니라, '상대가 나를 나쁘게 만들어서 어쩔 수 없었다'라고 생각하는 것이다.

반면 문정 씨의 경우에는 양가감정을 마주하지 않기 위해 자신의 부정적인 감정을 억압하는 방법을 사용했다. 면담 전까지 그녀는 아버지로부터 받았던 상처에 대해 누구에게도 이야기해 본 적이 없다고 했다. 억지로 억누른 것이 아니라 그저 이야기를 할 생각이 들지 않았을 뿐이라고 말했지만 이것은 감정의 억압이 무의식적으로 일어났음을 보여 준다. 그리고 그건 문정 씨가 다른 사람들로부터 불편한 감정을 느낄 때 반응하는 방식이기도 했다.

면담을 지속하면서 나는 문정 씨가 으레 기분이 나쁘거나 화가 날 상황에서조차 감정을 의식하지 못한다는 사실을 알 수 있었다. 이는 아버지로 인한 강렬한 감정을 처리하기 위한 방법이 패턴으로 굳어진 결과이기도 하고 동시에 문정 씨의 '가짜 자기'를 유지하기 위한 수단이기도 했다. '기분이 나빠도 쿨해야만 해. 그래야 사람들에게 사랑받을 수 있으니까.'

그런 문정 씨에게 감정을 받아들이는 연습의 일환으로 '감정 일기'를 써 볼 것을 권했다. 문정 씨는 글을 쓰는 건 일도 아니라는 듯 흔쾌히 내 제안에 응했지만 몇 차례 시도에서 '좋다', '싫다'조차 제대로 표현하지 못할 만큼 자신의 감정이 억압돼 있다는 걸 알고는 당황했다. 정작 자신의 감정은 외면한 채, 타인이 원하는 감정의 가면을 자기 것인 양 쓰고 있었던 것이다. 하지만 불안과 분노, 미움과 같은 부정적인 감정을 알아차리고 표현하는 연습을 통해 점차 아버지에 대한 양가감정을 내면의 동요 없이 받아들이기 시작했다. 문정 씨의 표현이 다채롭고 솔직해짐에 따라 억압되었던 감정은 배수구를 통해 물이 빠져나가듯 해소되어 갔다. 그녀가 가짜 자기를 벗고 자신과 마주하는 모습을 지켜보며 수련의 시절 불안하게 차트를 뒤적이던 나 역시 조금씩 편안해 지고 있었다. 그렇게 마음을 놓고 있던 어느 날, 나를 긴장하게 만든 사건이 벌어졌다.

"선생님, 저 남자 친구랑 헤어졌어요."

문정 씨가 자리에 앉자마자 불쑥 꺼낸 이야기에 당황했다. 그간 남자 친구와 갈등을 알리는 어떤 징후도 없었기 때문이다.

"아, 그래요? 언제요?"

"이틀 전에요."

"그렇군요. 최근에 남자 친구와 사이가 나쁘다는 이야기는 듣지 못한 것 같은데요. 특별히 문제가 있었나요?"

"아니요. 적어도 제가 생각할 때는 별 문제가 없었는데 갑자기 헤어지자고 하더라고요."

"아, 문정 씨가 먼저 헤어지자고 한 게 아니군요. 저런, 힘들진 않으세요?"

"네, 좀 놀라기는 했는데 그런대로 괜찮아요. 근데 남자 친구가 저한테 한 말이 좀 신경 쓰이기는 해요."

떠나간 연인에게 아무런 미련이 없다는 듯 '쿨'한 태도가 마음에 걸렸지만, 어쩌면 문정 씨의 연애사에서 이런 식의 헤어짐은 대수롭지 않은 일일 수도 있겠다는 생각이 들었다.

"남자 친구 분이 뭐라고 하셨는데요?"

곤란한 듯 문정 씨가 한참을 고민하다 입을 열었다.

"선생님한테 이상하게 들릴까 봐 걱정이 돼요."

"그런 걱정은 말고 편하게 말씀하세요."

"그……, 남자 친구가 그러더라고요. 제가 자기를 좋아하지 않는 것 같다고요. 그러면서 하는 이야기가……."

나는 차분하게 고개를 끄덕이며 다음 말을 기다렸다. 문정 씨가 결심하듯 숨을 들이마시더니 말을 이었다.

"제가 선생님을 좋아하는 것 같대요."

잠시 동안 아무런 반응도 하지 못한 채 눈만 깜빡였다. '문정 씨가 좋아하는 게 나라고?' 곧 머릿속에 '전이'라는 단어가 떠올랐다. 전이는 치료 과정에서 얼마든지 생길 수 있는 자연스러운 현상이고, 문정 씨는 앞선 면담에서도 긍정적인 전이를 의심할 만한 징후들을 보였다. 그렇지만 막상 문정 씨의 입에서 그런 이야기가 나오니 생각보다 훨씬 더 당황스러웠다. 이럴 때 치료자가 어떻게 반응해야 하더라? 지금 나타난 전이를 집중적으로 다뤄 문정 씨의 내면을 더 자세히 살펴야 한다는 생각이 들었지만 구체적으로 어떤 말을 꺼내야 할지 갈피가 잡히지 않았다.

진료실에 침묵이 흘렀다. 내가 당황한 걸 눈치챈 문정 씨가 어색하게 미소를 지으며 상황을 정리하려고 했다.

"제가 괜한 이야기를 꺼냈어요. 그냥 이런 이야기라도 하면 도움이 될까 싶어서요."

"아, 아닙니다. 말씀하기 쉽지 않으셨을 텐데 잘 이야기해 주셨어요. 남자 친구는 왜 그런 이야기를 했을까요?"

뒤늦게 정신을 차리고 자세를 고쳐 앉았다. 내가 얽힌 사안이라 불편했지만 면담에서 나온 이야기는 반드시 짚고 넘어가야 했다.

"제가 치료를 시작한 뒤로 선생님 이야기를 많이 했대요. 그리고 은연중에 비교를 한다고 하더라고요."

"그렇군요. 문정 씨가 생각할 때는 어떤가요? 저를 좋아하는 것 같나요?"

질문이 이상하진 않은지 신경이 쓰였다.

"음, 모르겠어요. 선생님이 자주 생각나는 건 사실이에요. 솔직히 말하면 선생님 같은 남자를 만나면 좋겠다는 생각도 했어요. 그런데 그게 선생님을 좋아하는 건지는 모르겠어요."

"그런 생각을 하셨군요. 저 같은 사람을 만나고 싶다는 건 어떤 의미일까요?"

다행히 자연스럽게 반응한 것 같았다. 내 질문에 문정 씨는 잠시 생각한 뒤 대답했다.

"그동안은 아무리 좋은 사람을 만나도 제 모습 그대로를 보여 주는 게 어려웠어요. 그 사람이 잘 해 주는 만큼 저도 그 사람이 원하는 모습을 보여 줘야 한다고 생각했거든요. 잘 꾸미고, 착하고, 뭐든 잘 맞춰 주는, 뭐 그런 여자 친구의 모습이요. 그런데 선생님이랑 이야기하다 보면 굳이 나를 숨기거나 꾸며 내지 않아도 괜찮다는 생각이 들어요. 선생님 같은 사람을 만나면 제가 제 진짜 모습 그대로 사랑을 받을 수 있을 것만 같아요."

'사랑하는 사람에게 그가 원하는 모습을 보여 줘야 한다'라는 말에서 문득, 아버지와의 관계가 떠올랐다. 문정 씨의 아버지는 자기만의 방식으로 헌신하면서 문정 씨가 자신이 원하는 대로 움직일 때에만 사랑을 주었다. 이러한 경험은 남성과의 관계에 있어 일종의 원형으로 작용했을 것이다. 연인 관계에서도 사랑을 받으려면 마땅히 상대의 요구에 맞춰야 한다고 생각하는 것도 그 때문이다.

> 66
>
> *그 사람이 잘 해 주는 만큼*
> *저도 그 사람이 원하는 모습을*
> *보여 줘야죠*
>
> 99

그러다 관계가 점차 깊어지면 문정 씨는 남자들과 헤어지는 것을 선택했다. 상대가 자신의 진짜 모습을 좋아하지 않을 거라는 불안도 한몫했겠지만, 한편으로는 아버지에 대해 갖는 양가감정이 연인을 상대로 무의식적으로 재현된 것은 아닌가 하는 생각이 들었다. 아버지의 사랑을 받기 위해 그 기대에 부응하려 애쓰다 아버지를 원망하게 된 것처럼 연인과의 관계에서도 그의 요구에 맞춰 자신을 이상적인 모습으로 꾸며 내다 시간이 지나면서 불편함과 반감을 느낀 것이다. 하지만 치료자인 내 앞에선 점차 그 가면을 내려놓을 수 있게 되었다. 문정 씨가 바라는 이상적인 남자, 더 근원적으로는 이상적인 아버지의 모습이 그것 아니었을까?

"제 생각엔 문정 씨가 원하는 이상적인 남자의 모습을 저에게서 찾아낸 것 같아요. 문정 씨가 어떠한 이야기를 하든지 저는 그대로 받아들이고 이해하려 하니까요."

나는 머릿속에 떠오른 해석을 곧장 문정 씨에게 들려 줬다. 문정 씨는 잠시 멈칫하더니 이내 차분한 얼굴로 되물었다.

"그러니까 제가 좋아한 건 선생님 자체가 아니라는 거지요? 선생님한테서 제가 이상적인 이미지를 찾아낸 거라는 말씀이신가요?"

"네, 제 생각은 그래요. 문정 씨는 어떤 것 같으세요?"

"말씀하신 게 맞는 것 같아요. 저도 혼란스러웠는데 뭔가 정리되는 기분이에요."

고개를 끄덕이는 문정 씨의 얼굴에서 후련함이 읽히는 것도 같았다. 전이를 다뤄 본 경험이 부족한 나로서는 지금 적절하게 개입한 건지 확신이 들지 않았다. 그래도 문정 씨한테 안 좋은 영향을 끼치지는 않았겠지? 그날은 문정 씨의 상태보다 내가 전이를 잘 다뤘는지를 곱씹으며 면담을 마무리했다. 그리고 며칠이 지나 그 면담이 어딘가 부자연스러웠다는 느낌이 들어 계속 신경이 쓰였다.

나에게 특별한 감정을
불러일으키는 사람

"나이가 많은 데다 유부남인 주치의 선생님을 좋아하게 됐는데,
이래도 되는 걸까요?"

"친언니처럼 자상한 선생님이 언젠가 저를 떠날지도 모른다는
생각에 불안해요."

팟캐스트를 진행하면서 여러 청취자 분들에게 비슷한 고민이 담
긴 메일을 받았습니다. 구체적인 내용은 조금씩 다르지만, 담당 의
사에게 특별한 감정을 품는다는 공통점이 있지요. 이런 감정은 전
이라는 개념으로 설명할 수 있습니다.

전이란 과거의 중요한 인물에게 품었던 감정이 다른 사람과의

관계에서 무의식적으로 재현되는 것을 말합니다. 여기서 '중요한 인물'이란, 환자와 밀접한 관계를 맺고 지속적으로 정서적인 교류를 나눠 환자의 삶에서 큰 비중을 차지하게 된 사람을 말합니다. 가장 흔하게는 부모님부터 배우자, 형제, 친구나 선생님 등이 주된 대상이 되지요. 실존하지 않은 환상 속의 인물이 전이의 대상이 되는 경우도 있습니다. 폭력적인 부모 밑에서 자란 아이가 '나를 아끼고 사랑해 주는 친부모'라는 공상 속 존재를 그리워하다가 훗날 자신을 돌보아 주는 사람을 만났을 때 이런 이미지를 상대에게 투영해 호감을 느끼는 경우를 예로 들 수 있습니다.

상대에게 호감이 생기는 긍정적 전이가 있는 반면 부정적 전이도 존재합니다. 누군가에게 특별한 이유 없이 자꾸만 반감이 생기거나 피하고 싶은 마음이 든다면, 그런 경우는 과거의 인물에게 느낀 강렬한 부정적 감정이 새로운 대상에게 재현된 결과일 가능성이 있습니다. 예전에 상사 앞에만 서면 자꾸 주눅이 들어 일을 하기 힘들다며 병원을 찾아온 분이 있었습니다. 이 환자 분은 상사에게 큰소리로 꾸중을 듣고 회사를 그만둬 버리는 일을 몇 차례나 반복했습니다. 환자 분과 문제가 있었던 상사들은 공통적으로 50대 이상의 중년 남성이었는데, 면담을 통해 그 배경에 직업 군인으로 지나치게 엄격했던 아버지에 대한 두려움과 반감이 자리하고 있다는 것을 알 수 있었습니다.

이런 전이는 환자를 이해하는 데 중요한 역할을 합니다. 위의 예처럼 전이의 원인이 되는 감정은 과거의 것임에도 마음 깊숙이 자리 잡아 현재의 생활에까지 영향을 미치기 때문입니다. 그중에서도 치료자에게 나타나는 전이는 직접적으로 환자의 본질적인 문제를 들여다볼 수 있다는 점에서 특별합니다. 유명한 정신분석가인 프로이트는 환자의 무의식이 이끄는 대로 전이가 일어날 수 있도록 치료자는 '텅 빈 도화지 같은' 상태를 유지해야 한다고 말하기도 했지요. 어떤 상황에도 중립적인 태도를 유지해야만 환자의 해소되지 않은 외상적 기억과 그 기억과 동반된 감정이 치료자와의 관계를 통해 명확히 드러날 수 있다고 본 것입니다.

한편, 프로이트 시대의 고전적 정신분석과 달리 현재 외래에서 시행하는 대부분의 면담에서는 환자의 이야기에 지속적으로 공감을 표시하고 지지하는 반응을 보이는 경우가 많습니다. 이런 분위기 때문에 전이와 별개로 현실 속 인물로서 환자가 치료자에게 호감을 갖게 될 가능성도 있지요. 따라서 환자의 감정을 섣부르게 전이로 판단하는 것도 유의해야 합니다.

그렇다면 의사에게 전이의 감정이 생겼을 때 어떻게 대처해야 할까요? 먼저 당황하지 말고 이러한 감정이 누구에게나 나타날 수 있는 자연스러운 현상이라는 것을 이해해야 합니다. 감정의 근원이 과거에 있는 만큼 억지로 부정한다고 해서 사라지지 않습니다. 반면 혼자서 그 감정이 어디서부터 온 건지 고민하는 것도 정답은 아닙니다. 앞서 말씀드렸던 방어기제를 기억하시지요? 강렬한 감정이라고 하더라도 심리적 갈등을 유발하는 것이라면 무의식 속에 억압되어 있을 수 있기 때문에 알아차리지 못하는 경우도 많답니다.

가장 좋은 방법은 담당 의사에게 느끼는 감정을 있는 그대로 이야기하는 것입니다. "내가 당신을 좋아한다"라고 이야기하는 건 어색하고 부끄러운 일이지요. 하지만 그것도 잠시뿐입니다. 이러한 감정은 환자의 내면을 탐색하는 좋은 기회가 되기 때문에 의사 입장에선 도리어 감사한 일입니다. 결과적으로 치료가 한 걸음 더 앞으로 나아가는 계기가 될 수 있습니다.

누구나 도망치고
싶을 때가 있다

지난 면담을 떠올릴 때마다 소화가 되지 않은 것처럼 어딘가 불편하고 찜찜한 기운이 가시질 않았다. 마침 동기들과 정기적으로 갖는 '증례 토의'에서 내가 발표할 차례가 왔고, 그곳에 문정 씨 케이스를 들고 나갔다. 증례 토의란 동료 의사들과 서로의 상담 케이스를 소개하고 고민하는 부분에 관해 조언을 구하는 자리로, 환자의 상태를 나타내는 객관적인 지표가 없는 정신건강의학과 진료에서 치료자의 시각이 적절한지를 '검증'하기 위해 필요한 과정이다. 이러한 조율은 내가 우울증이라고 판단한 케이스를 과연 다른 의사들도 우울증이라고 보느냐와 같은 진단의 영역에서부터 환자에 대한 적절한 치료적 개입, 나아가 치료에 대한 반응을 판단하는 것 모두를 포함한다.

아니나 다를까, 지난 면담 내용까지 듣고 난 뒤 지용이 형이 날카로운 질문을 던졌다.

"이전까지는 환자가 스스로 깨달을 수 있게 유도를 잘한 것 같아. 그런데 전이를 다룰 때는 환자의 생각을 듣는 것보다 네 해석을 가르쳐 주는 듯한 인상을 받았어. 환자가 너를 좋아한다는 게 불편해서 빨리 이야기를 끝내 버리고 싶었던 거 아니야?"

그동안은 면담에서 내 생각을 일방적으로 이야기하지 않으려고 애를 썼다. 그런데 전이를 다룰 때는 이야기를 어서 마무리하고 싶은 마음에 문정 씨가 스스로 생각할 여유를 전혀 주지 않았다. 어쩌면 문정 씨가 관계에서 반복해 온 문제의 핵심일 수도 있는 부분을 나의 불편한 마음 때문에 너무 쉽게 결론 내리려 했던 것은 아닐까?

"문정 씨, 지난주에 남자 친구랑 헤어진 이야기를 했잖아요. 오늘은 그때 이야기를 더 들어 보고 싶어요."

문정 씨는 의아하다는 듯 고개를 갸웃거렸다.

"음, 어떤 이야기를 더 해야 하나요? 저번에 선생님이 제 마음이 어떤 상태인지 설명해 주셨잖아요. 그렇게 이해했거든요."

"아무래도 제가 급하게 마무리를 한 것 같아요. 남자 친구랑 헤어지고 문정 씨가 어떤 마음이 들었는지, 저에 대해서 어떤 마음을 가지고 있는지 충분히 듣지 않고 제 생각을 성급하게 말씀드리지 않았나 싶어요. 문정 씨는 어떻게 생각하세요?"

문정 씨는 아무 말 없이 책상 위를 내려다봤다. 눈길이 고요했다.

"혹시 제 이야기에 공감이 가셨나요? 제 마음이 불편할까 걱정하지 않으셔도 돼요. 제가 정말 궁금하고 듣고 싶은 건 문정 씨의 진짜 속마음이에요."

방 안의 공기가 무겁게 느껴지려던 찰나 문정 씨가 입을 열었다.

"그때 선생님 설명이 머리로는 이해가 갔어요. 그런데 어쩐지 마음은 불편하더라고요. 다른 때처럼 개운하지 않았어요. 왜 그런가 생각해 봤는데, 그날은 선생님이 제 감정에 공감하고 있다는 느낌이 들지 않았어요. 그때는 이런 이야기를 차마 꺼낼 수 없었고요."

"제 설명이 문정 씨를 불편하게 했군요. 그럼 문정 씨 생각을 제게 곧바로 이야기하지 않은 이유가 있을까요?"

"선생님이 실망할 것 같았어요."

"제가 문정 씨한테 특별히 바라는 모습이 있는 것처럼 느끼나요?"

문정 씨는 별 말 없이 나를 물끄러미 쳐다봤다. 그 눈빛에서 문정 씨의 답을 읽을 수 있었다. 증례 토의에서 동료들은 문정 씨처럼 상대에게 호감을 얻어야만 자존감을 지킬 수 있는 사람이라면 나의 해석에 의구심이 들어도 겉으로는 맞장구를 치며 동의하는 태도를 보였을 수도 있다고 했다. 그 말이 맞았다.

"그렇지만 선생님 설명 덕분에 나름대로 생각을 정리할 수 있었어요. 저는 이제껏 제가 진지한 관계를 부담스러워한다고만 생각했어요. 면담을 하면서 그건 내 자존감이 낮기 때문이라는 것, 그래서 내 진짜 모습을 보여 주는 걸 두려워하기 때문이라는 것을 알게 됐죠. 그런데 그날, 선생님이 정리해 준 이야기를 듣고 난 뒤에는 또 다른 이유도 있었겠구나 생각했던 것 같아요."

"또 다른 이유라면……?"

"그동안 저는 남자 친구들이 원하는 모습대로 살았어요. 헤어스타일도, 데이트 코스도 남자 친구 의견대로 했어요. 누가 강요한 것도 아닌데, 그렇게 해야 한다고 생각했죠."

"남자 친구의 사랑을 잃지 않으려면 그렇게 해야 한다고 생각하신 건가요?"

"네. 그래야만 저를 계속 좋아할 것 같았거든요. 그런데 시간이 지나면서 제가 저를 숨기고 억누르는 게 점점 힘들어졌어요. 지금까지 한 번도 그걸 의식한 적은 없지만 무의식적으로 지쳐갔던 거죠. 내가 왜 이렇게까지 해야 하나, 반발심도 들었고요. 그게 쌓이고 쌓이다 폭발하면 결국 헤어지는 거예요. 상대방은 갑작스러운 이별 통보에 황당해했어요. 사실 저도 제가 왜 그러는지 몰랐고, 단지 어딘가 이 사람과 있는 게 편하지 않다는 느낌만 있었어요. 그런데 선생님과 이야기를 하면서 그 불편한 지점을 의식하게 된 거예요."

"저와 이야기를 하면서요?"

"네. 자꾸 남자 친구와 있을 때와 선생님과 있을 때가 비교가 되는 거죠. 선생님이랑 있으면 제 이야기를 하게 되잖아요. 처음에는 그게 오히려 불편했어요. 제 치부를 드러내는 것 같고, 선생님이 저를 나약하고 자기 앞가림 못 하는 사람으로 볼 거라는 생각에 불안했죠. 그런데 면담을 하면서 제 감정, 제 마음을 들여다보는 데 조금씩 익숙해지고 선생님을 대하는 것도 편해졌어요. 그러니 남자 친구에게 모든 걸 맞춰야 하는 상황이 점점 싫은 거예요. 예전 같았으면 그런 마음이 들어도 그냥 무시했을 텐데, '그건 진짜 내 마음이 아니야, 이게 진짜야'라는 생각이 든 거죠."

> **"**
> 시간이 지나면서
> 제가 저를 숨기고 억누르는 게
> 점점 힘들었던 것 같아요
> **"**

"남자 친구가 그런 문정 씨의 변화를 알아챈 거군요? 그래서 헤어지자고 한 것이고요."

"네, 헤어지자고 한 건 남자 친구지만, 결국 그렇게 만든 건 저인 셈이죠."

이제야 남자 친구가 이별 통보를 한 사실을 덤덤하게 말하던 문정 씨의 태도가 이해가 됐다. 자신이 억눌러 온 감정들을 대면하고 언어화하는 연습을 하면서 자기 감정에 좀 더 솔직해졌지만, 그 감정을 일상에서 자유롭게 표현하는 건 또 다른 문제였다. 문득 지난 진료 시간에 문정 씨가 동창들과 만났던 일을 이야기한 게 떠올랐다. 그때 문정 씨는 이렇게 말했다.

"친구들을 만나는 게 이상하게 전처럼 즐겁지가 않은 거예요. 처음엔 애들이 좀 변했나, 오늘따라 불편하게 구는 건가 하는 생각이 들었어요. 그런데 집에 와 감정 일기를 쓰면서 깨달았어요. 친구들이 달라진 게 아니라 제 감정이 불편한 걸 저 스스로 알아차린 거였어요. 저는 지금까지 늘 사람들이 절 어떻게 볼지 의식했어요. 상대가 원하는 '정답'을 제 본심이라고 생각하고 거기에 맞추는 것에 익숙했죠. 그날은 그런 제가 처음으로 낯설게 느껴졌어요."

문정 씨를 억압하고 있던 건 모든 사람이 자신을 좋아했으면 하는 비현실적인 소망이었다. 그것을 깨달으며 문정 씨는 변하고 있었지만, 내면의 변화를 다른 사람과의 관계에 적용하는 데는 아직 시간이 필요했다. 그들이 문정 씨에게 기대하는 건 여전히 변화하기 전 문정 씨의 모습일 테니까. 그런데 진료실 안의 나는 문정 씨의 과거와 현재를 알고 변화하는 문정 씨를 응원해 주었다. 그런 나와의 관계에서 문정 씨는 마음껏 솔직해질 수 있었고 그게 의사인 나를 향한 개인적인 호감으로 이어진 것이다. 이걸 단순히 전이 감정이라고만 할 수 있을까? 현실 대상으로서의 호감이 뒤섞인 복합적인 감정을 모조리 전이로 치부해 버렸으니 자기 감정이 부정당하는 것 같은 느낌을 받을 만했다.

"저는 선생님과 나누는 대화가 즐거워요. 때로는 상담이라고 느껴지지 않을 만큼이요. 이게 적절한 감정인지는 모르겠지만, 선생님이 그날 '아버지에 대한 환상' 같은 이야기를 했을 때는 솔직히, 한편으로는 수긍이 가면서 서운했던 것도 사실이에요."

"솔직하게 말씀해 주셔서 정말 고마워요. 문정 씨도 쉽게 할 수 있는 이야기가 아니었을 텐데요."

내가 말을 멈추자 진료실이 조용해졌다. 어떻게 말을 이어야 할지 순간 눈앞이 깜깜해졌지만 한 가지 확실한 건 더는 회피할 수 없다는 사실이었다.

"문정 씨가 느끼신 게 맞아요. 저도 부담스러운 마음에 문정 씨의 이야기를 자연스럽게 받아들이지 못했습니다. 그래서 저도 모르게 성급하게 해석한 것 같아요. 불편한 감정을 피한 거지요."

"선생님처럼 자존감이 높은 분도 '회피'를 하는군요?"

문정 씨가 빙긋이 웃으며 말했다.

"그럼요. 저도 사람인걸요. 저도 때때로 제가 잘하고 있는 건지 불안하고, 잘 해낼 수 없을 것 같은 상황에서는 도망치고 싶은 마음이 들어요. 문정 씨와 면담했던 그날도 그랬고요."

"선생님도 그런 생각을 하고 있는지 몰랐어요. 늘 자신감에 차 있을 것 같고 쉽게 흔들리지 않을 사람이라고 생각했거든요."

"문정 씨도 다른 사람이 보기엔 부족함이 없지만, 자신을 의심하고 인정받지 못할까 봐 두려워했잖아요. 그건 문정 씨 내면에 끊임없이 스스로를 다그치는 가혹한 목소리가 있기 때문이죠. '인정받으려면 더 잘해야 돼!' '사랑받으려면 너 자신을 숨기고 다른 사람이 원하는 대로 행동해!' 저도 마찬가지였어요. 지금도 가끔은 그 목소리에 영향을 받을 때가 있고요."

❝

선생님처럼 자존감이 높은 분도
'회피'를 하는군요?

❞

나도 내 속마음을 다른 사람에게 털어놓는 일엔 익숙하지 않았다. 치료자로서 자신을 드러내는 게 적절한 개입인지도 의심이 됐다. 하지만 문정 씨가 가진 문제와 고민이 자기만의 것이 아니라는 사실을 알려주고 싶었다. 문정 씨가 나 역시 의사이기 이전에 부족하고 미숙한 보통 사람이라는 사실을 깨닫고 나서 자신을 좀 더 긍정적으로 바라 볼 수 있게 되기를 바랐다.

한참 생각에 잠겨 있던 문정 씨가 차분하게 말을 꺼냈다.

"오늘 선생님 말씀을 들으니 왠지 마음이 편해요. 지난번에는 선생님조차 날 이해해 주지 않는다는 생각에 서운했다가 괜히 솔직하게 말한 건 아닌지 자책했거든요. 선생님이 저를 싫어하게 되는 건 아닐까 걱정도 됐고요."

"제가 문정 씨가 기대한 모습이 아니라서 실망스럽지는 않고요?"

"아니요. 오히려 정도는 다르겠지만 선생님도 저랑 비슷한 고민을 한다는 게 위로가 돼요. 제가 부족한 사람이어서 불편하고 힘든 감정을 회피하는 게 아닐까 생각하고 있었거든요. 그런데 그게 저만의 문제가 아니라는 생각이 드니까 어쩐지 용기도 나고요."

"맞아요. 맞서기 힘들거나 불편한 상황에서 도망치고 싶은 마음은 누구에게나 있죠. 내가 그런 패턴을 반복하고 있다는 걸 파악하는 게 중요해요. 그러나 그걸로 내가 부족한 사람이라고 탓할 필요는 없습니다. 자책하다 보면 내 성향을 솔직하게 인정하지 못하고 또 도망칠 수 있으니까요. 중요한 건 깨닫고 그저 받아들이는 거예요."

"깨닫고 받아들이는 거요?"

"네. 글을 쓰다가 갑자기 멈추고 싶을 때, 내가 이 상황을 피하고 싶다는 걸 알아차리고 그저 받아들이는 거예요. 내가 또 그랬다고 실망하거나 한심하게 생각하지 말고요. 시간을 두고 용기를 내 보는 거죠. 이 과정에 익숙해지려면 연습을 해야 해요. 저도 오늘 문정 씨한테 이야기를 꺼내는 데 용기가 필요했어요. 제가 미숙하게 반응한 걸 인정하는 게 어려웠죠. 문정 씨가 실망하면 어쩌나 걱정도 됐고요. 그래도 그 걱정과 우려를 받아들이려고 노력했어요. 저도 여전히 연습 중인 거지요."

"선생님도 저와 함께 연습을 하셨던 거네요. 그러면 진료비는 환불 받아야 하는 거 아닌가요?"

환하게 웃으며 농담을 하는 문정 씨 어깨에서 무언가 무거운 짐이 덜어진 것 같은 느낌이 들었다. 나는 나의 부족함을 인정하면서 문정 씨의 모든 걸 이해하고 받아 주는 '이상적인 남자'라는 역할에서 내려왔다. 대신 비슷한 감정과 고민을 공유하는 친구 같은 치료자라는 새로운 자리를 찾았다. 문정 씨가 나를 이전처럼 신뢰하지 않으면 어떻게 하나 하는 걱정은 잠깐의 기우로 끝났다. 오히려 문정 씨는 이 일을 계기로 자신의 내면을 더 자세히 들여다봤고 자기 생각을 더 편하게 털어놓았다.

* * *

면담을 통해 문정 씨의 불안감이 완전히 사라진 건 아니었다. 문정 씨는 여전히 자신이 만들어 낸 결과물이 어떤 평가를 받을지 예민하게 반응했다. 하지만 더 이상 그 불안을 외면하지 않으면서 무의식적 회피 행동은 점차 사라져 갔다. 효율적인 작업을 통해 오히려 이전 보다 좋은 평가를 받게 된 건 덤이었다.

감정 일기를 쓰며 내면의 목소리를 들으려는 시도는 문정 씨가 '자기 통제감'을 찾는 시발점이 되었다. 감정과 생각은 백 퍼센트

내 의지대로 조절할 수 없지만 그것을 이해하려는 시도만으로 외부로 표출되는 행동을 어느 정도 예측하고 통제할 수 있다. 행동을 뜻대로 통제하는 경험이 쌓이면 내 삶을 스스로 조절하고 있다는 느낌을 받는데, 이것을 자기 통제감이라고 한다. 자기 통제감은 내가 무언가를 이룰 능력이 있다는 믿음인 '자기 효능감'으로 이어지고, 결국 우리가 '자존감'이라고 부르는, 스스로가 가치 있고 존중받을 만하다는 믿음의 근간이 된다.

이제 막 변화하기 시작한 문정 씨에게 나는 한 가지 당부를 했다. 감정을 받아들이는 일이 간혹 뜻대로 안 되더라도 절대로 실망하지 말 것. 자전거 타는 방법을 배웠다고 해서 곧바로 빠르게 달릴 수 없듯 문제를 깨닫고 새로운 방식으로 세상을 바라보는 방법을 익혔다고 해서 기존의 시각에서 단번에 벗어나는 것은 불가능하다. 우리에게는 새로움에 익숙해질 시간이 필요하고, 그 과정에서 몇 차례 넘어지는 것쯤은 아무런 문제가 되지 않는다.

중요한 건 회피하는 대신 맞서 보기로 결심했다는 것, 바로 그 자체니까.

나도 모르는
내 감정을 찾아서

　우리는 일상적으로 감정이라는 말을 사용하지만, 막상 복잡한 감정을 언어로 풀어내는 건 생각만큼 쉬운 일이 아닙니다. 감정을 언어로 표현하려면 먼저 그 감정을 들여다보는 연습을 해야 합니다. 평소에는 그다지 의식하지 않았던 나 자신의 마음 상태에 집중해야 하는 것이지요. 더구나 문정 씨처럼 늘 웃고 있는 가면 아래 속마음을 억압하고 있는 사람들은 시작 단계부터 난관에 부딪힐 수밖에 없습니다.

　그런 분들에겐 감정 일기를 써 볼 것을 권합니다. 먼저 하루 중 기억에 남는 사건 하나를 정합니다. 꼭 특별한 일일 필요는 없고 평소와 다름없는 일상이라도 충분합니다. 사건을 구체적으로 적은 뒤, 그 사건 때문에 어떤 감정이 들었는지 적어 봅니다. 이때 최대한 자세하게 적으려고 노력합니다. 그다음 그 감정이 어떤 생각 때문에 일어난 건지 씁니다. 우리는 '기분 좋은 일, 기분 나쁜 일'처럼 사건 자체가 감정을 유발한다고 생각하지요. 사실은 사건 그 자체가 아니라 그 사건을 해석하는 생각이 감정을 유발합니다. 마지막 단계는 그 생각과 감정에 반응해 나타난 행동을 적는 것입니다.

간단한 예를 들어 보겠습니다.

● 사건

애인과 밤새 연락이 되지 않아 말다툼을 했다. 문자를 보냈는데 짤막한 답장만 올 뿐 끝까지 전화는 오지 않았다.

● 감정

기분이 나빴다.(X) → 애인과 함께 있고 싶은데 그러지 못해 불안하고 답답한 마음이다. 무슨 일이 생긴 건 아닌가 싶어 마음을 졸이는 내 자신이 한심하다. 나를 이렇게 만든 애인이 밉다.(O)

● 생각

애인의 평소답지 않은 반응이 뭔가 수상했다. 갑자기 나를 두고 다른 사람을 만나고 있는 건 아닌가 하는 생각이 들었다. 왜 나만 일방적으로 매달려야 하는 건지 모르겠다.

● 행동

전화 연결이 되자마자 애인에게 화내면서 소리를 질렀다.

　　많은 사람이 사건을 접할 때 그 상황에 어떻게 대응해야 할지만 신경을 씁니다. 사건의 의미를 어떻게 해석해야 하는지, 그 해석이 어떤 감정을 불러일으키는지는 굳이 의식하려고 하지 않습니다. 대개 사고와 감정 반응은 학습된 패턴대로 자동적으로 일어납니다. 그런데 그렇게 자연스러운 패턴이 우리 마음을 괴롭히는 문제의 핵심인 경우가 많지요. 감정 일기는 내 생각과 감정을 알아차리고 언어화하는 연습을 돕습니다. 그동안 알지 못했던 잘못된 패턴을 발견할 수 있는 기회를 주기도 하지요. 마음속에서 뒤엉키는 감정에 적절한 이름을 찾아서 불러 주는 것, 그것이 마음의 문제를 해결하는 시작입니다.

2부

알 수 없는
감정에
혼란스럽나요?

연극에서는 다음 막이 오르기 전
새로운 무대 설치를 위해 조명을 잠시 꺼 둔다.
이를 '암전'이라고 한다.
정신건강의학과 의사로서 가끔 암전된 무대 위에
서 있는 것 같은 사람들을 만날 때가 있다.
인생의 다음 막을 준비하기 전,
통과의례처럼 성장통을 겪는 이들이 그렇다.
익숙하던 대상과 떨어져 둥지를 잃은 듯한
깊은 상실감에 시달리기도 하고,
마주하기 힘든 과거가 유령처럼 등장해
현실의 나를 괴롭게 할 수도 있다.
홍주 씨는 바로 그 성장통의 순간에
진료실 문을 두드렸다. 김지용

아내가
이상하다

고작 3.2킬로그램의 작은 체구로 세상에 나온 첫째 아들은 마치 블랙홀처럼 나와 내 아내의 삶을 어마어마한 중력으로 빨아들였다. 처음 몇 주 동안 아이는 시도 때도 없이 울었는데, 그 울음소리가 '언제', '왜' 울리는지 모를 비상 재난 사이렌처럼 느껴졌다. 그럴 때면 우리는 여러 가지 경우의 수를 따져 가며 부산을 떨고 요란을 부리다 마침내 사이렌이 멎으면 지쳐 쓰러지곤 했다.

그런 기억이 생생했기 때문에 한 살배기 딸아이를 둔 영재 씨와 홍주 씨 부부를 처음 만났을 때 절로 동지애가 느껴졌다. 아니나 다를까, 두 사람은 부부가 마주한 문제의 정체를 '산후 우울증'으로 여기고 있었다. 그래, 많이 힘들 때지. 나는 모든 걸 이해한다는 듯

관대한 미소를 지으며 초보 부모를 바라봤다.

"선생님, 저는 제가 우울증은 아닌 것 같아요."

제 나이보다 훨씬 어려 보이는 홍주 씨는 진료실 의자에 앉자마자 고개를 갸웃거렸다. 부부에게 닥친 문제 상황을 이해하기 위해 남편과 머리를 맞대 내린 결론이 영 와 닿지 않는 모양이었다.

"남편이 요즘 제가 이상하다고 산후 우울증 기사를 보여 주며 딱 제 이야기이지 않느냐고 하더라고요. 기사에 공감되는 내용도 있지만, 저는 우울하지 않거든요. 산후 우울증도 우울증이니까 다른 우울증처럼 사람도 만나기 싫고 내내 무기력해야 하는 거 아닌가요?"

"그렇군요. 산후 우울증 기사에 공감되는 내용도 있다고 하셨는데 그건 어떤 부분인가요?"

말을 조리 있게 잘하던 홍주 씨가 곤란한 듯 입술을 꽉 다물었다. 그 틈을 타 남편 영재 씨가 나섰다.

"저도 말을 꺼내기가 좀 그런데……, 아이에게 손찌검을 하는 거요. 안 그러던 사람이 한 달 전부터 갑자기 아이에게 불같이 화를 내요. 어떨 땐 손이 나가기도 하고요. 그러고 나서는 아이에게 미안하다면서 울어 버립니다. 자기는 우울한 게 아니라고 하지만, 감정 기복이 너무 심한 것도 우울증 증상 아닌가요?"

남편의 설명에 내 고개는 반사적으로 홍주 씨 쪽으로 돌아갔다. 전체적으로 동그랗고 선한 인상이라 아이를 때릴 엄마처럼 보이지 않았다. 그런데 아이를 때릴 것처럼 생긴 생김새가 따로 있나? 겉

모습으로 어림짐작하는 건 위험하다고 생각하며 영재 씨 이야기에
마저 귀를 기울였다.

안 그러던 사람이
한 달 전부터 갑자기
아이에게 불같이 화를 내요

두 사람은 3년 전에 만나 다섯 달 연애를 한 뒤 결혼했다. 두 사
람 사이에 아이는 1년 전에 낳은 딸 열이가 전부였다. 공무원인 영
재 씨의 잦은 야근으로 인해 육아는 거의 전적으로 홍주 씨의 몫이
었다. 임신 후 중소기업 사무직 일을 그만둔 홍주 씨는 양가 부모
나 도우미의 도움 없이 홀로 딸을 돌보고 있었다. 딸이 처음 태어
났을 때는 아무런 문제도 없었다. 영재 씨는 홍주 씨가 혼자 감당
하는 육아의 무게를 이해하며 격려했고, 홍주 씨도 처음 해 보는
육아에 헤매기도 했지만 마음 벅찬 하루하루를 보냈다고 했다. 그
런데 갑자기 한 달 전부터 홍주 씨가 열이에게 큰소리로 화를 내고
엉덩이나 등을 손바닥으로 세게 내리치는 일이 시작되었다. 때린
뒤에는 전혀 다른 사람이 된 것처럼 자신이 방금 한 행동에 깜짝
놀라 죄책감에 우는 일이 반복됐다.

남편이 설명하는 동안 홍주 씨는 입을 꾹 다물고 손을 주무르고 있었다. 이 이야기가 불편한 기색이 역력했다.

"걱정이 되실 수밖에 없겠네요. 한 달 전부터 갑자기 그런다고 하셨는데 혹시 그때 스트레스를 받을 만한 특별한 일이 있었을까요?"

"아니요. 특별한 건 없었어요."

"마음에 걸리는 일이 하나 있었어요."

홍주 씨와 남편의 대답이 엇갈렸다. 특별한 일이 없었다는 홍주 씨 대신 남편이 말을 계속 이었다.

"아내랑 제가 말다툼을 했습니다. 저희는 연애할 때부터 지금까지 싸운 적이 거의 없어요. 아내가 대체로 제 의견을 너그럽게 받아 주는 편이거든요. 그런데 한 달 전에 이 사람이랑 처음 만난 뒤로 가장 심하게 다퉜어요. 그때부터 변한 게 아닌가 싶어요."

"다툴 만한 일이 있었나요?"

"이 사람이 너무 답답하게 굴어서요. 돌도 안 지난 애를 혼자 보는 게 어디 보통 일인가요? 저희 부모님은 너무 멀리 사셔서 도와 달라고 할 수 없으니 가까이 계신 장모님께 죄송하지만 도움 좀 받자고 했죠. 그랬더니 단칼에 싫대요. 애 하나도 감당 못 해서 어머니께 민폐를 끼칠 수 없다고요. 그럼 청소나 밥이라도 해 줄 도우미 분을 구하자고 했더니 그것도 싫다는 겁니다. 이래도 싫다, 저래도 싫다니까 저도 화가 나서 욱했습니다. 손주 때문에 딸이 고생하고 있을 게 뻔한데 장모님은 남 일처럼 생각하시고, 어떻게 그렇게 매정하냐고 한마디 했죠. 그랬더니……."

"그 이야기 좀 그만해. 그 일이 지금 무슨 상관이 있어!"

"이거 보세요, 선생님. 이 사람은 평소에 이렇게 큰 소리를 내는 사람이 아닌데 장모님 이야기만 꺼내면 예민해진다니까요."

남편이 문제를 해결하려는 의욕을 보일수록 정작 당사자인 홍주 씨는 불편한 기색이었다. 나는 상황을 이해하는 데 많은 도움을 받았다고 감사의 뜻을 표하며 남편을 대기실로 내보냈다. 당사자인 홍주 씨의 입을 통해 사건을 파악하는 것이 더 중요했다.

진료실에 단둘이 남자 아까부터 계속 불안한 듯 손을 주무르던 홍주 씨가 다급하게 말했다.

"선생님, 남편은 자기가 도와주지 못한 게 미안해서 어머니 탓을 하는 거예요. 저희 어머닌 혼자 가게 일까지 하면서 저희 남매 셋을 키우셨어요. 이제야 겨우 자기 인생을 찾았는데, 그런 어머니에게 또 아이 보는 일을 부탁하라고요? 염치없이 어떻게 그래요."

"그런 마음에 어머니께 도움을 요청하지 않으신 거군요. 세 남매 중에 둘째라고 하셨죠? 언니와 남동생 분도 홍주 씨처럼 어머니 도움 없이 아이를 키우나요?"

내 말에 홍주 씨는 질린 표정을 지으며 고개를 가로저었다.

"언니랑 동생은 멀었어요. 서른이 넘어서도 어머니에게 하나하나 의지하거든요. 동생은 막내니까 결혼하고 독립을 해도 어머니

눈에 여전히 어린 아이로 보일 수 있죠. 언니는……, 언니는 원래 어릴 때부터 자기 멋대로 굴었어요. 철이 없는 거죠. 그러니 저라도 부모님이 기댈 수 있는 자식이 돼야 하지 않겠어요?"

> **"**
> *남편은 자기가*
> *도와주지 못한 게 미안해서*
> *저희 어머니 탓을 하는 거예요*
> **"**

결혼을 했으니 집안일과 육아는 자기가 알아서 책임지겠다는 것은 독립심이 강한 사람이라면 충분히 할 수 있는 생각이다. 그러나 24시간을 타인의 사이클에 맞춰 살아야 하는 육아는 독립심과 의지만으로 감당하기 어려운 게 사실이다. 게다가 홍주 씨의 언니와 동생은 육아나 살림에 어머니의 도움을 계속 받고 있었다. 세 남매 중에서 유독 홍주 씨만 부모님에게 어떤 지원도 받지 않는 상황이었다. 홍주 씨 남편이 장모님에게 서운함을 느끼는 것도 어느 정도 이해가 갔다.

"부모님이나 형제 이야기는 앞으로 차근차근 하도록 해요. 오늘은 홍주 씨와 따님 열이 이야기를 자세하게 해 볼까요? 말씀하기 어려우시겠지만, 어떤 상황에서 아이에게 화가 나는 건가요? 가장 최근 상황을 떠올려 보셔도 좋고요."

"잘……, 잘 모르겠어요."

"괜찮아요. 갑자기 생각하려고 하면 누구나 잘 안 떠오르죠. 좋은 기억도 아니고요. 가장 최근에는 어떤 상황이었는지, 머릿속에 떠오른 아주 사소한 거라도 이야기해 보시겠어요?"

"가장 최근에 화가 난 건……, 어제였어요. 애를 보다 때를 놓쳐 한참 늦게야 저녁을 먹으려고 하는데 계속 안아 달라고 찡찡거리는 거예요. 하루 종일 안아 줬는데, 밥 한 끼를 편하게 못 먹게 하나 싶었어요. 목청이 터져라 우는 게 꼭 나를 괴롭히려고 일부러 그러는 것 같더라고요. 제가 하는 이야기가 말도 안 된다는 걸 알아요. 근데 어제는 너무 화가 나서……. 어떻게 했는지는 기억이 안 나요. 마침 퇴근한 남편이 저를 말렸는데, 제가 열이 등을 때리고 있더래요. 아무래도 미쳤나 봐요. 선생님도 제가 이상하다고 생각하시죠?"

"아뇨. 저한테 어떻게 보일지는 신경 쓰지 않으셔도 돼요. 원래 그렇지 않던 홍주 씨에게 잠깐 문제가 생긴 것일 뿐이니까요. 편하게 말씀해 주시면 돼요."

"한 달 전까지는 아무리 힘들어도 애한테 손찌검까지 한 적은 없어요. 왜 갑자기 이렇게 변한 걸까요? 저도 혼란스러운데 아이는 얼마나 혼란스러울까요? 저 같은 엄마는 차라리 없는 게 낫지 않을까요? 저는 크면서 어머니께 맞은 적이 단 한 번도 없어요. 저희 어머니는 자식 셋을, 그것도 일까지 하면서 잘 키웠는데요. 저는 집에서 애만 보는데도 왜 이렇게 엉망일까요? 제가 아이를 때린다는 걸 어머니가 알면 얼마나 실망하실지……."

홍주 씨는 눈물이 나오려는 걸 겨우 참으며 가늘게 떨리는 목소리로 어렵게 이야기를 이어 갔다. 자기 존재가 오히려 사랑하는 아이한테 독이 되지 않을까 걱정된다는 홍주 씨의 말에서 진심이 느껴졌다. 그런데 왜 딸에 관한 이야기가 갑자기 어머니를 향한 죄책감으로 이어진 거지? 상담을 시작할 때 남편이 어머니 이야기를 꺼냈기 때문일까? 아니면 홍주 씨 마음을 들여다볼 수 있는 중요한 단서일까?

66

저 같은 엄마는
없는 게 낫지 않을까요?

99

미리 정한 상담 시간이 훌쩍 지나 첫 상담은 이 정도 선에서 마무리했다. 나는 나란히 앉은 홍주 씨와 남편에게 산후 우울증일 가능성은 낮다는 소견을 밝혔다. 급격한 호르몬 변화 때문에 나타나는 생리적 문제인 산후 우울증은 보통 산후 3개월, 늦어도 6개월이내에 나타난다. 홍주 씨의 변화는 일반적인 발병 시기를 지난 후

에 일어났고, 순간적인 분노를 표출할 때 외에는 우울증 증상들을 보이지 않았다. 또한 과거에 우울증을 앓은 적도, 가족력도 없었다. 생리적 변화에 의해 발생하는 산후 우울증보다는 복잡한 심리적인 원인이 기저에 숨어 있을 거라고 추측할 수 있었다.

다만 순간적으로 터져 나오는 분노는 충분히 문제가 있는 상황이었다. 게다가 홍주 씨의 분노가 향하는 대상은 자기 자신을 전혀 방어할 수 없는 무력한 한 살배기 아기라는 점에서 심각한 상황이기도 했다. 일주일에 한 번씩 정기적인 면담 치료를 받으며 홍주 씨가 분노하는 이유와 문제 상황을 개선할 방법을 함께 찾아보기로 했다. 나는 홍주 씨와 눈을 맞추며 한 가지를 당부했다.

"다음 면담에 오시기 전에 또 아이한테 분노가 치밀면 그 순간에 '내가 지금 무슨 생각이 들어서 이렇게 화가 나는 거지?' 하고 자기 자신한테 물어보세요. 아이의 행동이 아니라 홍주 씨의 감정에 집중하는 거예요."

홍주 씨는 내 말에 고개를 천천히 끄덕이며 그렇게 하겠다고 대답했다. 나는 진료실을 빠져나가는 두 사람의 뒷모습을 보면서 다음 상담 때까지 홍주 씨가 아이를 때리는 일이 없기를 간절하게 바랐다. 진료실 문이 닫히고 면담 내용을 기록하기 위해 모니터 쪽으로 몸을 돌리다 책상 위에 놓인 액자가 눈에 들어왔다. 나를 보며 활짝 웃는 두 아들에게 괜히 평소보다 더 오래 눈길이 머물렀다.

가장 큰 축복이
가장 힘든 순간으로

여성이 남성보다 우울증에 걸릴 확률이 두 배가량 높습니다. 여러 이유가 있겠지만 그중에서 가장 큰 이유는 여성호르몬이 남성호르몬에 비해 우울증과 더 깊은 연관이 있기 때문입니다. 월경, 폐경, 그리고 출산으로 급격하게 변하는 여성호르몬은 세로토닌 등 뇌 호르몬에도 영향을 미쳐 우울증을 유발합니다.

특히 출산은 산모의 몸 안에서 열 달 동안 혈액까지 공유하던 작은 생명체가 급작스럽게 사라지는 중대한 변화입니다. 그런 만큼 출산이 감정에 미치는 영향도 크지요. 산모의 최대 75퍼센트가 출산한 뒤 수일 이내에 아무 이유 없이 우울하고 불안정한 기분을 느낍니다. 쉽게 눈물을 흘리기도 하지요. 이런 '산후 우울감'은 대부분 치료 없이도 저절로 사라지지만, 산모의 10~15퍼센트는 출산 후 3개월 이내에 발생하는 '산후 우울증'을 앓습니다.

'산후 우울증'은 저절로 사라지는 '산후 우울감'과 달리 반드시 전문의의 조력을 구해야 합니다. 산후 우울증은 환자의 삶을 피폐하게 만들 뿐만 아니라 추후 재발할 가능성도 높으며 조울증으로 발전할 수도 있기 때문입니다. 또한 이 시기는 아이가 엄마와 맺는 관계를 통해 대인 관계의 틀을 마련하고 성격을 형성해 나갈 때인데 엄마가 우울증 때문에 의욕과 에너지가 부족할 경우 아이와 깊은 유대를 맺는 게 힘듭니다. 따라서 산후 우울증은 엄마와 아이 모두를 위해 빠르게 치료적으로 개입해야 하는 문제입니다.

산후 우울증이 발생하는 데 영향을 끼치는 게 호르몬이 전부는 아닙니다. 하루 종일 육아에 전념해야 하는 시기에 산모는 사회와 단절됐다는 고립감과 외로움을 느끼는데, 이 감정들이 우울증에 큰 영향을 끼칩니다. 인간은 기본적으로 사회적 동물입니다. 아무리 아이가 사랑스럽다고 해도 급작스럽게 기존의 사회적 관계들이 단절되면 영향을 받을 수밖에 없습니다. 다른 가족 구성원이 아이 돌보는 일을 방치해 산모가 소위 '독박 육아'를 할 경우 산후 우울증을 앓을 확률이 높다는 연구도 있습니다. 우울증은 조기에 전문의의 진료를 받아야 하고 육아는 가족이 함께 참여해야 하는 일이라는 사회적 인식이 퍼질수록 산후 우울증으로 고생하는 엄마들이 줄어들지 않을까요?

왜 계속 엄마에게
미안한 걸까?

"댁에 아이가 둘인가 봐요? 다 두 개씩 사셨네요."

아내의 지령을 받아 퇴근길에 슈퍼마켓에 들러 아이들 간식을 사던 참이었다. 내가 담아 온 물건을 계산하던 점원이 다정하게 말을 걸어 왔다. 늦을까 봐 부랴부랴 물건을 담느라 정신없던 나는 그 말에 바코드에 찍힌 물건들을 다시 봤다. 아내와 내가 입가심으로 마실 캔 맥주 말고는 과자, 빵, 인기 애니메이션 주인공 피규어, 심지어 둘째 아들은 거의 먹지 못하는 아이스크림까지 모두 사이좋게 쌍을 이뤘다.

아이가 둘이면 물건도 꼭 두 개씩 사야 한다. 그것도 디자인과 색상이 똑같은 것으로. 그래야 다른 형제의 떡이 더 크다고 아이가 대성통곡을 하며 나뒹구는 사태를 막을 수 있기 때문이다. 나이 터울이 얼마 나지 않은 자녀를 둔 부모라면 이런 생활의 지혜를 몇 번의 반복 학습을 통해 익히 체득한다. 연년생의 아들 둘을 둔 나도 아이들 물건은 꼭 똑같은 것으로 두 개씩 샀다. 첫째를 안아 주면서 자기도 안아 달라고 발을 굴리는 둘째를 달래고, 둘째를 안아 주면서 서운한 티를 내는 첫째의 눈치를 살폈다. 이렇게 나이 터울이 얼마 나지 않는 형제 사이에서 물건이나 부모님의 관심을 두고 나타나는 '형제자매 간 경쟁심'은 발달 과정에서 당연하게 나타나는 자연스러운 현상이다.

계산을 하고 나오며 문득, 지난번 있었던 홍주 씨와의 면담이 떠올랐다. 홍주 씨는 어린 시절 이야기를 듣고 싶다는 내 질문에 스스로를 '자기 혼자서도 잘하는 얌전한 아이'였다고 표현했다. 보통 첫째와 셋째 사이에 '끼인' 둘째는 순탄치 않은 성장기를 겪기 마련이다. 더군다나 홍주 씨와 연년생인 동생은 보수적인 가족관을 가진 부모님이 은연중에 바라던 남자아이였으니, 자라면서 상대적 박탈감을 느꼈을 거라고 생각했다. 그러나 면담 내내 홍주 씨는 그런 내색을 하지 않았다. 다음 진료 때는 이와 관련해 홍주 씨의 이야기를 더 들어 봐야겠다고 생각했다.

"대학에 가는 대신 어머니 가게 일을 도우셨군요."
"저희 집 형편이 자식 셋을 모두 대학에 보낼 정도로 여유롭지는 않았던 것 같아요. 어머니가 언니와 동생 학비를 대는 것도 힘드니 대학에 가는 대신 가게 일을 돕는 게 어떻겠느냐고 하시더라고요. 사실 셋 중에 제가 공부를 제일 잘하긴 했지만 이기적으로 제 생각만 할 순 없었어요."

"취직을 하신 건 어머니가 가게 일을 접고 나서?"

"네, 열이를 갖고 나서도 일은 계속하고 싶었는데 임신한 몸으로 무리하면 안 된다고 남편이랑 시부모님이 말려서 어쩔 수 없이 그만뒀어요."

"회사 생활이 잘 맞으셨나 봐요."

"딱히 그런 건 아니었어요. 집에 혼자 있어도 특별히 할 일도 없고, 은퇴하신 부모님 생활비도 필요하니까요."

> "
> 어머니가 대학에 가는 대신
> 가게 일을 돕는 게 어떻겠느냐고 하시더라고요
> 이기적으로 제 생각만 할 순 없었어요
> "

"그렇군요. 그럼, 결혼한 뒤에도 부모님께 계속 생활비를 드린 건가요?"

"네, 언니나 동생은 잘 안 챙기는 것 같더라고요. 어떻게 해요.

저라도 해 드려야죠. 저를 얼마나 힘들게 키워 주셨는데요. 그런데 벌써 일 년 가까이 못 챙기니 죄송한 마음이 커요. 이렇게 마냥 있어도 되나 싶고요."

"죄송한 마음이 크시다고요."

"네, 너무 죄송해요. 게다가 지금 제 상황이……, 아이 하나도 제대로 못 키워 정신과까지 왔잖아요. 부끄러워요. 제가 열이를 때리고 정신과 치료를 받는 걸 알면 저를 어떻게 보실까요?"

홍주 씨는 눈가에 고인 눈물을 닦느라 말을 멈췄다. 나는 탁자 위에 있는 티슈를 홍주 씨 쪽으로 옮겼다. 홍주 씨의 이야기를 곱씹는데 마음 어딘가가 석연치 않았다. 죄송하다, 죄송하다? 아니, 도대체 왜 죄송하다는 거지?

홍주 씨의 성장 과정은 이렇게 정리할 수 있었다. 얌전하고 말을 잘 듣는 착한 아이, 공부도 혼자서 척척 잘하는 모범생, 가정 형편을 생각해 대학에 진학하는 대신 부모님 가게 일을 도우면서도 아쉬운 소리 한 번 하지 않은 효녀, 결혼을 한 뒤에도 생활비를 꼬박꼬박 보내는 딸……. 반면, 홍주 씨가 가족한테 받는 도움이나 배려는 거의 없어 보였다.

첫 면담 때 홍주 씨의 남편이 답답함을 토로하던 모습이 떠올랐다. 이야기를 듣다 보니 나까지도 홍주 씨 남편의 심정에 공감이 갔다. 홍주 씨는 성장 과정에서 부모님에게 차별을 당하고 있었다. 섭섭함과 서운함을 느끼는 게 자연스러웠다. 그러나 정작 당사자인 홍주 씨는 도리어 아직까지도 의존적인 언니와 남동생을 탓하며 부모님의 차별을 감싸 주려는 듯했다.

"어렸을 때 언니나 동생하고 사이는 어땠나요?"

제삼자가 보았을 때는 명백한 차별을 당사자는 어떻게 받아들이고 있는지 궁금해 에둘러 질문을 했다.

"별다를 것 없었어요. 사이가 아주 좋지도, 아주 나쁘지도 않았죠. 다만 언니가 동생을 심하게 질투했던 것 같아요. 어린 제 눈에도 철이 없어 보일 정도로요. 그런 언니를 보며 나는 동생한테 저러지 말아야지, 했던 것도 같아요. 어머니가 종종 제게 '다른 애들은 손이 참 많이 갔는데 너는 너 혼자 알아서 컸다'라고 하는 걸 보면요. 동생은 아직도 손이 많이 가죠. 결혼하고 나서도 맞벌이랍시고 어머니가 주말마다 반찬을 해 가시고, 그걸 또 넙죽넙죽 받는 게……."

"그렇군요. 그런 언니와 동생을 보면 어떤 느낌이 드나요?"

"그냥, 좀……, 한심하다?"

홍주 씨는 뭔가 다른 말을 하려다가 잠시 멈칫하고는 더 말을 잇지 않았다. 어머니 이야기를 할 때와 다르게 형제들에 대해서는 시종일관 시큰둥하거나 무관심한 태도를 유지하려는 게 보였다. 방어기제가 작용한 것일까?

홍주 씨의 부모님은 보수적이긴 했지만 독재자처럼 군림하는 부모는 아닌 것 같았다. 그런데 어째서 홍주 씨는 부모님께 이토록 순종적인 딸이 돼야 했을까? 홍주 씨를 재촉하지 않으려 신경 쓰며 성장 과정에 대해 궁금한 점들을 조금씩 물어 보았다.

> **❝**
>
> 홍주 씨는 어째서
> 부모님께 이토록 순종적인
> 딸이 돼야 했을까?
>
> **❞**

홍주 씨가 부모님에게 들은 바로는 아기일 때 홍주 씨는 언니와 많이 다투었다고 한다. 그런데 남동생이 태어나고 1, 2년이 지난 시점부터 어린 홍주는 갑자기 바뀌었다. 아마도 마지막에 나타나 순식간에 부모님의 사랑을 독차지한 남동생의 존재 앞에, 언니와 어린 홍주의 다툼은 더 이상 아무런 의미가 없었을 것이다. 그렇다면 이런 가설을 세워 볼 수 있지 않을까? 새로운 변화가 필요한 순간, 언니는 '그래도 난 첫째야. 나중에 온 것들에게 질 수 없지'라며 자신의 위치를 굳게 지키기로 결정했다. 반면, 사이에 끼인 어린 홍주는 부모님의 사랑을 받을 수 있는 새로운 방법을 찾아냈다. 순종하고 말썽 부리지 않는 아이가 되기로 한 것이다. 부모님의 말을 잘 들어 칭찬을 받는 경험을 하면서 이런 방식을 자신의 '라이프스타일'로 결정하지 않았을까?

하지만 순종하는 모습을 통해 사랑과 관심을 받으려던 홍주의 의도와 달리, 안타깝게도 부모님은 말 잘 듣고 속 썩이지 않는 둘째에게 별다른 관심을 쏟지 않았다. 그런 반응에 홍주 씨는 좌절하고 반항하기보다 기존의 라이프스타일을 고수하는 방식을 선택했을 확률이 높다. 언니나 동생과 다르게 학원도 다니지 않으면서 우수한 성적을 얻고 아르바이트를 해 용돈까지 벌었다고 했으니까. 어린 홍주의 심리에 대한 가설을 머릿속으로 정리하며, 자연스럽게 흘러나온 말을 툭 던졌다.

"어렸을 때부터 참 의젓하셨네요."

"그럼 뭘 해요. 지금 저는 딸 하나 키우는 것도 힘에 부쳐서 이러고 있는걸요. 어머니가 이 사실을 알면 뭐라 할지……."

다시 죄책감이다. 홍주 씨는 금방이라도 울 것 같은 얼굴을 감추려는 듯 고개를 푹 숙였다.

"홍주 씨, 아이를 잘 키우지 못하고 병원을 찾은 게 어머니께 죄송한 일처럼 느껴지시나요?"

"네, 제가 해내야 할 일을 제대로 못 하고 있는 거잖아요."

대체 이 죄책감의 정체가 무엇일지 고민하며 잠시 생각을 고르는 틈을 타 홍주 씨가 물었다.

"그런데 선생님, 아이 문제로 온 건데 왜 자꾸 다른 이야기를 하고 있는 것 같지요?"

이제껏 들어 보지 못한, 불편함이 느껴지는 어조였다.

"아이 이야기도 당연히 해야죠. 그런데 홍주 씨도 느끼셨을 거예요. 면담을 하는 동안 어머니 이야기, 부모님 이야기가 흘러나온 걸요. 의식하지 않았는데 반복해서 나오는 이야기들엔 보통 특별한 이유가 있거든요. 그래서 계속 여쭤 봤던 거예요."

진료를 마치고 상담실을 빠져나가는 홍주 씨의 표정이 석연치 않았다. 그 뒷모습을 보며 잠시 생각에 잠겼다. 홍주 씨는 자연스럽게 어머니 이야기를 꺼내면서 동시에 그런 상황을 불편해하고 있었다. 어머니 이야기를 꺼냄으로써 어머니를 향한 자신의 마음을 들여다보게 될까 봐 두려운 게 아닐까? 불현듯 '반동형성'이라는 단어가 떠올랐다.

첫째는 독립적,
막내는 이기적?

　사람의 성격을 결정하는 요인으로는 타고난 기질, 부모와의 관계, 이후 또래 친구들과의 관계, 과거 트라우마의 영향 등 여러 가지가 있다고 알려져 있습니다. 알프레드 아들러는 그중 출생 순서 따라 특정한 성격 성향이 결정된다고 주장한 학자입니다. 아들러의 주장이 늘 절대적으로 들어맞는 것은 아니지만 우리 사회에도 '첫째는 독립적, 막내는 이기적'이라는 식의 통념이 어느 정도 자리를 잡고 있지요. 그렇다면 아들러가 이야기한 출생 순서에 따른 성격 차이에는 어떤 것들이 있을까요?

　첫째는 어머니의 뱃속에 있을 때부터 모두의 관심 속에 애정을 풍족하게 받으며 자랍니다. 그래서 자신만만하고 거칠 게 없지요.

그런데 동생이 태어나는 순간 날 때부터 당연했던 관심과 사랑이 동생의 몫만큼 사라집니다. 이때의 상실감은 마치 왕좌를 빼앗긴 듯한 심정이라고 해요. 이 충격적인 경험은 인생 전반에 영향을 미치기도 합니다. 부모가 다시 관심과 사랑을 충분하게 보여 준다면 상실감에서 금방 빠져나올 수 있지만, 그렇지 않은 경우 첫째는 잃어버린 관심과 사랑을 다시 얻기 위해 말썽을 피웁니다. 그러다 되려 사랑을 더 많이 잃기도 하지요. 이런 첫째는 어른이 돼서도 힘과 권위에 관심을 보이는 경향이 있고, 사회에서 좋은 위치를 확보한 뒤에도 누군가 자신의 지위를 빼앗지 않을까 항상 전전긍긍하기도 합니다. 물론 동생을 맞이하는 건 첫째에게 성장의 기회가 되기도 합니다. 부모가 동생을 보살피는 일에 첫째의 도움을 얻는 등 협동을 유도한다면 첫째는 다른 사람을 보살피고 돕는 사람으로 성장할 수도 있지요.

가장 마지막에 태어난 막내는 부모의 관심과 사랑을 독차지하는 경향이 있습니다. 누군가 자신의 자리를 빼앗을까 봐 걱정하는 일도 없습니다. 심리적 안정감이 높고 애정을 충분히 받은 결과 막내가 다른 형제자매들을 모두 추월해 높은 사회적 지위를 갖는 일도 종종 있습니다. 그렇다고 막내가 무조건 유리한 건 아닙니다. 지나친 관심과 과잉보호 때문에 자립하는 데 실패하기도 합니다. 자기보다 힘센 형제들에게 치여 열등감을 느끼기도 하지요. 그 열등감 때문에 가장 야심이 많은 아이가 되면서 동시에 지나치게 높은 야심 때문에 낙담해 가장 게으른 아이가 되기도 합니다.

그럼, 첫째와 막내 사이에 끼인 둘째는 어떨까요? 둘째는 태어난 순간부터 항상 자신을 앞서는 형제를 갖습니다. 그런 형제를 따라가다 보니 연령에 비해 조숙한 경향을 보이지요. 경쟁심이 몸에 배어 어른이 된 뒤에도 항상 누군가에게 쫓기는 것처럼 초조하게 자신을 단련합니다. 그게 원동력이 돼 사회적으로 크게 성공하는 경우가 많지요. 경쟁자로서 첫째가 너무 강한 존재이거나 갑자기 동생이 태어나 부모의 사랑이 그쪽으로 쏠린다면, 둘째는 이런 갑작스러운 상황에 경쟁을 포기해 버리기도 합니다.

앞서도 이야기했지만 아들러의 이론이 항상 맞는 것은 아닙니다. 특히 아들러의 시대와 달리 가정의 형태도 대가족에서 핵가족으로 변해 셋 이상의 자녀를 가진 집이 거의 없다 보니 이론을 적용할 때 애매한 경우가 많은 것도 사실이지요. 하지만 환자 분들과 면담하다 보면 종종 그들의 출생 순서가 성격의 근원을 찾는 실마리로 쓰이기도 합니다. 여러분의 성격에는 출생 순서가 얼마나 큰 영향을 미친 것 같나요?

늘 혼자 알아서 잘하는 아이

진료 시간 내내 홍주 씨가 표현한 주된 감정은 어머니를 향한 죄책감이었다. 때로는 자신이 손찌검을 한 한 살배기 딸아이에게보다 이런 사정을 모를 어머니를 향한 죄책감이 더 큰 것처럼 느껴졌다. 나는 그 죄책감이 사실은 다른 감정이 엉뚱한 이름을 달고 튀어나온 게 아닌가 싶었다.

'반동형성'

사람은 적당한 수준의 분노나 분노해도 마땅한 대상을 향한 감정은 쉽게 표현할 수 있다. 그러나 분노가 극심하거나 그 방향이 부모처럼 감히 분노를 느껴서는 안 된다고 여겨지는 사람을 향할 때, 감정은 의식의 수면 위로 떠오르지 못하고 무의식에 갇히는 경우가 많다. 그럴 때 내면에 갇힌 분노가 아우성을 치다가 전혀 다른 감정의 탈을 쓰고 튀어나오는 것이다. 지난번 진료에서 홍주 씨는 원가족, 특히 어머니에 대한 이야기를 꺼내는 것에 거부감을 드러냈다. 그런 반응을 보고 어머니와의 관계에 홍주 씨 문제를 직면할 실마리가 있지 않을까 하는 강한 직감이 들었다.

> 66
>
> *분노가 너무 크거나*
> *감히 분노를 느껴서는 안 된다고*
> *여겨지는 사람을 향할 때,*
> *감정은 무의식에 갇힌다*
>
> 99

"누군가에게 잠시 육아를 도와 달라고 부탁하는 건 어떨까요? 아이를 위해서도, 홍주 씨 본인을 위해서도 다른 사람의 도움을 받는 게 좋을 것 같아요."

네 번째 진료를 시작하자마자 홍주 씨는 눈물을 쏟으며 아이에게 다시 손찌검을 했다고 고백했다. 진료가 진행되는 한 달 동안 아이에 대한 극심한 분노에 갑작스레 휩싸이는 상황은 전보다 심해지지 않았을 뿐, 계속되고 있었다. 나는 홍주 씨를 진정시키며 도움을 청해 볼 것을 권했다. 당장 누군가 육아를 도와 마음에 여유가 생긴다면 아이에게 화를 낼 가능성이 줄거나 적어도 당장의 물리적 폭력은 막을 수 있지 않을까? 홍주 씨의 갑자기 치솟는 분노와 어머니를 향한 죄책감에 대한 심층적인 진료도 필요하지만 지금 당장 아이를 보호하는 것이 무엇보다 중요해 보였다. 이런 고민 끝에 건넨 조언이었지만, 홍주 씨는 불편한 듯 몸을 뻣뻣하게 굳히더니 곤란한 표정을 지었다. 어느새 눈물은 쏙 들어가 있었다.

"이전에 말씀드렸잖아요. 딸 하나 키우는 게 조금 힘들다고 평생 애 셋을 키우면서 가게 일까지 하신 어머니에게 도와 달라고 하라고요?"

딱히 어머니를 언급하지 않았는데도 홍주 씨는 또 자연스럽게 어머니 이야기를 꺼냈다. 단순히 내 권유를 잘못 이해한 것일 수도 있지만, 나는 홍주 씨의 '카섹시스(cathexis, 정신적 에너지를 집중하는 상태 혹은 그 대상)'가 어머니에게 쏠려 있다는 생각에 가만히 반응을 더 지켜보기로 했다.

"저까지 언니나 동생처럼 굴면 어떡해요? 게다가 제가 어린 나이도 아니고요."

이어지는 홍주 씨의 말들에 별다른 반응을 보이지 않으며 나는 계속해서 침묵을 지켰다. 의사의 침묵은 때로 '내가 듣고 싶은 말은 이렇게 피상적인 수준의 것들이 아니야'라는 무언의 메시지로 작용한다. 더 깊숙한 감정들이 섞인 대화를 나누기 위해서는 침묵이 필요할 때도 있는 것이다. 불편한 정적을 견디며 홍주 씨의 반응을 기다렸다. 얼마나 지났을까. 주저주저하며 입을 연 홍주 씨가 뜻밖의 말을 꺼냈다.

"남편한테도 말을 안 했는데요. 사실 두 달 전쯤에 어머니한테 말을 꺼내기는 했어요."

"아이 돌보는 일을 도와 달라고요?"

"네. 주위 친구들은 대부분 엄마 도움을 받더라고요. 먼저 도와 달라고 하지 않아도 시어머니나 친정어머니가 자주 찾아와서 챙겨 주는 것 같기도 하고요. 그리고 언니네 애는 이제 유치원에 가고 남동생은 아직 애가 없거든요. 그러니까 우리 애 좀 봐 주면 안 되겠느냐고 이야기를 해 봤어요."

남편은 물론이고 나한테도 면담을 하는 내내 내색조차 한 적 없는 사실이었다. 홍주 씨는 왜 이 사실을 굳이 숨기려고 했던 걸까? 과한 반응으로 홍주 씨를 위축시키고 싶지 않아 별일 아니라는 듯 물었다.

"그러셨군요. 어머니는 뭐라고 하셨어요?"

쉽게 대답하지 못하던 홍주 씨가 깊은 한숨을 내쉬더니 입을 열었다. 차분한 어조였지만 우울하고 슬픈 기색이 역력했다.

"'너는 알아서 잘하잖아?' 이러시더라고요. 그러니까 더 말을 못 했어요. 전 항상 알아서 잘해 왔거든요. 언니랑 동생하고 다르게요. 이번에도 혼자서 알아서 잘해야 하는 거죠."

그 말을 할 때 홍주 씨의 눈을 바라보려고 했지만 홍주 씨는 내

내 바닥만 쳐다보며 내 눈을 피했다. 살짝 찌푸린 미간이며 앞니로 입술을 잘근거리는 동작이 홍주 씨의 괴로운 마음을 대변해 주었다. 어머니가 도와 달라는 요청을 거절한 일은 홍주 씨에게 매우 큰 상처였을 것이다. 그러니 남편과 크게 싸우면서도 사실대로 말하지 않았고, 면담을 하면서도 내가 유도하지 않았다면 끝까지 비밀에 부쳤을 거라는 생각이 들었다.

> "
> 전 항상 알아서 잘해 왔거든요
> 이번에도 혼자서
> 알아서 잘해야 하는 거죠
> "

'잠깐, 그러고 보니 어머니에게 거절당한 게 두 달 전이라고?'

진료 시간 내내 모든 이야기가 어머니를 향한 죄책감으로 흘러간다고 느꼈던 게 나만의 착각이 아니라는 확신이 들었다. 홍주 씨가 아이에게 발작 같은 분노를 표출하는 것과 어머니가 도움을 거절한 사건 사이에 유의미한 연관성이 있는 게 확실했다.

"그때 어떤 생각이 드셨어요?"

"그때요? 글쎄요. 괜한 이야기를 했다고 생각한 것 같아요. 제가 그런 말씀을 드리면 안 됐어요."

홍주 씨는 어느새 슬픈 기색을 지우고 차분한 평소 모습으로 돌아왔다. 내 눈을 쳐다보며 미소를 짓는 홍주 씨를 보며 지난 한 달동안 홍주 씨가 나에게 보여 준 모습을 떠올렸다. 홍주 씨는 병원에 올 때마다 내게 줄 음료를 사 왔고, 감정에 북받쳐 눈물을 보이다가도 금세 그치고 지금처럼 미소를 짓고는 했다. 의사인 나에게도 좋은 모습을 보여 줘야 한다고 생각하는 것 같았다.

"그렇군요. 그때 감정은 어떠셨어요?"

"모르겠어요. 벌써 두 달도 전의 일이고, 크게 신경 쓰지 않았거든요."

"어렴풋한 느낌도 좋아요. 또는 그때 상황을 다시 찬찬히 생각하신 뒤에 지금 느끼는 감정을 말씀해 주셔도 괜찮아요."

"제가 경솔했다고 생각한 것 같아요. 그거 조금 힘들다고 앓는소리를 하다니……. 후회도 좀 한 것 같고요."

"말하지 말걸?"

"아마도요? 그런데 정말 모르겠어요. 아무리 생각해도 기억이잘 안 나고요. 그런데 계속 이 이야기를 해야 하나요?"

"이 이야기를 하는 게 불편하신가요?"

"네, 저는 제가 아이를 때리는 문제를 해결하고 싶어서 온 건데한 달 동안 전혀 상관없는 이야기만 하고 있는 거 같아서요. 그리고 선생님이 자꾸……, 마치 저랑 저희 어머니 사이에 문제가 있는것처럼 몰아붙이시는 것 같아요."

"그렇게 느끼셨군요. 홍주 씨를 이해하려면 성장 과정을 살펴보는 일이 반드시 필요해요. 그리고 홍주 씨한테는 어머니의 영향력이 특별히 크고, 또 독특한 것 같아요. 제 감정을 강요하는 건 아닌데, 제가 홍주 씨 상황이었다면 어머니께 섭섭하고 화가 나기도 했을 것 같다는 생각이 들거든요."

> **"**
> 홍주 씨한테는
> *어머니의 영향력이 특별히 크고,*
> *또 독특한 것 같아요*
> **"**

"저는 어머니에게 화가 나는 걸 참고 있는 게 아니에요. 왜 자꾸 저한테 어머니 탓을 하라고 하시는 거죠?"

내 말에 불편한 듯 허리를 뻣뻣하게 세우던 홍주 씨가 갑자기 사납게 쏘아붙였다. 평소 온화하던 사람이 전혀 다른 모습을 보여 깜짝 놀랐지만, 그와 동시에 그간 홍주 씨가 꽁꽁 싸매고 지키려 했던 내면의 무언가가 드러난 것 같았다. 홍주 씨는 아마도 마음속 깊은 곳에 누구도 건드리지 못할 신성한 영역을 만들어 놓고, 그곳에 평생 공직 생활을 한 권위적인 아버지와 쪼들리는 살림에도 악착같이 아이 셋을 키워 낸 어머니를 봉인해 두었던 게 아닐까? 그런 홍주 씨에게 나는 성역에 발을 들여놓은 침입자였고, 그 침입자를 쫓아내기 위해 날을 세운 것이다.

그런 대치 상태는 면담이 끝날 때까지 조금도 해소되지 않았다. 홍주 씨는 평소보다 더 빠르게 진료실을 빠져나갔다. 그 뒷모습을 보면서 앞으로 진료 과정에서 강한 저항이 나타날 거라는 예감이 들었다.

그리고 그 예감은 적중했다.

억압된 감정은
엉뚱한 곳으로 흐른다

홍주 씨 이야기를 들으며 답답하지 않았나요? 평생 동안 부모에게 반항 한 번 하지 않고 순종했는데, 돌아온 건 무관심과 차별이라니요? 서운하고 섭섭한 걸 넘어서 화가 나는 게 자연스럽게 느껴지기도 합니다. 그런데 홍주 씨는 부모님에게 죄송하다는 말만 반복하고 있지요. 홍주 씨의 이런 태도는 **반동형성**이라는 방어기제 때문으로 보입니다. 반동형성이란, 억압된 감정이나 욕구가 행동으로 드러나지 않도록, 정반대로 행동하게 하는 방어기제입니다. '미운 자식 떡 하나 더 준다'라는 속담도 있듯이 반동형성은 아주 흔한 방어기제입니다. 반동형성이 나타나는 경우는 크게 다음과 같이 나눠 볼 수 있습니다. 감정 자체가 아주 큰 경우, 그런 감정을 가져서는 안 되는 상대인 경우, 또는 그 둘 다인 경우! 홍주 씨는 마지막에 해당하지요.

홍주 씨는 부모님께 순종해 자신의 가치를 인정받겠다는 걸 '라이프스타일'로 결정한 순간부터 부모님과 독특한 역학 관계를 만들어 왔습니다. 보통 사람들은 부모님을 향한 부정적인 감정을 가끔씩 표출해 해소합니다. 반면, 홍주 씨는 그 역학 관계 때문에 30년이 넘게 부모님을 향한 분노를 한 번도 드러내지 못하고 계속 쌓아 왔지요. 홍주 씨의 초자아는 부모님을 향한 거대한 분노를 품는 걸 용납할 수 없었습니다. 그래서 불덩어리처럼 뜨겁고 강렬한 감정을 무의식에 눌러 넣었습니다. 무의식과 초자아 사이에서 중재를 해야 할 홍주 씨의 자아도 초자아의 편이었지요. 부모님께 순종하는 게 인생의 목적이었으니까요.

아무리 자아와 초자아가 감춘다고 해도 분노라는 감정이 사라지는 건 아닙니다. 현실이 바뀌지 않은 채 시간만 흐르면서 그 감정은 홍주 씨 내면에서 점점 더 커져 갔죠. 무의식의 영역이 더는 감당할 수 없을 때, 분노는 자아와 초자아의 눈을 피하려고 엉뚱한 탈을 쓰고 튀어나옵니다. 바로 부모님께 순종한다는 인생의 목적에 벗어나지 않는 '죄책감'으로요.

반동형성이라는 방어기제는 부정적인 감정을 처리하는 데 단기적으로는 유용할 수 있습니다만 과도하게 사용할 경우 문제가 됩니다. 홍주 씨가 분노의 감정에 죄책감이라는 다른 이름표를 달아 주었던 것처럼, 진짜 자기감정이 무언지 도무지 알 수 없게 되어 버리는 상황이 벌어질 수 있습니다. 여러분의 무의식 속에는 어떤 감정들이 모여 있을까요? 혹시 받아들이는 게 어려워 진짜 이름을 숨기고 있는 감정도 있지 않을까요?

방황하는 감정이
남긴 자국

살아가면서 우리 마음에는 여러 기억과 자국 들이 박힌다. 어떤
것은 살갗에 박혀 금방 뽑아낼 수 있지만, 어떤 것은 마음 깊숙한
곳으로 파고들어 아예 정체를 감추기도 한다. 아파도 왜 아픈지 모
를 정도로. 어렵게 아픈 이유를 찾는다고 해도 너무 깊은 곳에 자
리 잡고 있어 빼내는 것보다 견디는 게 더 낫다고 느끼기도 한다.
이런 원리로 정신분석학에서는 '저항'이라는 거부반응이 나타난다
고 본다. 오랜 기간 무의식이 꾹꾹 눌러 놓은 감정이 표면 위로 솟
아오르면 우리의 내면에는 비상 사이렌이 울린다. 숨기고 감춰 온
게 정체를 드러내면 감당하기 어려운 일이 벌어질까 미리 벌벌 떠
는 것이다. 이런 저항은 분노, 회피, 부정 등 다양한 양상으로 드러

나는데, 정신분석적 진료에서는 흔한 현상이다. **홍주 씨의 무의식은 진료를 피하는 것으로 이 변화의 국면을 모르는 척 넘어가려고 한 듯했다.**

2주 만에 진료실에 나타난 홍주 씨는 나를 보자마자 명랑한 목소리로 오늘 남편이 늦어 여차하면 지각할 뻔했는데 택시를 타서 제시간에 올 수 있었다고 말했다. 환자들이 예정된 진료에 나타나지 않는 이유가 각양각색이듯 다음 진료에 나타나 보이는 반응도 다양하다. 곧바로 사과를 하며 사정을 설명하는 이실직고 유형도 있지만, 지금 홍주 씨처럼 모르는 척하면 없는 일이 될 거라 생각하는 모르쇠 유형도 있다. 어떤 경우든 불참한 까닭을 살피는 건 매우 중요한 일이다. 설사 그게 환자와 치료자 모두에게 다소 불편한 상황을 만들더라도 말이다.

"그럼 지난 면담에 못 오신 이유도 남편 분이 제시간에 퇴근하지 못해서 그랬던 건가요?"

"아, 아뇨. 그런 건 아니었는데……. 미리 말씀도 못 드려서 죄송했어요. 기다리셨을 텐데……."

"오늘은 지난번에 왜 안 왔는지 말씀해 주시는 걸로 시작할까요? 홍주 씨가 아무 이유 없이 안 오실 분이 아니어서 궁금했거든요."

"별다른 이유는 없었는데……, 갑자기 물어보시니 무슨 말을 해야 할지 모르겠어요."

손이 저린 듯 만지작거리며 내 눈치를 살피던 홍주 씨가 긴 침묵을 이기지 못하고 어렵게 입을 열었다.

"음, 지난번에 면담을 하고 집에 돌아가서 계속 마음이 불편했어요. 그래서 안 온 것 같아요. 그때, 제가 선생님한테 화를 좀 냈잖아요? 선생님도 마음이 불편하셨을 것 같았어요."

"아, 그런 생각이 드셨을 수 있겠네요. 그런데 전 불편하지 않았으니 그런 걱정은 하지 않으셔도 돼요. 저에 대한 걱정 말고 혹시 다른 이유는 없었을까요?"

어떤 주제가 마음을 불편하게 할수록 그 주제는 내면에 깊이 뿌리내리고 있을 가능성이 높았다. 홍주 씨가 다시 돌아와 기뻤지만 공치사를 하는 대신 홍주 씨의 불편한 감정을 더 캐내기로 했다.

"저는 불편한 건 최대한 생각 안 하려고 해요. 그래서 안 하려고 했는데, 이상하게 계속 생각이 나더라고요. 생각할 때마다 불편해지니까 화가 났어요. 편해지려고 큰맘 먹고 정신과 치료를 시작한 건데, 더 불편해지기만 했잖아요. 선생님이 원망스럽고 하는 말씀도 받아들일 수 없었어요. 선생님이 저라는 사람을 알게 된 것도 고작 한 달이잖아요? 그런데 제 속마음이 이렇다 저렇다 아는 척하시는 것 같아 불쾌했어요. 이런 말까지 하면 기분 나쁘실 텐데 죄송해요."

"아뇨, 괜찮아요. 당연히 그렇게 생각하실 수 있어요. 편하게 더 이야기해 보세요."

"병원에 안 오는 동안 아이에게 또 한 번 손찌검을 했어요. 치료도 받는데, 또 시작이구나, 엄마 자격이 없는 것 같았어요. 애를 재운 뒤에 침대에 얼굴을 파묻고 엉엉 울었죠. 우니까 좀 진정이 됐는데, 그때 지난번에 선생님이 하신 말씀이 떠오르더라고요."

"제 이야기요?"

"어떤 생각에 화가 나는지 들여다보라고 하신 말씀이요. 상대방의 행동이 아니라 제 감정에 집중하라고 하셨죠. 왜 나는 일주일이 넘게 계속 짜증이 나고 불편할까? 선생님이 정말 잘못해서? 그래서 원망스러워서? 원망한 건 사실이지만, 짜증을 일주일 내내 낼 정도인가? 문득 제가 요즘 무슨 생각을 하는지 곰곰이 떠올려 봤어요. 그랬더니 진료 시간에 부모님에 관해서 이야기한 게 자꾸 생각나더라고요. 제 부탁을 거절하는 어머니의 모습이 떠올랐어요. 남편과 친구들이 제가 저 자신보다 부모님을 먼저 챙긴다고 안타까워하던 일도요. 이전에는 아무렇지도 않게 넘긴 말들이 갑자기 생각나더라고요. 그러니까……, 나만 아직까지 차별받고 있구나. 나는 계속 혼자 잘해야만 하는 자식이구나. 그런데 어머니 입장에서는 그럴 수밖에 없잖아요? 제가 가장 말을 잘 들었으니까요. 아이 셋을 모두 공부시킬 환경이 안 됐으니까. 이런 생각들을 하다 보면……."

홍주 씨가 잠시 말을 멈추고 고개를 가만히 숙였다. 그 모습이 꼭 지금까지 제대로 보지 않은 마음의 상자를 조심스럽게 들여다

보는 동작처럼 보였다. 한참 뒤에 홍주 씨가 고민을 떨쳐 버리듯 고개를 들어 나를 쳐다보고 말을 이어 갔다.

> 66
>
> *제 부탁을 거절하는*
> *어머니의 모습이 떠올랐어요*
>
> 99

"제가 요즘 열이한테 짜증을 심하게 낸 게 사실은 부모님을 향한 것일 수도 있겠다 싶었어요. 계속 짜증이 나는 가운데 떠오르는 생각은 모두 부모님과 관련된 것들이었으니까요. 아, 저도 뭐가 뭔지 잘 모르겠어요, 정말. 그러니까 제가……, 어머니가 원망스러운가 봐요."

다시 고개를 숙인 홍주 씨가 두 손으로 얼굴을 가린 채 흐느끼기 시작했다. 지금까지 홍주 씨는 진료 때마다 부모님을 향한 죄책감에 늘 눈물을 보였는데, 그 슬픔이 나에게 강하게 전달된 적은 없었다. 그러나 지금은 홍주 씨의 슬픔이 마치 내 감정인 것처럼 느껴졌다.

홍주 씨는 부모님께 극도로 순종하며 살아왔다. 그런 대상에게 자신이 부정적인 감정을 품고 있다는 사실은 무척 받아들이기 어려운 충격적인 일일 것이다. 평생을 지켜 온 성스러운 영토의 경계가 흐려지고 영토 한가운데에 자리 잡고 있던 아버지와 어머니를 잃었다. 부모님을 향한 분노를 인정하고 싶지 않은 마음, 이런 변화의 불씨를 당긴 나를 향한 원망, 지난 생에 관한 회의감, 이제야 정체를 드러낸 부모님을 향한 복합적인 감정들……, 홍주 씨의 눈물에는 이런 여러가지 것들이 뒤섞여 있었다.

한참 뒤에 겨우 울음을 그친 홍주 씨가 나를 쳐다봤다. 홍주 씨의 두 눈에서 결연한 의지가 느껴졌다.

"선생님, 제가 정말 물어보고 싶은 게 있어요. 오늘도 이걸 여쭤보려고 온 거예요. 제 무의식에 부모님을 향한 분노가 쌓여 있는 거잖아요? 그건 이제 알겠어요. 그런데 그 분노가 왜 우리 아이한테 향하는 걸까요? 아무리 생각해도 이해가 안 돼요. 제가 열이를 얼마나 예뻐하는데요."

"왜 그런 걸까요? 그게 가장 핵심적인 문제겠지요. 저와 홍주 씨가 앞으로 함께 답을 찾아가 봐야 할 거예요."

"그러지 마시고요. 선생님은 답을 알고 있잖아요. 그냥 지금 알려 주면 안 돼요? 다음 진료 때까지 또 아이를 때릴까 너무 걱정되고, 그게 아이한테 평생의 상처가 될까 두려워요. 저 자신을 믿을 수가 없어요."

머릿속에 나름의 가설은 있었지만 말해 주고 싶은 욕구를 애써 참았다. 내담자가 스스로 찾아낸 것이 아닌, 치료자가 일방적으로

전하는 해석은 내담자를 변화시킬 정도로 충분한 힘을 발휘하지 못하는 경우가 많기 때문이다. 저항을 이겨 내고 오늘 다시 진료실에 찾아온 것만으로도 좋은 엄마라고 홍주 씨를 달래며 면담을 마무리했다.

비록 아이를 때리는 문제로 병원을 찾았지만 홍주 씨가 딸 열이에게 갖는 애정은 의심할 수 없었다. 아이와 관계를 회복하고 싶다는 일념으로 무의식 아래 숨겨 둔 상처를 헤집는 고통스러운 일을 감당하기로 마음먹었기 때문이다. 앞으로 홍주 씨를 변화시킬 동력은 바로 아이를 사랑하는 마음이 아닐까? 그 힘은 삼십 년 넘게 굳어 온 심리 패턴, '부모의 잘못까지 감싸 안을 정도로 순종적인 딸'이라는 패턴을 바꿀 수 있을 정도로 강력했다.

그런데 그렇게 강한 모성애가 있는데도 왜 부모님을 향한 분노가 하필이면 아이한테 갔을까? 빨리 정답을 찾아 홍주 씨가 괴로움에서 빠져나올 수 있게 돕고 싶었다. 그런 압박감을 느끼며 생각나는 가능성을 모두 진료 일지에 기록했다.

> **"**
>
> *그런데 그 분노가 왜*
> *우리 아이한테 향하는 걸까요?*
>
> **"**

출근길부터 가을비가 추적추적 내렸다. 비 때문에 기온이 떨어졌는지 으슬으슬 추웠다. 지난 진료가 끝나고 약속한 3일 뒤에 홍주 씨는 전화로 면담을 며칠 더 미뤘다. 아이한테 화도 내지 않고 아이를 때리지도 않아서 진료를 서두를 필요가 없을 것 같다고 했다. 그런 홍주 씨가 가을비를 뚫고 와 재색 머플러를 풀며 자리에 앉았다. 많이 지친 기색이었다.

"계속해서 예전 생각들이 떠올랐어요. 내가 왜 그렇게 살았나 싶고, 부모님은 나한테 왜 그런 건지 궁금하기도 했고요. 그러는 내내 너무 화가 나서 어떻게 해야 할지 모르겠더라고요. 지난주보다 이번 주에 더 심하게 화가 치밀어 올랐어요. 그런데도 그 분노가 왜 하필 열이를 향하는 것인지, 끝내 알 수가 없었어요. 너무 궁금해서 지난주에는 심리학 관련 책도 사서 읽고 여기저기 찾아봤어요. 그랬더니 단어 하나가 눈에 들어오더라고요. '전이'라는 거요. 그런데 아무리 생각해도 제 아이랑 어머니는 서로 연결되는 부분이 없어요. 이 궁금증이 풀리지 않으면 언제고 다시 아이에게 손찌검을 할 수 있겠다는 생각이 들어 너무 불안해요."

전이는 이전에 자신에게 중요한 대상에게 가졌던 감정을 현재의 다른 대상에게 옮기는 심리적 현상으로 두 대상들 사이에는 대개 공통점이 있다. 워낙 흔한 현상이기 때문에 홍주 씨를 면담할 초기에 전이의 가능성을 고민해 보기도 했다. 심지어 할머니와 손녀의 외모가 닮아 전이 현상이 나타난 것은 아닌지 확인하려고 홍주 씨에게 부탁해 가족사진을 본 적도 있었지만, 둘 사이에 전이를 유발할 만한 공통점은 찾지 못했다.

"이전에 말씀드렸듯이 저도 아들 둘을 키우는데요. 아이들을 정말 사랑하지만 종종 짜증이 날 때가 있어요. 그건 당연한 일이죠. 또 많은 어른이 양육하면서 아이를 때리기도 하고요. 물론, 그게 옳다는 건 아니에요. 그렇지만 아이를 때렸다고 모두 병원을 찾아오지는 않아요. 특별한 문제라고 생각하지 않는 거죠. 그런데 홍주 씨는 찾아오셨어요. 아이한테 짜증을 내고 때리는 자기 자신이 뭔가 이상하다는 걸 느끼신 거예요. 내가 이런 사람이 아닌데, 예전에는 안 그랬는데, 아이를 때릴 상황은 아니었는데……. 스스로 자기 행동이 이상하다고 느낄 땐, 무언가 숨어 있는 다른 원인이 있는 경우가 많아요. 최근엔 아이에게 직접 화를 내는 횟수가 줄었다고 하셨죠? 때리지도 않으셨고요. 어떤 부분이 좋아졌는지 이야기하면 아직 좋아지지 않은 부분을 명확하게 정리할 수 있을 거예요."

"예전에는 왜 화가 나는지, 누구한테 화가 나는지 모르니까 짜증이 났던 것 같아요. 이제는 그걸 아니까 나아지긴 했는데 부모님하고 있었던 일들이 계속 생각나서 가슴속이 엄청나게 답답하고 불편해서 힘들었어요. 그래도 그게 아이하고는 상관없는 일이라는 걸 깨달은 거죠. 너무 답답하고 힘들면 아이 손에 장난감을 쥐여주고 방에 들어가서 베개에 얼굴을 파묻고 엉엉 울었어요. 그러고 나면 속이 좀 편해지더라고요."

"그럼, 화가 나는 이유와 대상을 몰랐던 것이 아이에게 화낸 것과 연관이 있었다?"

"네……. 정말 나쁜 엄마네요. 짜증나는 이유도 모르고 눈앞에 있는 아이한테 화풀이를 한 거잖아요. 제가 어떻게 그럴 수 있었을까요? 선생님, 왜 부모님을 미워하는 마음이 아이한테 간 거죠? 그걸 모르겠어요. 그냥 저 자신을 용서할 수 없다는 생각만 들어요."

"이미 스스로 답을 이야기하신 것 같은데요."

"네?"

내 말에 홍주 씨는 눈을 댕그랗게 떴다. 애타게 찾던 정답을 자기 입으로 이미 말했다는 게 믿기지 않는 눈치였다.

"제 생각에는 답이 단순히 딱 하나일 것 같지 않아요. 그걸 염두에 두고 들어 주세요. '종로에서 뺨 맞고 한강 가서 눈 흘긴다'는 속담이 있잖아요? 엉뚱한 사람에게 감정을 분출하는 건 생각보다 흔한 일이에요. 사람의 무의식은 자기를 보호하기 위해 여러 가지 방어기제를 써요. 그 방어기제 중 하나인 '전치'는 충동이나 욕망을 직접적인 대상이 아닌 다른 대상한테 분출하는 거예요. 왜 그럴까요? 직접 관련된 대상이 위협적이기 때문이에요. 그것보다 덜 위협적인 다른 대상에게 충동을 옮기는 거죠. 예를 들면, 직장 상사한테 혼나고 연인한테 화를 낸다거나, 집 밖에서 겪은 일 때문에 화가 난 것을 술을 마시고 집에 들어와서 가족들한테 푼다거나, 죄가 없는 강아지한테 화풀이를 하는 경우도 있죠."

"무슨 말씀을 하시는 건지 알겠어요. 그런데 저나 사람들이 왜 가까운 사람에게 그러는 거죠?"

"그러게요. 왜 그러는 걸까요? 다른 대상도 아니고 아끼는 이들에게."

나는 그저 홍주 씨의 마지막 말을 반복해 되물었다. 심리학 공부까지 할 정도로 열의에 가득 찬 홍주 씨라면 조금만 도와줘도 혼자서 정답을 찾을 수 있을 듯했다.

"아까 '덜 위협적인 존재'라고 하셨죠? 음, 지금 말씀해 주신 예들은요, 내가 그렇게 해도 여전히 날 사랑해 줄 존재들 같아요."

"네, 그 말씀이 맞는 것 같아요. 별로 친하지 않은 친구한테 엉뚱한 화풀이를 하면 그 친구는 계속 곁에 남아 있지 않겠죠. 사람들이 무의식적으로 알고 있는 거예요. 내 화를 받아 줄 사람, 내가 화를 내도 용인해 줄 사람을요. 그래서 소중한 사람을 더 홀대하는 상황이 발생하죠."

내 말을 가만히 듣고 있던 홍주 씨가 갑자기 얼굴을 잔뜩 찌푸렸다.

"말도 안 돼요! 그럼, 아기가 화를 받아 줄 걸 알고 제가 화를 냈다는 말씀이세요?"

"홍주 씨가 때리고 난 뒤에 아기는 어떻게 행동하죠?"

"당연히 울고 난리가 나죠."

"운 다음에는? 홍주 씨한테서, 엄마한테서 도망가나요?"

> 66
> *사람들이 무의식적으로 알고 있는 거예요*
> *내 화를 받아 줄 사람,*
> *내가 화를 내도 용인해 줄 사람을요*
> 99

잔뜩 흥분한 홍주 씨가 무언가를 말하려고 달싹이던 입술을 가만히 다물었다. 그 침묵이 질문에 충분한 대답이 됐다. 아기는 아무리 자기를 때린 엄마라고 해도 다시 매달릴 수밖에 없다. 의지할 대상이 엄마밖에 없기 때문이다. 그렇기 때문에 홍주 씨한테는 사랑하는 아기가 화를 내도 괜찮은 대상이 된 것이다. 아무리 화를 내도 자기를 버리지 않을 테니까. 아니, 버리지 못할 테니까.

홍주 씨가 적개심이 가득한 어조로 말했다.

"저는 저한테 아무런 반항도 못 하는 사람을 골라서 화풀이를 한 게 아니에요. 사이코패스도 아니고, 자기가 낳은 애한테 화풀이를 하는 사람이 어디 있나요? 선생님이 저를 그런 사람으로 보고 계신 줄 몰랐네요."

"아아, 제 설명이 충분하지 못해서 오해하신 것 같아요. 지금 제가 말씀드린 사고 과정은 '무의식' 속에서 일어나는 거예요. 열이가 엄마에게 의지할 수밖에 없다는 걸 알고 홍주 씨가 일부러 그렇게 행동했다는 뜻이 아닙니다."

"아니, 아무리 무의식이라도 결국 제 생각이잖아요. 제가 어떻게 아이한테 그런 생각을 해요."

"무의식의 세계는 원래 알아차릴 수가 없어요. 자신의 것이라도요. 홍주 씨가 어떻게 저런 계산을 한 뒤에 아이를 때릴 수 있겠어요? 그동안 홍주 씨는 부모님에게 화를 내지 않았어요. 그것도 계산을 하고 한 행동인가요?"

"그건, 그건 아니죠."

홍주 씨는 고개를 천천히 끄덕이더니 계속 말했다.

"부모님 예시를 드니까 어떤 말인지 이해가 갈 것 같아요."

"방어기제라는 게 원래 내가 전혀 알아차리지 못하는 사이에 흘러가는 사고와 행동이라 내 안에 그런 메커니즘이 있다는 걸 받아들이기 어려우실 거예요. 그런데 분노의 정체를 깨달은 뒤에 아기를 때리는 행동이 확 줄었잖아요? 제가 알려 드리기도 전에 홍주 씨가 스스로 깨닫고 변화가 시작된 것이니 앞으로 잘 해 나가실 수 있을 거예요."

진료를 마치고 돌아서는 홍주 씨에게서 옅은 죄책감이 느껴졌다. 납득은 가지만 허탈한, 무의식의 세계를 이해한다는 건 그런 일이다. 부디 홍주 씨가 다음 진료 때까지 지금까지처럼 잘 버텨주기를 바랄 뿐이었다.

왜 자꾸만
그 사람에게 화가 나는 걸까?

"다른 사람한테는 안 그러는데, 왜 자꾸 엄마한테는 아주 사소한 일에도 화를 내는지 모르겠어요. 정말 그러기 싫은데 말이에요."

진료실에서 자주 듣는 말입니다. 저도 예전에 비슷한 궁금증을 가진 적이 있습니다. 꼭 부모와 자식 간에만 국한한 문제는 아닙니다. 아내와 아이한테 무시무시한 폭력을 휘두르지만 직장에서는 착하고 성실하다는 소리를 듣는 사람도 있습니다. 집에서 받은 스트레스를 애꿎은 부하 직원들한테 푸는 직장 상사도 있습니다. 대학 병원 응급실에서는 보호자들이 도움을 주려는 의료진에게 화내는 모습을 매일 볼 수 있습니다.

이런 모습은 전치라는 방어기제 때문에 나타나는 것입니다. 무의식 속의 감정과 욕망이 감당하고 조절하기 힘들 정도로 강하게 올라올 때 이것을 수용 가능한 대상에게 옮기는 심리적 현상을 가리키는 말이지요. '수용 가능한 대상'이란 어떤 존재일까요? 단적으로 말해 내가 마음껏 해도 괜찮고 내 마음을 받아 줄 수 있는 대상이라고 할 수 있습니다. 물론 전치는 무의식적으로 일어나는 현상입니다. 그렇지만 고의가 아니었다고 해도 잘못은 잘못입니다.

대학 병원에서 수련을 받던 시절, 응급실에 도움을 주러 간 저에게 느닷없이 화를 내는 환자나 보호자를 종종 만나곤 했습니다. 응급실까지 올 정도로 긴박한 상황에서는 누구나 소용돌이치듯 몰아치는 감정에 정신이 없습니다. 그럴 때 저는 화를 내는 사람에게 "왜 저한테 화를 내세요?" 하고 물었습니다. 아주 단순한 질문이지만 질문을 받은 상대는 곧 자신이 엉뚱한 사람에게 화를 냈다는 사실을 깨닫고 분노를 누그러뜨리곤 했습니다. 물론, 항상 성공한 건 아니지만요.

이런 단순한 질문은 우리 자신에게도 유용합니다. 평소에 누구에게 화를 내나요? 왜 그 사람에게 화를 내나요? 자기 자신을 향해 단순한 질문을 한 번 던져 보세요. 엉뚱한 분노가 쉽게 가라앉을지도 모릅니다.

다섯 번째 이야기

완벽한 어른이
되고 싶나요?

어느덧 홍주 씨를 상담한 지 석 달째로 접어들었다. 오늘 홍주 씨는 또다시 울적한 표정으로 들어왔다.

"그저께 열이에게 또 크게 화를 냈어요. 때리진 않았지만, 아이를 보며 참을 수 없이 화가 났고, 그렇게 화를 내는 저 자신을 보는 게 정말 비참하고 열이에게 미안했어요."

"화가 났을 때의 상황을 자세하게 이야기해 주실 수 있을까요?"

이전 면담 때 분노의 정체가 아이가 아닌, 부모로부터 온 것이라는 사실을 진심으로 깨달은 홍주 씨였기에 좋은 소식을 들고 오기를 은근히 기대했다. 그런데 아이를 보며 화가 났다고? 다른 이유가 또 있는 것일까? 어쨌든 폭력으로 이어지지 않았다는 사실에 안도의 한숨을 내쉬며 넌지시 물었다.

"최근엔 하루에 몇 번씩 부모님 생각을 할 때마다 마음이 울적해져요. 그제도 열이랑 단둘이 집에 있는데, 갑자기 제가 대학을 못 갔던 때가 떠오르더라고요. 언니랑 동생은 다 대학을 갔는데, 어머니랑 아버지는 왜 나한테만 그랬을까? 아이한테 하소연할 수도 없으니 방에 들어가서 혼자 숨 죽여 울었어요. 그런데 열이가 방문 앞에 와서 막 울더라고요. 눈물을 멈추고 달래는데 짜증이 났어요. '너는 엄마가 잠시 울 시간도 안 주니?' 이렇게 쏘아붙였는데, 열이가 제 다리를 잡고 매달리더라고요. 너무 화가 났어요. 아이가 엄마한테 매달린다고 화가 나다니, 전 정말 나쁜 엄만가 봐요."

머릿속에 '엄마한테 매달리는 아이'의 어렴풋한 이미지가 그려졌다. 그런데 왜 아이의 모습에 어머니인 홍주 씨의 얼굴이 겹쳐 보이는 것일까?

66

아이가 엄마한테 매달린다고 화가 나다니,
전 정말 나쁜 엄만가 봐요

99

"왜 매달리는 열이를 보고서 화가 났을까요?"
이제는 면담에 익숙해진 홍주 씨가 호흡을 고르며 자기 행동을 곱씹었다. 홍주 씨는 딱히 떠오르는 게 없는지 모르겠다고 했다. 나는 조금 더 생각해 보라고 한 뒤 홍주 씨의 반응을 기다렸다. 몇 분이 흘렀을까? 여러 번 얼굴을 구기며 고민하던 홍주 씨가 입을 열었다.

"열이가 저한테 매달렸어요. 안아 달라고요. 그게 꼭 저처럼 보였던 것 같아요. 그런데 저는 지금까지 살면서 어머니한테 안아 달라고 매달린 기억이 없어요. 제 기억에 동생이 안아 달라고 떼를 쓸 때도 저는 그런 적이 없어요. 근데 이상하게 안아 달라고 조르는 열이가 저처럼 보였고, 그래서 참을 수가 없었나 봐요."

눈물을 보이진 않았지만, 홍주 씨의 차분한 목소리가 어느 때보다 슬프게 들렸다. 사랑하는 아이에게 쏟아부은 폭발적인 분노는 단지 부모님만을 향한 감정이 아니었다. 그건 홍주 씨 자기 자신을 향한 분노이기도 했다. 홍주 씨는 자신에게 매달리는 딸에게서 '어머니에게 평생 매달려 온 자기 자신'을 본 것이 아닐까? 한 살짜리 아기처럼 지난 삼십 년간 어머니에게 매달려 왔지만 결국 차갑게 거절당한 연약한 자기 자신을 말이다. 딸 열이에게서 인정하고 싶지 않은 자기 모습을 발견하고, 그 분노가 아이에게 전이되어 폭력이라는 결과를 낳았을 수 있다. 짜증, 회환, 슬픔, 무기력 등의 감정이 부모님을 향한 분노와 결합해 차갑고 무자비한 파도처럼 홍주 씨를 덮쳤을 것이다.

내 해석을 들으며 홍주 씨는 차분히 고개를 끄덕였다. 부모님을 원망하는 감정만큼 자기 자신을 미워하는 마음 역시 받아들이기 어려운 감정이다. 홍주 씨는 지쳤는지 의자에 축 늘어졌다.

"후련해요. 계속 궁금했던 걸 속 시원하게 알게 된 기분이 들어요."

축 늘어져 있던 홍주 씨가 허리를 세워 똑바로 앉았다.

"그런데 무의식도 제 것이잖아요? 이렇게 삐뚤어진 상태로 아이를 잘 키울 수 있을까요? 좋은 엄마가 아닌데 어떻게 아이를 잘 키울 수 있겠어요?"

홍주 씨는 '완벽하지 않은 사람이 어떻게 좋은 부모가 될 수 있냐'고 묻고 있었다. 우리의 신체가 건강하게 발달하려면 태어날 때부터 필요한 영양소를 충분히 섭취해야 한다. 마음도 마찬가지다. 정서적인 보살핌과 어루만짐은 건강한 사람으로 자라는 데 반드시 필요하다. 양육자의 지지와 형제와 친구 사이의 경쟁과 협동, 성장 과정에서 성공과 실패의 경험 등을 영양소 삼아서 우리의 내면은 자란다. 그런데 그 과정에서 한 치의 부족함도 넘침도 없이 완벽한 사람이 얼마나 될까? 아니, 과연 존재하기나 할까? 마음에 흠이 있는 사람은 애초에 좋은 부모가 될 수 없는 걸까?

"저도 아이들을 보고 있으면 그런 걱정이 많이 들어요. 내가 혹시 아이들을 압박하고 있는 건 아닐까? 내가 혹시 아이들을 의존적으로 만드는 게 아닐까? 내가 혹시 아이들 마음에 상처를 주는 건 아닐까? 욱해서 화를 내고 아차 싶을 때도 많고요."

"선생님도요?"

"네, 저도 완벽한 사람이 아니니까요. 그런데 세상에 완벽한 어른, 완벽한 부모가 있을까요? 모든 걸 다 갖추고 모든 걸 다 준비할 수는 없잖아요. 내면에서 부족하다고 느껴지는 게 있다면, 가장 중요한 첫 단계는 자신의 부족함을 인정하는 것 같아요. 그리고 아이를 사랑하는 마음으로 그 부족함을 채워 나가려 꾸준히 노력한다면 그게 좋은 부모 아닐까요? 저도 고민 중인 문제라 두루뭉술하게 말씀드릴 수밖에 없네요."

"무슨 말씀이신지 알겠어요. 아니, 정확하진 않지만 알 것 같은 느낌이 들어요."

"어떤 느낌이요?"

"음, 제가 여기서 포기하면 안 된다는 느낌이요. 저는 모든 게 늦었다고 생각할 수 있지만, 고작 한 살인 열이한테는 너무 가혹한 것 같아요. 너는 사랑을 많이 받은 엄마를 두지 못했으니 건강하게 클 수 없다는 거잖아요? 그건 좀 말이 안 되는 것 같아요."

> **❝**
> *세상에 완벽한 어른,*
> *완벽한 부모가 있을까요?*
> **❞**

홍주 씨의 말에 나는 저절로 고개가 끄덕여졌다. 긍정적인 지지를 보여 신뢰를 얻거나 말을 더 이끌어 내기 위한 행동이 아니었다. 홍주 씨의 말이 진심으로 가슴 뭉클하게 다가왔다.

"앞으로 잘해야죠. 제 마음 상태를 알 수 있어서 다행이에요. 덕분에 아기도 때리지 않게 됐으니까요. 그런데 자꾸 이래도 되나 싶어요."

"뭐가요?"

"부모님을 원망하는 거요. 부모님에 관한 걸 건드리지 않을 수도 있지 않았을까요? 애써 진료해 준 선생님께 제가 너무 염치없다는 걸 알아요. 이러고 싶지 않은데, 자꾸 생각이 나요. 이제 와서 부모님에게 나한테 왜 그랬냐고 따질 수도 없잖아요. 그럼, 그냥 이대로 평생 부모님을 원망하며 살아야 하는 건가요?"

홍주 씨의 어조는 조심스럽고 정중했지만 부모를 원망하게 되는 자기 자신을 보며 속상해하는 기색이 역력했다. 섣부르게 조언을 하기보다 무언가 힘이 되는 이야기를 해 주고 싶었다.

"저는 방금 전 홍주 씨가 저한테 해 준 이야기가 기억에 남을 것 같아요."

"제가 한 이야기요?"

"네, 한 살 아이한테 넌 이미 결정됐으니 모든 걸 그대로 받아들이라는 건 너무 가혹하다고 하셨죠. 그 말에 고개가 저절로 끄덕여지더라고요. 그런데 문득 이런 생각이 들었어요. 한 살 아이한테만 가혹한 걸까? 두 살 아이는 어떨까? 초등학교에 막 입학한 여덟 살

은? 이제 막 고등학교를 졸업한 스무 살은? 서툴지만 애지중지 첫 아이를 기르는 서른다섯 살은? 나이랑 상관없이 누구에게나 지금보다 더 행복해질 수 있는 여지가 있지 않을까요?"

"제 아이처럼 저한테도 기회가 있다는 말씀이신 거죠?"

"그럼요. 부모님을 원망하는 마음을 품는 건 누구에게나 당연히 괴로운 일이에요. 과거의 일은 변하지 않아요. 그렇지만 그 과거에 대한 내 해석과 감정은 바뀔 수 있어요. 한 달 전만 해도 홍주 씨는 부모님을 원망할 생각조차 하지 않았잖아요. 무엇보다 우리에게 중요한 건 과거가 아니라 바로 지금이에요. 과거는 그림자 같은 거예요. 어둡고 춥죠. 과거에 머무르면서 떨고 있지 말고 지금을 어떻게 살지, 지금 나에게 소중한 사람들과 어떤 관계를 만들어 나갈지에 집중하는 게 현명한 길이라고 생각해요. 홍주 씨한테는 지금 열이를 키우고 홍주 씨 자신의 삶을 사는 게 무엇보다 중요하잖아요."

> **"**
> *과거의 일은 변하지 않아도*
> *과거에 대한 내 해석과 감정은*
> *바뀔 수 있어요*
> **"**

잠시 눈을 감은 채 생각에 잠겨 있던 홍주 씨가 입을 열었다.

"네, 저도 그러고 싶어요. 선생님 말씀처럼 하고 싶어요."

"좋아요. 그럼, 홍주 씨한테 드리고 싶은 숙제가 있어요. 다음 면담 때까지 꼭 해 오셔야 해요."

"숙제요? 갑자기 무슨 숙제예요?"

"갑자기가 아니에요. 이전에도 숙제를 드렸고, 홍주 씨는 늘 잘 해 오셨어요. 화가 날 때 무슨 생각 때문에 화가 나는지 들여다보라는 숙제도 그동안 잘하셨잖아요."

영문을 몰라 동그래진 눈이 그제야 부드럽게 구부러졌다.

"그럼, 이번에는 어떤 숙제를 내 주실 건가요?"

"편지 쓰기요. 다음 면담 때까지 홍주 씨 어머니한테 편지를 써 오세요."

"아, 안 돼요. 어머니한테 뭐라고 말하는 건……."

"괜찮아요. 실제로 어머니께 편지를 드릴지 말지는 홍주 씨가 결정하면 돼요. 제가 내는 숙제는 쓰는 것까지예요. 원망한다는 말도 좋고, 앞으로 어떻게 하겠다는 말도 좋고, 다 좋아요. 홍주 씨가 그동안 하고 싶었지만 못 한 말들을 적어 보세요. 어때요? 숙제를 해 오실 수 있겠어요?"

홍주 씨는 고개를 끄덕이더니 써 보겠다고 했다. 사실 면담 중에 편지 쓰기 같은 숙제를 주는 일은 흔치 않았다. 하지만 홍주 씨에게는 여러 가지로 의미가 있겠다는 생각이 들었다. 앞으로 홍주 씨 스스로 현재에 집중하기 위해서는 과거에서 파생되는 감정들에 휩

쓸리지 않는 게 중요했다. 지난 몇 주 동안 홍주 씨 내면에서 들끓던 감정들이 단번에 정리되지는 않겠지만, 그 감정들을 종이에 담고 접어서 봉투에 넣어 두는 행동이 일종의 의식이 될 수 있었다. 과거는 접어 두고 현재로 눈을 돌리기 위한.

* * *

상담에서 내담자와 부모의 관계를 짚어 보는 까닭은 부모나 성장 과정의 특정한 사건을 원망하고 탓하기 위해서가 아니다. 과거는 아무리 치열하게 파고들어도 누구도 바꿀 수 없다. 그렇다면 바꿀 수 없는 과거를 살펴보는 까닭은 무엇일까? 그런 과정을 통해서 지금 자신의 모습을 더 잘 이해하고 긍정할 수 있기 때문이다. '내 마음이 이래서 구겨졌구나', '그때 내 마음에 이런 구멍이 생겼구나' 이렇게 제대로 바라보는 것이 구겨진 마음을 펴고 구멍을 채우는 첫 단계가 될 수 있다.

홍주 씨와 나는 홍주 씨가 어렵게 써 온 편지를 머리를 맞대고 함께 읽어 내려갔다. 홍주 씨의 편지는 홍주 씨가 어머니에게 도움을 청했던 날에서 시작했다. 당시 홍주 씨가 큰 용기를 내서 전화를 했다는 것, 그렇게 용기를 내서 전화를 했는데 단칼에 거절을 당해 서운했다는 것, 전화를 끊고 나서 문득 돈이 없으니 대학을 포기하는 게 어떻겠냐고 묻던 어린 시절의 어머니가 떠올랐다는 것……, 손으로 써 내려간 편지에서 홍주 씨가 얼마나 절실하게 자신의 마음을 고백하고 있는지 느껴질 정도로, 문장 사이사이 홍주 씨 마음의 떨림이 느껴졌다.

"홍주 씨, 어머니를 원망하는 마음은 이게 다인 거예요?"

편지를 읽는 내 모습을 지켜보던 홍주 씨가 배시시 웃었다.

"그럴 리가요. 많이 걸러 냈지요."

"어머니를 탓하려는 편지라기보다 열이에 대한 사랑 고백 편지 같아요."

편지를 읽고 난 뒤 든 솔직한 생각이었다. 어머니를 원망하는 마음을 한가득 맞닥뜨리리라 예상했는데, 홍주 씨는 편지에서 최근에 상담을 받은 경험을 하나둘 돌이키며 어머니에게 자기가 열이를 마음껏 사랑하기 위해 얼마나 노력했는지, 그리고 어머니를 향한 원망에서 벗어나기 위해 자신을 얼마나 괴롭혔는지 담담하게 진술하고 있었다.

"편지를 쓰면서 문득 궁금했어요. 난 왜 그때 나랑 어울리지 않게 어머니에게 '부탁'을 했을까? 생각해 보면 사실 그렇게 힘든 상황도 아니었는데 말이죠. 평생 그런 일이 없었는데."

"그러게요. 저도 이전에 들었을 땐 그냥 지나갔는데, 다시 생각해 보니 예전의 홍주 씨가 어머니에게 어떻게 부탁을 했을까 싶기도 하네요."

"그러니까요. 다른 사람들이 들으면 뭐 그게 대단한 일이냐 하겠지만, 저에겐 정말 큰일이거든요. 음……, '이제 난 더 이상 부모님과 살던 아이가 아니야. 내게도 돌볼 아이가 있으니까.' 이런 생각 때문에? 아, 잘 모르겠어요."

부모가 된 뒤 정신적으로 성숙해지는 사람들을 종종 만난다. 부모에게서 사랑을 받지 못해 마음 깊숙한 곳에 움푹 파인 홈을 품고 살던 사람이 자기에게 전적으로 매달리는 아이에게 위안을 얻어 상처를 극복하기도 한다. 딸 열이는 부모에게만 매달려 있는 홍주 씨의 '카섹시스'를 현실로 돌려놓는 치료 효과를 낳았을 수 있다. **부모에게만 향하던 시선이 다른 곳으로 옮겨지면서 홍주 씨는 더는 자신이 부모에게 매달려야만 하는 아기가 아니라는 사실을 깨달은 것이다.** 그 깨달음은 30년 넘게 스스로 속박하고 있던 사슬을 벗어던지는 일로 이어졌다. 지난 몇 달 동안 홍주 씨가 겪은 방황은 어린 아이에서 한 아이의 엄마로 성장하는 과정에 필요한 통증인 셈이었다. 마치 애벌레가 고치를 뚫고 나와 나비가 되듯 극적인 변화였기 때문에 힘들고 고통스러웠을 것이다. 그렇지만 그 고통 끝에 홍주 씨는 이제 막 날개를 펴기 시작했다.

과거가 불행하면
행복할 수 없나요?

'지금의 내 문제는 어디서부터 시작된 걸까?'
'내 성격은 어쩌다 이렇게 됐을까?'

정신건강의학과 의사인 저에게 이런 질문들은 특별히 의미가 깊습니다. 심리적 질병 증상이 심각한 분부터 가벼운 고민 상담을 위해 오신 분까지 자신을 사로잡은 증상에서 어느 정도 회복된 뒤에는 대개 자신이 왜 이런 문제를 마주해야 했는지를 묻기 때문입니다. 아니, 어쩌면 그렇게 묻도록 제가 유도한 것일지도 모르겠네요.

"과거의 인생 경험들, 그중에서도 '트라우마'가 현재를 만든다. 그렇기 때문에 환자의 과거에 숨겨져 있는 원인을 찾아야 현재의 증상들을 제거할 수 있다." 이런 프로이트의 원인론적 사고는 지난 백여 년 동안 정신과 의사들에게 진리로 받아들여져 왔고, 대중에게도 큰 영향을 끼쳤습니다. 프로이트의 이론은 많은 점에서 분명히 아직도 유용합니다. 저 또한 정신건강의학과 전문의가 되는 수련 과정 동안 프로이트의 이론을 기본에 두었습니다.

하지만 프로이트의 원인론적 사고는 자칫하면 과거에 지나치게 집착하는 결과를 낳을 수 있습니다. 과거의 세밀한 부분 하나하나까지 파고들어 가려는 시도는 그 원인을 알아내기만 하면 현재의 모든 문제가 눈 녹듯 사라질 거라는 비현실적인 기대감을 부추길 수도 있지요. 산적한 현실의 문제를 바라보고 싶지 않아 과거에 집착하는 회피 행동처럼 보이기도 합니다. 그렇게 과거에 매달리는 사람에게 '지금 네 문제들은 모두 과거 때문이야. 네 잘못이 아니야'라는 위로가 진정한 도움이 될 수 있을까요?

과거의 경험과 트라우마에 대해 프로이트와 완전히 반대되는 견해를 주장한 정신과 의사가 있었습니다. 바로 프로이트와 동시대에 같은 분석학회 활동을 하기도 한 알프레드 아들러입니다. 아들러는 사람이 트라우마 때문이 아니라, 그 경험에 부여한 의미에 따라 자기 자신을 만들어 가기 때문에 고통받는다고 주장했습니다. 예를 들어, 예전에 '왕따'를 당한 경험이 있고 현재는 외톨이로 지내는 사람이 있다고 해 봅시다. 흔히 프로이트의 원인론에 근거하여 왕따를 당한 트라우마 때문에 지금까지 대인 관계에 어려움을 겪고 있다고 이야기합니다. 그러나 아들러는 왕따를 당한 경험 자체를 문제의 근원으로 보지 않습니다. 대신, 그 경험 때문에 '사람에게 상처받지 않는 것'을 인생의 목적으로 삼은 그 사람의 선택에 초점을 맞춥니다. 이런 경우 사람은 자기 목적을 이루려고 대인 관계를 피하고 자기 자신을 삐뚤어진 사람이라고 스스로 비하한다는 거지요.

어떻게 보면 잔인하다고 느낄 정도로 냉철한 이론입니다. 현재 대인 관계를 맺지 않아 생기는 불행은 자신이 선택한 결과라고 말하고 있으니까요. 하지만 프로이트의 원인론에 따르면 문제의 근원이 되는 '왕따를 당한 경험'은 바꿀 수 없는 과거의 시간이지만, 아들러의 목적론에 따르면 인생의 목적을 다시 설정함으로써 그 경험의 의미를 다르게 해석해 현재의 문제를 해결할 수 있습니다. 물론, 아들러도 오랜 시간 지속해 온 라이프스타일에 변화를 주는 건 큰 불안을 유발한다는 사실을 알았습니다. 그렇기 때문에 그 불안을 극복할 용기가 필요하다고 강조했지요.

현대 정신의학을 공부하는 사람으로서 백여 년 전 아들러가 말한 이론에 완전히 동의할 수는 없습니다. 현대 의학의 힘으로 유년기의 학대나 사고의 경험이 성인이 된 뒤에도 뇌에 영향을 미친다는 사실이 밝혀지면서 트라우마의 존재와 영향이 확인되었기 때문입니다. 그렇다고 사람은 절대 변할 수 없으니 포기해야 한다고 생각해야 하는 걸까요?

저는 프로이트와 아들러 사이의 어딘가에 서서 이렇게 생각합니다. 사람이 지금 자기 자신을 이해하려면 먼저 지나온 과거를 자세히 들여다봐야 합니다. 이를 통해 과거가 지금 자신에게 미치는 영향을 성찰했다면, 이제 시선을 현실로 돌려야 합니다. 바꿀 수 없는 과거에만 집착하면, 현실의 자신이 나아가야 할 길을 제대로 선택할 수 없습니다. 과거만 보느라 발을 헛디딜 수도 있지요. 과거가 지금의 나에게 영향을 주었듯이 지금이 미래의 나를 결정하는 순간이 아닐까요?

3부

인정받지 못해
서운한가요?

빛은 프리즘을 통과하면서
여러 가지 빛깔을 띤다.
사람의 감정도 프리즘을 통과하는 빛과 같다.
우리는 관계 때문에 감정적으로 힘들 때면
상대의 말과 행동에서 내가 받은 상처의 원인을 찾곤 한다.
그러나 타인의 말과 행동은
그것을 자극으로 받아들이는 나의 해석,
다시 말해 감정의 프리즘을 통과한 뒤에야
우리 마음에 특정한 빛깔로 맺힌다.
사람들의 사소한 말이나
표정 등에 너무 아프게 상처받고 있다면,
자극을 받아들이는 우리 감정의 프리즘이
혹시 깨지거나 뒤틀린 건 아닌지 살펴야 한다.
당신의 프리즘은 당신의 마음에
어떤 빛깔을 비추고 있는가? 손정현

불안이
가시질 않아요

처음 경민 씨가 진료실에 나타났을 때 백화점 남성복 매장의 마네킹이 걸어 들어오는 줄 알았다. 왁스를 발라 깔끔하게 뒤로 넘긴 머리카락, 보는 것만으로 눈이 시원해지는 감색 줄무늬가 들어간 흰색 셔츠, 폭이 좁은 9부 바지……. 풀 착장이다! 추우면 한 겹 더 입고 더우면 눈총을 받지 않을 정도로 가볍게 입고 다니는 게 전부인 나로서는 머리부터 발끝까지 신경 써 입은 모습이 무척이나 낯설었다. 혹시 공연이나 강연을 하는 사람일까? 프레젠테이션을 많이 하는 스타트업 사업가일지도 몰라. 어쨌든 사람을 많이 상대하는 직업일 거라 생각했다. 첫인상으로 함부로 사람을 추측하는 게 실례일 수 있지만, 정신건강의학과 면담 초반에는 내담자의 '외양에서 보이는 모든 것들'이 중요한 정보가 된다. 특히나 내담자를 처음 만날 때면 옷차림부터 손짓 하나까지 주의 깊게 관찰하게 되는데, 이 친구, 경민 씨는 너무나 잘 차려입고 있어서 더 오래 눈길이 머물렀다.

경민 씨는 얇은 클러치 백에서 흰색 종이 한 장을 꺼내 내밀었다. 소견서였다.

상기 환자는 2개월 전 1차례의 공황 발작 후 예기불안이 지속되는 상태이기에 추가적인 정신과적 평가가 필요함.

소견서 내용 중에서 '공황 발작'과 '예기불안'이라는 단어가 눈에 들어왔다. 예기불안은 한 번 악재를 겪은 뒤 그 일이 다시 찾아올까 걱정하고 두려워하는 불안 증세로, 공황장애나 외상 후 스트레스 장애PTSD 환자들이 드물지 않게 겪곤 한다.

"경민 씨, 공황 발작이 있으셨나 보군요."

"네. 두 달 전에요. 그 뒤로 불안이 가시질 않습니다. 공황이 온 이유를 확실하게 알지 못하니까 언제든 증상이 재발할 수 있다는 불안이 가시질 않아요. 도저히 일상생활에 집중할 수 없습니다."

요사이 공황장애라고 자가 진단한 뒤 병원을 찾는 사람이 부쩍 늘었다. 연예인들이 방송에서 공황장애를 앓고 있다는 사실을 밝히면서 질병이 대중적으로 알려진 덕분이었다. 덕분에 정신 질환에 관한 일반인들의 인식이 긍정적으로 바뀌긴 했지만 병원까지 찾아온 사람들 중 정말로 공황장애 진단을 받는 경우는 그다지 많지 않다. '공황장애'가 이름 모를 미지의 불안과 공포를 아울러 일컫는 대명사가 된 것이다. 반면 좀 더 확인이 필요하겠지만, 경민 씨가 겪고 있는 증상은 공황 장애가 맞는 듯했다.

> **66**
>
> *언제든 공황 증상이*
> *재발할 수 있다는 불안이*
> *가시질 않아요*
>
> **99**

"그렇군요. 공황 발작이 있었을 때는 어떤 상황이었나요?"

"제가 가장 가깝게 여기는 형들이랑 모인 술자리였어요. 처음에는 갑자기 목구멍이 막히는 느낌이 들면서 숨이 찼습니다. 곧 어지럽고 식은땀이 났고요. 이러다 당장 죽을 것만 같아서 엄청나게 불안했어요. 손발이 떨어져 나갈 것처럼 차가워졌고, 가슴은 터질 듯이 쿵쾅거렸고요. 기절할 것 같았습니다. 정말 난생처음 겪는 경험이었거든요."

그때 겪은 불안과 두려움이 떠올랐는지 안 그래도 하얀 얼굴이 새하얗게 질렸다.

"많이 힘드셨겠어요. 그래서 어떻게 하셨죠?"

"내색을 안 하려고 했는데 티가 났는지 다들 안색이 왜 그러냐면서 걱정했어요. 그때 뭐라고 대답을 했는지 기억도 잘 안 나네요. 결국 응급실에 갔습니다. 갑상선이나 심장 이상 때문에 그런 건 아닌지 확인해야 된다고 해서 혈액검사랑 심전도 검사를 받았는데 별 이상이 없다고 하더라고요."

"그런 괴로운 상태가 얼마나 오랫동안 계속된 것 같아요?"

"정신 못 차릴 만큼 힘들었던 건 응급실에 도착하기 전에 어느 정도 가라앉았습니다. 저는 한 시간이 넘게 괴로웠던 것 같은데, 형들 말로는 심한 상황은 15분 안팎이었다고 하더라고요."

호흡 곤란, 가슴 두근거림, 죽을 것만 같은 느낌이 동반된 불안감 등 경민 씨가 말한 것들은 전형적인 공황 발작 증상이었다. 과하게 스트레스를 받거나, 신체적으로 무리를 해 피로가 쌓이면 누구나 한 번쯤은 이런 증상을 겪을 수 있고, 당장의 증상에 대한 치료를 받고 휴식을 취하는 정도로도 나아져 대개는 큰 문제가 되지 않는다. 하지만 때로는 드러나지 않은 내면의 원인이 곪다가 공황의 형태로 터져 나올 수 있는데, 만약 그렇다면 공황이 반복되거나 또 다른 증상으로 이어질 수 있다. 이 경우에는 결국 그 원인을 찾아야 근본적으로 문제를 해결할 수 있는 데 경민 씨의 공황 발작이 어떤 경우에 해당하는지 지금으로선 확실하게 말하기 어려웠다.

"응급실에서는 몸에 특별한 문제가 없다고 정신건강의학과 외래를 가 보라며 예약까지 해 줬습니다."

"거기서 진료를 받으신 거군요."

"네, 받긴 받았죠."

그 대답에서 찜찜한 기색이 느껴졌다. 경민 씨는 미간을 살짝 찌푸리더니 말을 이었다.

"몇 마디 물어보고는 공황 발작이 온 것 같다면서 약을 주더라고요. 요즘 제 나이대에 비슷한 증상을 가진 사람들이 많다고, 약을 먹으면 재발하지 않을 거라고……."

"그랬군요. 약을 복용해도 상태가 나아지지 않았나요?"

"아니요. 약을 복용한 후로 같은 증상을 겪지 않은 걸 보면 효과가 있는 것 같아요."

그렇다면 군이 병원을 옮긴 이유가 무엇인지 궁금해 고개를 갸웃하자 경민 씨가 재빠르게 말을 덧붙였다.

"약을 먹으면 당장은 괜찮겠지요. 그런데 약을 먹어도 가시지 않는 불안이 있어요. 그날, 편하고 기분 좋은 술자리였거든요. 오랜만에 마음 맞는 형들과 함께한 자리였는데 왜 그런 증상이 생겼는지……, 이유를 알지 못하면 같은 일이 언제든 발생할 것 같은 불길한 생각이 계속 들어요. 이런 고민을 말했더니 그쪽 병원에서 따로 면담 진료를 받아 보는 걸 권유하더라고요."

"그랬군요. 그런데 경민 씨가 겪었던 공황 증상은 근본적인 원인을 찾는 게 어려워요. 그렇기 때문에 보통은 지금 시점에 드러난 증상을 조절하는 데 초점을 맞춰 치료합니다. 그런 '대증 치료'가 상당히 효과적이기도 하고요."

"네, 외래에서 설명을 들어 알고 있습니다."

경민 씨는 고개를 끄덕이며, 그렇지만 본인에게 그건 그다지 중요하지 않다는 표정으로 대답했다. 아무래도 경민 씨는 당장의 단기 처방보다 자기 내면에서 어떤 일이 벌어졌는지를 알고 싶어 하는 것 같았다.

"보통은 그렇지만요, 본인도 모르고 있던 이유를 진료 과정에서 찾게 될 때도 종종 있습니다. 그럼 함께 원인을 살펴볼까요?"

면담을 해 보자는 말에 경민 씨의 얼굴이 한층 밝아졌다. 나는 우선 공황 발작에 관해서 더 확인할 내용들을 물었다.

"혹시 그 무렵에 과음한 적은 없었나요?"

"증상이 나타난 게 술자리이긴 합니다. 그렇지만 맥주를 채 한 잔도 마시기 전이었습니다. 무리하거나 피곤한 상태도 아니었어요. 커피를 많이 마시지도 않았고 며칠 사이에 과음을 한 적도 없어요. 별다르게 먹는 건강 보조제나 보약 같은 것도 없습니다."

질문 하나에 답변이 줄줄이 달렸다. 벌써 공부를 다 하고 온 것이다. 요즘에는 본인의 증상에 대한 사전 조사 없이 내원하는 환자가 더 드물었다. 특히나 경민 씨처럼 젊은 사람들은 인터넷 검색을 통해 의심이 가는 질병에 관해 알아볼 만큼 알아본 뒤 병원을 찾는다. 문제는 인터넷상에 정보가 무궁무진한 만큼 정확하지 않거나 편향된 것들도 엄청나게 많다는 사실이었다.

"그래요, 잘 알고 있네요. 방금 경민 씨가 말한 게 매우 흔한 원인들이에요. 가령 며칠 동안 잠을 못 자고 무리해서 극도로 피곤했거나, 긴장한 상태였거나, 술이나 커피에 영향을 받았을 수도 있고요. 그런데 모두 해당이 안 된다는 거지요? 혹시 심리적으로 스트레스를 받거나 불안을 느낄 만한 상황은 아니었나요?"

"딱히 그렇지는 않았어요. 며칠 전에 입사 최종 면접까지 본 곳에서 떨어지기는 했는데, 시험에 떨어진 거야 워낙 여러 번이라······. 그래서 친한 형들이 위로해 준다고 모인 자리였거든요."

담담한 말투에, 나는 의아한 내색은 최대한 숨긴 채 차트에 '취업 준비생 → 최종 면접'이라고 적은 뒤 곧바로 물음표를 덧붙였다. 사람을 상대하는 일이 많은 전문직일 거라는 예측이 보기 좋게 빗나갔다. 그건 그렇다 치고, 여러 번 반복해서 겪을수록 무뎌지는 일이 있고 반대로 더 민감해지는 일이 있는데, 취업 시험에 떨어지는 일은 반복될수록 압박이 더 심해지는 쪽에 속하지 않나? 최종 면접까지 갔다면 기대도 컸을 텐데 이미 여러 번 떨어진 터라 아무렇지도 않았다는 말, 그리고 정말 그렇게 생각하는 듯한 얼굴에서 위화감이 느껴졌다.

"그럼 그날에 관해 떠오르는 게 있으면 편하게 이야기해 보세요. 공황 직전에 있었던 일이 아니어도 괜찮아요. 생각나는 거라면 무엇이든지요."

차분히 머릿속 기억을 더듬던 경민 씨 얼굴에 불현듯 긴장감이 서렸다.

"음……. 생각나는 게 하나 있어요. 그중 가장 친한 형이랑 낮에 먼저 만났어요. 취업 관련해서 이런저런 이야기를 나누다가 잔소리를 좀 들었죠. 형이 요즘 취업 경쟁이 갈수록 심해지는데 눈높이를 좀 낮추라고 하더라고요. 이전 직장도 괜찮은 편이었는데 왜 그만뒀냐고도 하고요. 제가 재작년에 조그만 회사에 들어갔다가 반년 만에 그만두고 다시 취업 준비를 하는 중이거든요. 그런데 이제는 현실적인 선택을 해야 한다고 하니까……"

한 차례 목을 다듬고 이어 말했다.

"그 말이나 상황이 좀 마음에 걸렸어요. 저한테 어울리는 현실적인 선택이 뭔가? 형이 보기에 나한테 어울리는 회사는 겨우 그 정도 회사인가? 그런데 저녁에 만난 다른 형들도 간판에 연연하지 말라고 비슷한 말을 하더라고요. 대기업에 취업하지 못해도 인생이 어떻게 되는 게 아니라고요. 그러다 낮에 먼저 만난 형이 저한테 '무리하지 않아도 돼'라고 하는데, 순간 이 사람들도 결국 포기해야 하나라는 생각이 들었어요. 아마 그 뒤부터 숨이 막히고 식은땀을 흘린 것 같습니다."

이야기를 듣는 내내 차분하게 고개를 끄덕였지만, 경민 씨가 해준 이야기만으로는 공황의 원인을 유추하기 어려웠다. 본인은 의식하지 못할지라도 최종 면접에 떨어진 일로 충격이나 좌절감이

분명 있었을 것이고, 형들에게 속상한 이야기를 듣기도 했지만 단순히 그게 전부는 아닌 듯했다. 경민 씨가 형들에게 들은 조언을 상당히 민감하게 받아들였다는 것 정도만 단서가 될 뿐이었다. 그게 공황 발작으로 이어질 만큼 경민 씨 내면의 무엇을 건드린 걸까? 말없이 생각에 빠져 있던 차에, 나를 쳐다보는 경민 씨의 불안한 눈빛에 정신을 차렸다.

> **"**
> 순간 이 사람들도 결국
> 포기해야 하나라는 생각이 들더라고요
> **"**

"제가 말해 놓고도 좀 이상한 얘기인 것 같네요."

"자기 마음과 행동의 이유를 백 퍼센트 파악하고 표현할 수 있는 사람은 없어요. 마음속의 어떤 감정이나 생각이 말과 행동에 큰 영향을 미치고 있는데도 그게 뭔지 모르다가 아주 뒤늦게야 알아채기도 해요. 몇몇 감정은 평생 모르는 채로 지내기도 하고요. 제가 생각할 때, 그날 형들과의 일이나 다른 뭔가가 경민 씨의 공황 발작과 지금까지 이어지는 불안에 직접적이든 간접적이든 영향을 준 것일 수 있어요. 아마 경민 씨 마음 안에 줄곧 있었던 성향, 감정 들이 눌려 있다가 자극을 받아서 튀어나왔다고 보는 게 더 맞을 듯하네요."

"제 안에 있던 성향, 눌려 있던 감정이요? 그게 무엇인지 알려면 어떻게 해야 하는 거죠?"

경민 씨가 상체를 앞으로 숙이며 다급하게 물었다.

"저와 함께 이전과 최근의 경험, 그때의 감정, 생각을 살펴보는 거예요. 그러면서 경민 씨 마음속에서 불안을 일으키는 무언가를 조금씩 이해해 가는 거지요. 그러다 보면 공황 발작이 다시 일어나지 않을 방법을 찾을 수 있을 겁니다. 너무 조급해하지 말고 차근차근 해 봅시다. 정기적으로 진료를 받는 게 어떻겠어요?"

경민 씨는 망설이지 않고 그렇게 하겠다고 대답했다. 자신이 진짜로 원하는 것, 공황 발작으로 드러난 자기 마음속의 정체 모를 무언가를 찾아내겠다는 의지가 그만큼 커 보였다.

불안이 파도가 되어
나를 덮칠 때

공황 발작은 갑작스러운 강렬한 공포, 호흡이 곤란한 느낌, 떨림, 두근거림, 식은땀 등이 동시에 나타나는 급성 증상입니다. 공황 발작을 겪는 순간에는 자기 자신을 컨트롤하지 못해 미쳐 버리거나 죽어 버릴 것만 같다는 생각을 하지요. 증상 전후에 복통, 두통, 가슴의 답답함 등 구체적인 신체 증상이 나타나기도 합니다. '발작'이라는 단어 때문에 무섭고 위험한 증상처럼 느껴지지만 영어로는 'Panic Attack'이라고 씁니다. 갑자기 나타난다는 의미 때문에 '발작'이라고 번역된 것이지요. 공황 발작은 건강한 사람도 매우 피곤한 상태나 과음한 다음 날 겪을 수 있는 비교적 흔한 증상입니다. 열 명 중 한 명이 살면서 한 번쯤은 공황 발작을 겪는다고 알려져 있습니다.

공황 발작은 짧게는 몇 초에서 대개 몇 분, 길어야 20~30분 동안 증상이 지속된 뒤 사라집니다. 그렇지만 당사자들은 그 시간이 '영원히 끝나지 않을 것같이 길게 느껴졌다'고 하지요. 경민 씨가 실제보다 훨씬 더 긴 시간 동안 증상을 겪은 것 같다고 말한 것처럼요.

공황 발작은 직접적으로 몸에 위해나 손상을 입히지 않습니다. 심리적 이유로 급작스럽게 생기는 일종의 불안 증상이기 때문입니다. 다만, 다른 문제가 연관되어 이 증상으로 이어졌을 가능성이 있기 때문에 처음 공황을 겪었다면 병원에서 검사를 받는 게 바람직합니다. 예를 들면 심장의 기능 이상인 부정맥이나 갑상선 기능의 항진 때문에 공황 발작과 매우 유사한 증상이 발생할 수 있습니다. 따라서 경민 씨처럼 병원에서 혈액검사와 심전도 검사를 해 봐야 합니다. 이 검사들에서 혹시나 이상이 발견된다면 그 문제를 치료함으로써 증상도 완화시킬 수 있습니다.

다른 신체적인 유발 요인이 없는 공황 발작의 경우, 후유증이 한 달 이상 지속돼 일상생활이 어렵다면 그때 비로소 공황장애라는 병으로 진단합니다. 후유증으로는 공황이 다시 올까 두려운 마음(예기불안), 공황과 관련된 장소를 피하는 행동(회피 행동) 등이 있습니다. 공황 장애는 공황의 재발을 막도록 생각과 행동을 훈련하는 치료인 인지 행동 치료와 항우울제나 항불안제 계통의 약물 치료 효과가 좋은 편입니다. 그래서 단기간 치료로도 호전되는 경우가 많지요. 특히, 인지 행동 치료 중 공황이 나타날 것 같을 때 사용하는 '점진적 근육 이완법'은 연습을 반복할수록 큰 효과를 얻을 수 있으니 공황이 반복된다면 치료를 통해 익혀 볼 것을 권합니다.

그런데 어떤 사람에게 공황 발작은 아직 인지하지 못한 마음속 문제의 일부일 수 있습니다. 반복되는 공황 발작 이면에는 최근에 받은 심한 스트레스나, 너무 오랫동안 안고 지낸 탓에 본인도 의식하지 못하는 심리적 갈등과 상처가 숨어 있을 수도 있지요. 공황 발작을 한 번 겪은 뒤 바로 면담 치료를 시작한 경민 씨는 조금 특이한 경우입니다. 그렇지만 만약 원인 모를 공황 발작이 계속된다면, 우리 마음이 괴로움을 견디지 못하고 비상 신호를 보내고 있는 건 아닌지 면담을 통해 확인해 보는 게 좋습니다.

오늘 나는
너를 포기한다

어제는 아내와 함께 레스토랑에서 식사를 하다가 말싸움을 했다. 이런 사소한 다툼은 참 오랜만의 일이었다. 상대를 향해 바짝 세운 날을 가라앉힌 건 아내와 내가 단어 하나를 서로 다르게 이해하고 있었다는 사실을 깨달은 후였다. 내가 아내한테 '조금 고집스러운 구석이 있지'라고 한 말을 아내는 '조금 제멋대로인 구석이 있지'라고 이해하고 화를 낸 것이다. 나한테 '고집'이라는 단어는 부정적인 뜻도 있지만, 장인처럼 어떤 가치를 심지 굳게 지켜 낸다는 긍정적인 뉘앙스가 강했다. 반면, 아내한테는 그 말이 그저 '융통성 없고 답답하다'는 비난으로 읽힌 것이다.

식사를 마치고 돌아오는 길에, 대개의 다툼은 이런 오해 때문에 시작되지 않나 싶은 생각이 새삼 들었다. 얼굴을 마주하고 이야기 나누는 기회가 점점 사라지는 요즘엔 더 그럴 수밖에 없다. 빠른 속도로 주고받는 문자에는 말투나 표정 같은 비언어적인 정보가 담겨 있지 않기에 선한 의도나 유머가 악의와 비난으로 잘못 전달되고 오해되기 십상이다. 직접 대화를 나눌 때에도 이런 오해가 곧잘 생기는데 많은 경우 아내와 나 사이의 말싸움처럼 단어의 의미나 뉘앙스를 서로 다르게 인식하고 있기 때문에 발생한다. 꽤 많은 사람이 미처 의식하지 못한 채 특정한 단어에 자신만의 주관적인 의미를 부여해 사용하는데 바로 그것이 오해의 시발점이 되는 것이다. 각자가 만들어 낸 자기만의 단어에는 그 사람의 가치관이나 성격 성향, 생각의 틀이 고스란히 드러난다. 그렇기 때문에 정신건강의학과 의사들은 면담을 할 때 내담자가 자주 사용하는 단어에 특별히 주의를 기울인다. 자주 쓰는 단어, 특히 보통의 뜻과는 다르게 쓰고 있는 듯한 단어의 의미를 파고들다 보면 자연스레 내담자가 가지고 있는 핵심적 특성으로 이어지기도 하기 때문이다.

얼마 전 경민 씨를 진료하며 그에게도 자기만의 특별한 뜻을 품은 단어가 있다는 걸 알게 됐었다.

"어서 와요. 어떻게 지내셨어요?"

지난번처럼 깔끔하고 세련된 옷차림의 경민 씨가 진료실에 들어왔다. 그런데 조금은 의기소침한, 한편으론 날이 서 있는 듯한 미묘한 표정이었다.

"취업 스터디도 하고 알바도 하면서 일부러 좀 바쁘게 지내려고 했어요. 멍하게 있다 보면 또 공황이 오진 않을지 걱정이 되고, 그날 생각이 계속 떠올라서요."

"그랬군요, 잘 했어요. 아직은 예기불안이 남아 있을 수 있는 시기이니까 경민 씨의 지금 상태를 너무 걱정하지 않아도 돼요. 오늘 혹시 하고 싶은 얘기가 있나요?"

아직 면담 초기이기에, 일상에 관한 가벼운 주제를 예상하며 질문을 했다.

"…… 친구하고 좀 일이 있었어요."

날 선 표정이 더 어두워지는 걸 보니, 아무래도 가벼운 이야기는 아닌 듯했다.

"어떤 일인가요?"

"아직까지 연락하는 고등학교 친구는 정말 몇 안 돼요. 그중 집안 사정 때문에 전문대를 나와서 직장을 다니다가 4년제 대학에 들어가겠다고 공부를 시작한 녀석이 있습니다. 뒤늦게 공부를 하려고 하니까 쉽지 않다고 괴로워하더라고요. 제가 그래도 공부를 좀 했으니까, 힘든 결심을 한 친구를 제대로 도와주자고 마음먹었어요. 전 미리 공부 계획을 짜는 게 도움이 됐었거든요. 그래서 플래너를 작성해 보라고 조언해 줬죠. 같이 고민해 계획을 짜고, 진도를 체크하고, 제가 피드백도 해 줬어요. 그런데 한 달 쯤 지나니까 친구가 플래너를 작성하는 걸 빼먹더라고요. 딱히 입시를 포기한 것도 아닌데요. 저하고 약속한 걸 지키지 않으니까 화가 났어요. 처음에는 격려도 하고 독촉도 했습니다. 그런데 그때뿐이었어요."

"기분이 상했겠어요. 그래서요?"

"왜 그러는지를 물어봤죠. 그랬더니 할 공부가 워낙 많다 보니 마음이 바빠서 플래너를 작성할 여유가 없다고 하더라고요. 저도 해 봐서 아는데, 그거 정리하는데 시간 많이 들지 않거든요. 성의와 의지의 문제라는 거죠. 저는 취업 스터디에 알바까지 하는 와중에 시간을 쪼개 가며 도와주는 건데요……. 친구가 미안하다고 했지만 무시당한다는 느낌이 들었습니다. 약속 하나 못 지키는 친구한테 실망도 했고요. 그래서 그냥 '포기'하게 됐어요."

짐짓 차분해 보이는 말투와 표정 이면에 격앙되는 감정이 느껴졌다.

"꽤 오래 알고 지낸 친구일 텐데, 기분이 많이 상했었나 보군요."

"어쩔 수 없는 일이었습니다."

> **"**
> *친구가 미안하다고 했지만*
> *무시당한다는 느낌이 들었습니다*
> **"**

경민 씨는 화를 가라앉히려는 듯 고개를 가로로 저으며 작게 한숨을 쉬었다. 경민 씨의 이야기를 듣다가 '포기'라는 표현에 묘하게 마음이 쓰였다. 이전 면담에서도 자신의 인간관계가 좁은 이유는 본인이 그 관계들을 '포기'했기 때문이라고 말했던 기억이 났다. 그리고 보면 첫 면담 때도 경민 씨는 공황 발작이 일어나기 직전의 상황을 이야기하면서 '이 사람들도 결국 포기해야 하나'라는 생각을 했다고 했다. '포기'라는 단어를 어떻게 해석해야 하는지 선뜻 감이 잡히지 않았다. 기대를 접는다는 건가? 연락을 아예 끊고 절교를 한다는 걸까? 그런데 왜 하필 '포기'라는 단어를 쓰지?

"그 '포기'라는 걸 하면 친구와는 어떻게 되는 건가요?"

"뭐, 둘이 따로 만날 일을 안 만드는 겁니다. 연락도 먼저 하지 않고요. 혹시 연락이 와도 꼭 필요한 대답만 합니다. 내가 신경 쓰거나 관심을 갖지 않는, 제 인식 밖의 사람이 된다고 할까요?"

"마음속에서 그렇게 분류가 되는 거군요."

"네, 그런 것 같아요. 이번처럼 오래 알고 지내다가 포기하게 되거나, 아니면 그냥 한눈에 봐도 실망스럽고 인정하기 힘든 사람은 울타리 안에서 밖으로 내보내는 것 같아요."

'포기'라는 키워드로 머릿속 기억을 뒤지듯 경민 씨는 잠깐 말없이 멍한 표정을 지었다.

"이전 직장에서도 그랬고, 군대에서도 그랬습니다. 괜히 어울렸다가 피해를 보거나 책잡힐 것 같은 사람들을 그렇게 합니다. 차라리 혼자 지내는 게 속이 편해요. 생각해 보니 정말 '포기'가 많았네요······."

"피해를 보거나 책잡힐 것 같다고 했는데요. 구체적으로 어떤 상황에서 그런 느낌이 드는지 궁금하네요."

경민 씨의 미간이 살짝 좁혀졌다. 경민 씨는 감정 표현이 풍부한 편은 아니었다. 굳이 분류하자면 감정을 억누르는 쪽에 가까웠다. 하지만 진료를 하면서 머릿속에 떠오르는 생각들에 따라, 특히 부정적인 기억일 경우 무표정한 얼굴 아래에 많은 감정들을 숨기고 있다는 인상을 받았다.

"실제로 무슨 피해를 준다는 건 아니에요. 그것보다는 기분 나쁜 감정을 불러일으키는 거예요. 이전에 회사에 다닐 때는 동료나 상사 들 대부분이 그랬습니다. 정말 한심했어요. 애초에 작은 회사라 그리 대단할 것도 없었지만요. 열정도 능력도 없는 사람들이 그저 무사안일하게 해야 하는 최소한의 일만 하면서 점심에 뭐 먹을지 주말에 어디 놀러 갈지만 고민했거든요. 같이 어울려서 득 될 게 없죠. 그런 사람들한테 뭔가를 지적받거나 성과를 비교당한다는 게 자존심이 상했어요. 그래서 더 완벽하게 일처리를 하려고 애썼습니다. 그들에게 책잡히는 걸 스스로 용납할 수 없었으니까요."

"동료는 물론이고 상사도 경민 씨를 평가할 자격이 없다고 판단한 거군요."

"네, 회사에서 크게 열 받은 일이 있었어요. 자재를 관리하는 프로세스에 도저히 이해가 안 가고 불합리하기 그지없는 부분이 눈에 띄어서 바꾸자고 건의를 했죠. 그런데 다들 '지금 큰 문제가 없는데 왜 그러냐'는 반응인 거예요. 직속 상사한테 '좋은 대학까지 나와서 너무 완벽주의로 일하느라 피곤하겠다'라는 비웃음 섞인 농담까지 듣고 나니까 없던 정마저 확 떨어졌습니다. 여기 있다가는 나도 저런 한심한 사람이 되겠구나 싶어서 회사 자체를 '포기'했죠. 그리고 또……, 군대에 있을 때야 뭐 말할 것도 없죠. 선생님도 가 보셨으니 잘 아시잖아요."

"네 뭐, 그렇죠."

맞장구를 치면서 슬며시 눈길을 차트 쪽으로 돌렸다. 공중 보건의사로 복무한 탓에 내 군인다운 생활은 고작 4주뿐이었다는 건 말하지 않는 게 낫겠다는 생각이 들었다. 다행히 경민 씨는 내가 모든 걸 이해할 거라고 여긴 듯 내 반응과 상관없이 계속 말을 이었다.

"정말 말도 안 되는 지시에 기가 찰 때가 많았습니다. 제가 분대장을 맡았을 때, 분대 분위기를 바꿔서 무슨 일을 좀 해 보려고 해도 위아래 할 거 없이 답답한 사람들뿐이었어요. 결국 꼭 해야 되는 최소한의 일만 했죠. 분대원들을 상대하는 건 '포기'하고 지냈습니다."

"그렇군요. 말하자면 어떤 면에서 나와 수준이 안 맞아 인정할 수 없다는 생각이 들고, 그래서 기분 나쁜 감정을 느끼는 피해를 볼 것 같기 때문에 '포기'를 하게 되는 거군요. 그럼, 그 형들은 어떤가요?"

"형들이요?"

"네, 공황 발작을 겪었을 때 만났던 형들이요. 그분들에게도 포기해야 하나 싶은 생각이 들었다고 했던 것 같아서요."

"아, 그건 그때 딱 한 번 느낀 겁니다. 이때까지 형들한테는 그런 느낌을 가진 적이 없었어요. 대학 때 경영 연구 동아리에서 만난 형들인데 지금은 뭐, 변리사, 5급 공무원, S그룹 연구원, 로펌 변호사……, 다들 잘나가는 사람들입니다. 누가 봐도 스마트하고 나이스하죠."

순식간에 경민 씨의 목소리 톤이 바뀌었다. 이전 회사와 군대 이야기를 할 때 옅게 깔려 있던 분노가 싹 가시고 신이 나 들뜬 기색이 역력했다. 자부심마저 느껴지는 표정, 목소리 톤만으로 그 형들이 경민 씨에게 긍정적 의미로 중요한 존재라는 것이 느껴졌다.

"대단한 분들이네요. 형들과 경민 씨는 무척 친한 사이인가요?"

"네, 제가 무슨 이야기를 해도 알아듣는, 말이 통하는 형들이에요. 저한테 무엇이 도움이 되는지 알고 말해 주는 사람들이기도 하죠. 형들끼리 대화하는 걸 듣기만 해도 배울 게 많아요. 취업뿐만 아니라 사회생활, 자기 계발……. 그 형들이랑 있으면 저한테 어울리는 자리에 있는 것 같아요. 제 진짜 가치나 잠재력을 확인할 수 있는 거울 같은 느낌이랄까?"

내 가치를 확인하는 거울이라……. 사실 초기 진료부터 최근까지 경민 씨와 이야기를 나누며 나는 경민 씨가 타인의 비판과 거절에 민감한, 그 기저에 낮은 자존감과 자기 부적절감이 두드러지는 '회피성 성격 성향'일 것이라 짐작했고, 그래서 대인 관계에서 위축과 철회의 패턴을 반복해 온 게 아닐까 생각했다. 주위 형들에게 들은 부정적인 평가, 사실은 진심 어린 조언일지 모를 말에 공황 발작을 겪었다는 점이 더 그런 짐작을 하게 했다. 그런데 지금 자신과 어울리는 형들이 얼마나 대단한 사람들인지 자랑하고, 자연스럽게 자신을 그들과 동일시하는 경민 씨의 모습을 보며 그 추측이 틀릴 수 있겠다는 생각이 들었다.

> **66**
>
> *제 진짜 가치나*
> *잠재력을 확인할 수 있는*
> *거울 같은 느낌이랄까?*
>
> **99**

회피성 성격 성향의 사람들은 자기 자신에 대해 계속되는 의심과 비하, 주위 사람과의 비교에서 오는 열등감에 힘들어하고 결국 사회적으로 위축되는 경향이 있는 반면, 경민 씨는 그와는 조금 결이 다른 문제를 가지고 있는 듯했다. 나는 '자기애적 성향'을 의심했다. 물론 자기애적 성향 역시 무의식에 형성된 낮은 자존감을 근간으로 한다는 점에서 회피성 성격 성향과 뿌리가 아예 다르다고 할 수는 없다. 그러나 임상적으로 알맞은 접근을 위해서 이 둘은 구분해 진단되어야 할 개념이다. 사실 내 눈에 그 형들은 지금의 경민 씨를 비추는 거울이라기보다는 경민 씨가 꿈꾸는 이상에 가까워 보였다. 충족되지 못한 자기애적 욕구를 대신 채워 주는 일종의 대리자라고 볼 수도 있겠다.

"그래요, 경민 씨에게 매우 특별하고 중요한 관계네요. 가장 가까운 사람들이고, 나의 진짜 모습을 비춰 주는 거울 같다고요……."

했던 말을 반복했을 뿐인데, 경민 씨는 눈을 반짝이며 적극적으로 말을 이어 나갔다.

"형들과의 관계는 제게 각별하기도 하지만, 실제로 제가 제일 자주 만나고 연락하는 사람들이기도 해요. 생각해 보면 유일한 친구들이라고 해야겠네요. 종종 동창이나 다른 사람 들을 만나긴 하지만 형들 하고는 무슨 일이 있어도 한 달에 한 번 이상은 만나요. 형들이 저한테 넌 왜 연애도 안 하고 지내냐고, 혹시 우리를 사랑하느냐고 농담한 적도 있을 정도니까요. 그러고 보면 연애를 안 하고 지낸 지도 오래 됐네요. 대학 1학년 때가 마지막이니까……."

형들을 입에 올릴 때 경민 씨의 분위기는 확실히 다른 관계를 이야기할 때와는 딴판이었다. 묻지 않은 말에도 흥분한 듯 말을 이어 나가던 경민 씨가 말을 멈춘 건 자기도 모르게 연애 이야기를 꺼냈을 때였다.

"선생님, 좀 낯설고 묘한 느낌이 듭니다. 제가 인간관계를 맺는 '스타일'에 어떤 문제가 있는 것 같아요. 뚜렷하게 뭐라고 말은 못 하겠는데요. 그런데 이게 공황 발작이랑 관련이 있을까요?"

"스타일이라……, 왜 그런 생각을 하셨나요?"

나는 경민 씨의 마지막 질문에 답을 하기보다 되묻는 방식을 택했다. 인식과 행동의 패턴이라는 의미로 '스타일'이라는 단어를 꺼낸 것이라면, 경민 씨 스스로 자신의 성격 성향을 살펴보려는 시도일 수 있었다.

"콕 집어 설명하기는 어렵습니다. 그런데 지금까지 제 이야기를 떠올려 보면 뭔가 반복되어 왔다는 생각이 들었어요."

"네, 경민 씨가 말한 대로 누구에게든 살면서 의식하지 못한 채 반복해 온 생각, 감정, 행동 들이 있어요. 그걸 성격 성향이라고 하죠. 성향 자체는 문제가 아닙니다. 다만 내가 살면서 비슷한 불편함이나 실패, 괴로움이 반복될 때 그게 어떤 성향에서 어떻게 생겨난 건지 살펴보는 게 필요한 거죠. 지금 이 진료 시간처럼요. 저도 조금씩 윤곽을 잡아 가고 있긴 하지만 아직까지는 제 추측을 확인하기보다는 경민 씨 이야기를 듣는 게 좋을 것 같아요. 그리고 무엇보다 경민 씨 스스로 자신의 성격 성향, 그러니까 경민 씨 표현대로 '스타일'에 관해 고민하고 알아 가는 과정 자체가 중요하기도 하고요. 그럼 앞으로는 경민 씨의 스타일이 뭔지 구체적으로 알아보기로 해요."

경민 씨를 보낸 뒤 혼자 진료실에 앉아 '포기'라는 단어를 종이에 끄적였다. 인정하기 싫은 사람들을 울타리 밖으로 내보낸다고 했지? 나는 손바닥을 몸 가까운 곳에서 먼 곳으로 밀어내 보았다. 아무래도 울타리 밖으로 내보낸다는 말은 '포기하다'보다 '끊는다'거나 '밀어내다'라는 표현하고 훨씬 더 잘 어울렸다. '포기'라는 단어가 빼곡히 적힌 종이를 보고 있으니 '나는 원하지만 또는 노력했지만 어쩔 수 없다'는 뉘앙스가 느껴졌다. 곧이어 '포기하면 편해'라는 인터넷에서 유행하던 말도 떠올랐다. **원하지만 얻지 못하면 슬플 테고, 노력했지만 얻지 못하면 괴로울 것이다. 기대와 노력이 너무 버거울 때는 차라리 포기하는 게 심리적으로는 안정감이 들 수 있다.** 경민 씨도 누군가에게 기대하고 노력하는 게 유독 힘이 들거나 두려운 게 아닐까?

'대단한 나'를 지키기 위해 치러야 할 비용

처음 경민 씨의 이야기를 들었을 때는 회피성 성격 성향을 의심했습니다. 회피성 성격 성향이 강한 사람은 대부분 경민 씨처럼 극소수의 친밀한 사람을 빼고는 대인 관계를 거의 맺지 않습니다. 다른 사람에게 무시를 당하거나 거절을 당할까 봐 두려움과 불안이 너무나 큰 나머지 친밀한 관계를 맺고 싶은 소망이 있는데도 사회적으로 위축된 채 지냅니다. 이런 사람들의 핵심 감정, 다시 말해, 취약점은 '수치심'입니다. 경민 씨가 공황 발작을 일으켰던 상황은 자신에게 어울리며 안전한 곳이라고 느껴 온 거의 유일한 집단에서 예상치 못하게 수치심을 자극받은 때였습니다. 그 점에서 회피성 성격 성향이라 추측했던 것이지요.

그런데 이후의 면담들에서 경민 씨는 자신이 인정받지 못하고 평가절하된다는 느낌을 받을 때마다 분노를 느끼고 관계를 '포기' 한다고 했습니다. 그 이야기를 듣고서 경민 씨의 내면에 과대한 자기가 자리 잡고 있다는 걸 알 수 있었지요. 경민 씨는 '대단한 나'라는 마음속 자신의 이미지가 흔들리고 손상되는 것이 견디기 어려웠을 겁니다. 그래서 의식에서는 상대방이 자기와 수준이 맞지 않다는 이유로 관계를 단절하는 걸 반복했고, 이것을 '포기'라는 자기만의 단어로 표현했지요. 이런 논리와 인식에서 나오는 행동은 회피성 성격보다는 '내현적 자기애 성격'에 가깝습니다. 이렇게 이야기하면 '내성적이면서 동시에 자기애적인 사람이 있을 수 있나요?' 라고 묻는 분들이 있을 겁니다. 생소한 개념일 수 있지요.

자기애성 성격은 오랜 기간 수많은 연구에서 다뤄 왔기 때문에 그 정의와 분류가 다양합니다. 하인즈 코헛을 비롯한 여러 임상가들은 자기애성 성격 환자들이 지닌 과대한 자기(대단한 나)가 나타나는 양상에 따라 크게 두 가지로 유형을 나누었습니다. 그게 바로 '외현적 자기애'와 '내현적 자기애'입니다.

먼저, 외현적 자기애 성격은 나르시시스트라고 하면 쉽게 떠올리는 왕자병이나 공주병의 이미지와 거의 같습니다. 자신의 우월함과 성취를 쉴 새 없이 드러내고 뽐내 주위 사람한테 늘 특별한 관심과 대우를 받기를 기대하고 당연하게 여기는 사람들 말이지요. 외현적 자기애 성격인 사람들은 늘 자기 자신에게 도취돼 있기 때문에 남들의 칭찬과 찬사에만 반응할 뿐, 다른 사람들이 자신을 정말 어떻게 생각하는지는 관심이 없습니다.

반면 경민 씨는 '과대한 자기'가 내면에 남은 채 다른 사람이 자신을 어떻게 평가하는지 예민하게 촉을 세우는 성격입니다. 이런 사람들은 때론 사회 활동에 소극적이고 과도하게 겸손하기도 해서 자기 자신을 쉽게 비하하는 부끄럼쟁이처럼 보일 수 있습니다. 그러나 사실 마음속에는 자기 자신이 '세상 누구에게도 얕보이거나 부정적으로 평가받아서는 안 되는 존재'라는 전제를 깔고 있죠. 이런 성격을 '내현적 자기애 성격'이라고 합니다. 내현적 자기애 성격을 이루는 이 전제는 일상생활에서 쉽게 위협받을 수밖에 없습니다. 아무리 완벽한 사람도 비판이나 부정적 평가, 좌절과 실패로부터 자유로울 수는 없기 때문입니다. 그래서 내면에 숨겨 둔 '대단한 나'라는 이미지를 지키기 위해서 그 이미지에 위협이 될 만한 상대는 관계를 '포기'하는 거지요.

인정과 대우를 받아야 충족되는 '자기애적 욕구'가 좌절하는 상황에서 사람들은 각자의 방식대로 '자기애적 분노'를 드러냅니다. 외현적 자기애 성격의 사람들은 상대의 부정적인 반응을 아예 무시하거나 때로는 화를 내고 폭력을 휘두르기도 하지요. 반면, 내현적 자기애 성격의 사람들은 관계를 갑작스럽게 끊어 버리는, 소극적이지만 극단적인 방식으로 반응합니다. 이런 반응에는 내면의 강한 수치심이 관여합니다. 앞에서 회피성 성격의 핵심 감정도 수치심이라고 설명했지요? 이렇듯 두 성격 성향은 내면의 감정 프로세스가 비슷해 면담 초기에 혼동되곤 합니다.

한편 내현적 자기애 성향을 가진 사람들의 무시당하기 싫어하는 마음은 자기 발전의 강한 원동력이 될 수도 있습니다. 상대의 감정과 생각을 민감하게 살피면서도 객관성과 감정의 균형을 유지할 수 있다면 이해와 배려라는 강점을 얻는 셈이고, 사람들에게 호감을 사는 비결이 될 수도 있지요. 실제로 사람들의 마음을 섬세하게 읽고 조율하는 능력을 필요로 하는 직업에서 내현적 자기애 성향은 놀라운 능력을 발하기도 합니다.

사실 누구나 한쪽으로 치우친 성격 성향을 갖고 있기 마련입니다. '평균적이고 중립적인 성격'이란 색깔 없는 물감처럼 실재할 수 없는 말인 거죠. 자신의 성격이 싫다고 생각해 본 적 있나요? 싫은 성격 탓에 같은 문제가 반복적으로 나타난다고 생각해 본 적은요? 그렇다면 먼저 내 성격의 색깔이 어느 쪽에 가까운지 찾아보고 그 바탕색 위에서 내 감정과 생각이 어떻게 작동하는지 관찰하는 연습을 해 보세요. 혼자서는 쉽지 않다고 느낀다면 경민 씨처럼 진료실 문을 두드려 보는 것도 괜찮겠지요.

세상 누구에게도
얕보여서는 안 되는 나

오늘 입고 온 여름 반팔 티셔츠는 한 벌에 수십만 원이라고 했다. 경민 씨가 몸에 걸치고 다니는 옷과 액세서리 가격을 처음 들었을 때, 나는 당연히 경민 씨가 부모에게 용돈을 아낌없이 받는 부잣집 도련님인 줄로만 알았다. 티셔츠가 참 잘 어울린다는 말에 경민 씨는 별것 아니라는 듯 짐짓 무심한 반응을 보였지만, 분명 뿌듯해했다. 저 티셔츠를 사기 위해 야간 아르바이트로 어렵게 모은 돈을 다 썼을 거라 생각하니 걱정도 되고 안쓰러웠지만 당장 진료실에서 다루거나 조언할 일은 아니라고 생각했다.

"얼마 전에 취업 스터디에서 좀 껄끄러운 일이 있었어요. 계속 마음이 불편하다고 해야 하나, 또 '포기'하고 싶다는 생각이 들었거든요. 지난번 진료 때 얘기한 게 떠오르고, 이런 게 정말 내 스타일이었구나 싶어서. 괴롭지만 얘기해 봐야겠다는 생각을 했어요."

안색이 안 좋아 보인다는 말에 경민 씨는 준비해 온 멘트를 꺼내듯 말했다. 적극적인 환자라고 해야 할까? 분석적 면담에서는 그날 다룰 얘깃거리를 미리 준비해 오는 것은 지양하는 게 좋다고 하지만 어쨌든 환자가 자신을 괴롭히고 있는 문제를 먼저 털어놓는 것은 의사 입장에서 반가운 일이다.

"그래요, 어떤 일인가요?"

"지난주에 스터디 팀 몇 개가 모여서 가상 면접을 했어요. 서로 면접관이 돼서 정해진 시간 동안 질문하고, 채점하고, 비평하는 건데 이전 스터디 때 해 본 거고, 누구보다 잘하고 싶어서 준비를 철저하게 했습니다. 면접 책도 따로 사 보고, 혼자 연습할 때 녹화해서 모니터링도 하고요. 꽤 자신감이 붙은 상태로 나갔어요."

"준비를 많이 했네요. 그래서요?"

그때 기억을 떠올리는 것만으로 풀이 죽는 듯 경민 씨는 고개를 힘없이 가로저었다.

"영 별로였어요. 그날따라 나를 지켜보는 사람들의 시선이 이상할 정도로 의식이 되더라고요. 그래서 이미 여러 번 연습한 대답들을 버벅거렸어요. 그랬더니 비평 시간에 몇몇이 제가 대답한 내용부터 말투, 제스처까지 정말 하나하나 지적을 하더라고요. 그중에

한 명은 저희 스터디 팀 멤버였고요. 한마디하면 옆 사람이 맞장구를 치며 거드는 식으로요. 사람들 앞에서 그런 평가를 당하고 나니까 정말 힘들었습니다. 그 이후로 스터디를 준비하고 나가는 일 자체가 싫더라고요. 아니, 솔직히 스터디를 생각하는 것조차 괴롭습니다."

"속상했겠어요. 힘들겠지만 좀 더 자세히, 어떤 생각이 들었는지 얘기해 볼 수 있을까요?"

다른 사람 앞에서 부정적인 평가를 받는 일을 누가 반길까? 다만, 경민 씨는 그런 상황에 특히 취약했고 과하게 해석했다. 조심스러운 내 질문에 경민 씨는 물을 한 모금 마셨다.

"그냥 노력한 게 다 쓸데없고 실패자가 된 거 같았습니다. 또 한편으로는 내가 그렇게 '까일' 정도로 못 하지는 않은 것 같았어요. 그러니 무시당했다는 느낌이 들더라고요. 게다가 같은 팀 멤버인 그 친구는 평소에 내 능력이 어떤지 알 텐데 어떻게 그렇게 나서서 깎아내릴 수 있는지 화가 났습니다. 처음부터 나를 인정하지 않고 깔보고 있던 건지도 모르죠. 그래서 이번 기회에 대놓고 망신을 준 게 아닌가 싶었습니다. 그리고, 그리고……."

속사포처럼 말을 늘어놓던 경민 씨는 흥분을 가라앉히려는 듯 숨을 한 번 크게 내쉬었다.

"그런데 그때부터 지금까지 계속 떠오르는 게……, 같은 스터디 팀에 있는 학교 후배의 눈빛이에요. 평소에 말도 똑 부러지게 하고

리더십 있으면서 겸손하고, 아무튼 장점이 많아 눈여겨보던 친군
데, 그날따라 아무 말 없이 나를 바라보더라고요. 그 눈빛이 꼭 저
를 동정하는 것 같았어요. 그 친구는 늘 그렇듯이 그날도 아주 좋
은 평가를 받았거든요. 제가 불쌍해 보였겠죠?"

<blockquote>
"

처음부터 나를 인정하지 않고
깔보고 있던 건지도 모르죠

"
</blockquote>

　모의 면접에서 좋지 않은 평가를 한 번 받은 것으로 경민 씨는
마음속에서 그동안 자신이 해 온 모든 노력의 가치를 부정하고 있
었다. 또 함께 스터디를 해 온 사람들이 처음부터 자신을 무시한
것 같다며 배신감을 느꼈다. 일종의 편집적 사고인데, 현실 검증력
이나 성격 구조에 중대한 결함이 없는 사람들도 스트레스 상황에
서 감정이 격앙되면 이렇게 상대의 의도를 과하게 왜곡할 수 있다.
아마도 일시적인 오해겠지만 방금 경민 씨의 말들에 객관적인 사
실보다 지극히 주관적인 해석이 더 많이 섞여 있는 건 분명했다.
　"지금은 그렇게까지 생각하진 않아요. 그 순간에 그 정도의 느
낌을 받았다는 걸 말씀드리고 싶었어요. 제가 봐도 비약이 심하죠.
그렇게 저를 무시했다면 지금까지 스터디를 같이 하지도 않았을

텐데, 군이 누군가를 비웃으려고 그룹까지 짜서 시간을 버리지도 않았을 거고요. 그렇죠?"

"네, 저도 그럴 거라는 생각이 드네요. 그렇지만 경민 씨는 적어도 그 시점엔 지금 본인도 이해하기 어려울 정도의 여러 격한 감정이 들고, 상처를 받은 거지요? 그 부분은 살펴볼 만한 것 같아요. 그래서 어떻게 하셨죠?"

"아직 뭘 한 건 아니에요. 그렇지만 어쨌든 그 이후로 스터디 멤버들, 특히 학교 후배인 그 친구를 대하는 게 불편해졌어요. 얼굴을 볼 때마다 면접 때 제가 들었던 말들과 후배가 저를 불쌍하게 쳐다보던 눈빛이 잊히지 않더라고요. 그렇다고 그날 이야기를 다시 꺼내서 물어볼 수는 없고, 그러고 싶지도 않고요. 순간 이 스터디를, 후배를 '포기'해 버리는 게 낫겠다는 생각이 들었어요."

또 경민 씨만의 단어가 튀어나왔다.

"그랬군요. 스터디랑 후배를 '포기'해 버리고 싶은 마음이 들었군요?"

"네."

"그런데 제가 느끼기에 이번에는 경민 씨의 '스타일'과 조금 다른 것 같아요. 예전에는 말이 통하지 않거나 자신과 어울리지 않는다고 느껴지는 사람들을 포기했잖아요."

"아, 그렇죠……."

말을 쉽게 잇지 못하는 경민 씨를 재촉하지 않고 기다렸다. 내 생각을 말하는 것보다 경민 씨의 말을 듣는 게 먼저였다.

"음……, 전혀 다른 유형의 상대이기는 한데요. 제가 받아들이기에는 비슷한 면이 있어서 그런 것 같아요."

"경민 씨가 받아들이기에 비슷한 면이요?"

"네, 제가, 제 능력을 '제대로' 인정받지 못하고 평가절하된다는 느낌이요. 상대의 능력이나 인성이랑은 상관없어요. 저한테는 그날 스터디 멤버들이 보인 저를 향한 태도, 특히 후배가 저를 본 눈빛이 중요했거든요. 그날 이후로 '그들이 날 무시할 게 뻔해', '지금까지 도대체 나를 어떻게 평가하고 있던 거지?' 이런 생각에 빠져서……. 아."

경민 씨가 조금 얼떨떨한 표정으로 나를 쳐다봤다.

"선생님, 저는 상대가 어떤 사람인지보다 상대가 나를 어떻게 평가하는지를 훨씬 더 신경 써 온 것 같아요. 아주 어릴 때부터요."

지금까지 생각한 적 없는 사실을 방금 깨달은 듯 경민 씨는 상기된 얼굴로 자신이 방금 뱉은 말을 곱씹었다. 면담하는 도중에 환자가 스스로에 대해 전에 없던 인식을 새로이 얻게 된 이런 상황을 '아-하 반응'이라고 하는데, 이런 때는 치료자인 나도 덩달아 약간의 흥분과 긴장을 하게 된다.

경민 씨는 사람을 만날 때면 늘 그 사람이 자기한테 어울리는지 아닌지를 평가하고 분류했다고 했다. 평가의 기준, 즉 척도는 경민 씨 내면에 있는 자기 이미지였을 것이다. 그런데 이 자기 이미지는

유달리 과민하고 과대해서, 상대가 어떤 사람인지보다도 그가 '대단하고 우월한 나'를 제대로 인정하고 있는지를 늘 민감하게 살폈다. 그렇기에 조금만 부정적인 반응을 접해도 부풀려 해석해 강렬한 수치심과 분노를 느꼈다. '나는 세상 그 누구에게도 얕보이거나 거절당해서는 안 되는 존재다!'와 같은 내면의 자기 이미지를 고수하기 위해 그 이미지를 위협할 것 같은 사람들과는 아예 인연을 끊는 선택을 내려 온 게 아닐까?

이는 자기애적 성격 성향과도 들어맞는 해석이다. 그중에서도 내면의 자신에 대한 이미지가 상처 입을까 봐 인간관계를 피하거나 과하게 겸손한 태도를 취하는 내현적 자기애 성격 성향이라고 볼 수 있다. 일반적으로 과시성이 강한 이미지로 잘 알려진 외현적 자기애와 이 내현적 자기애, 두 성격은 겉보기엔 상반되지만 그 핵심적 성격 구조는 같다고 볼 수 있다. 그렇기에 보통은 두 가지의 특성이 섞여서 나타나기 마련인데, 경민 씨의 경우 내현적 성향이 유독 강한 것으로 보였다.

"지금까지 생각해 본 적 없는 경민 씨의 스타일, 특징을 찾아냈네요. 방금 중요한 이야기를 한 것 같아요. 어릴 때부터 그랬다고요?"

"어릴 때 기억에……, 어릴 때는 싸우면서 큰다고 하잖아요? 그런데 저는 한 번 싸우면 그대로 관계가 끝이었어요. 또 어디를 가더라도 제가 더 잘한다는 소리를 들어야 직성이 풀렸어요. 그런 소리를 못 들으면 너무 화가 나고 힘들었거든요."

"늘 내가 다른 사람보다 더 뛰어나고 옳다는 평가를 받지 못하면 기분이 나빴다는 거네요. 그런데 항상 그런 평가를 받는 건 현실적으로 어렵지 않나요?"

"그렇죠. 나이를 먹으면서 늘 이기는 건 불가능하니까 그런 마음을 눌러 왔던 것 같아요. 그렇지만 어릴 때는 스트레스를 많이 받았던 기억이 나요. 한참 예민하던 중학교 땐 친구들끼리 밥을 먹으러 갈 때도, 제가 말한 메뉴보다 다른 사람이 먹자고 한 메뉴에 호응이 많으면 그 순간 제 가치가 부정당했다고 느낄 정도였어요. 그래서 내가 잘할 수 있는 일에만 몰두했던 것 같아요. 어릴 때는 축구를 잘해서 체육 시간이건 점심시간이건 목숨 걸고 축구만 했습니다. 고등학교에 올라와서는 공부만 했죠. 근데 말씀하신 것처럼 다 잘할 순 없잖아요? 좀처럼 점수가 안 오르던 수학은 과목 자체가 싫어져서 나중엔 결국 손을 놔 버렸어요."

"친구뿐 아니라 과목도 포기한 거군요."

경민 씨가 고개를 끄덕였다. '포기'는 경민 씨의 방어 수단이었던 것이다.

"그래서 또래보다는 나이가 많은 형들이 더 편했던 건지도 모르겠습니다."

"그건 어째서일까요?"

"동갑이나 저보다 어린 친구들하고 지내다 보면 항상 제가 뛰어나야 하고 더 인정을 받아야 한다는 마음 때문에 결국 사이가 틀어졌어요. 그런데 나보다 키도, 덩치도 큰 형들한테는 이기지 못해도 그다지 자존심이 상하거나 기분이 나쁘지 않았거든요."

"그게 당연하다, 그래도 괜찮다고 생각한 거군요?"

"네. 그러니 형들이랑 있으면 마음이 편했습니다."

"그럼 취업 스터디에서는 다른 멤버들보다 훨씬 더 잘해서 인정을 받아야 한다고 생각했겠네요."

"네, 저보다 다들 어리니까요. 아, 역시 스터디는 포기하지 않아야겠어요."

차분하게 고개를 끄덕이던 경민 씨가 갑자기 나를 똑바로 쳐다보며 말했다.

"후배를 포함해서 세 명 모두 누가 봐도 꽤 괜찮은 멤버들이거든요. 어차피 기한을 정해 놓고 하는 모임이니까 평생을 함께해야 할 사이도 아니고요. 얼굴을 보면 이유 없이 불편하고 짜증도 나지만⋯⋯, 제 마음의 문제니까요. 선생님이랑 이야기를 나누면서 제가 지금까지 살아오면서 포기해 버린 관계가 참 많다는 걸 깨달았어요. 스터디를 계속하는 걸 훈련이라고 생각하고 해 보겠습니다."

의사가 조언을 하기도 전에 스스로 도전 과제를 찾는 게 놀라웠다. 경민 씨는 자기가 반복해 온 패턴을 깨닫자마자 거기에서 벗어나겠다고 했다. 평생 계속된 패턴, 성격 성향을 바꾸는 것이 얼마나 어려운 일인지, 이제 막 그것을 알아 가기 시작한 상태라면 더

욱더 힘든 일이라는 것을 알고 있었지만 괜히 처음부터 경민 씨의 의욕을 꺾고 싶지는 않았다.

"그래요, 잘 생각했어요. 견딜 수 없을 만큼 힘든 게 아니라면 마음이 불편한 상황에서 경민 씨의 감정과 생각이 어떻게 흘러가는지 살펴보도록 해요. 다음 면담 때 관찰한 결과를 알려 주면 좋겠어요."

> **"**
> *제가 지금까지 살아오면서*
> *포기해 버린 관계가*
> *참 많다는 걸 깨달았어요*
> **"**

내 말에 경민 씨가 잠깐 놀란 표정을 짓더니 곧 활짝 웃으며 말했다.

"저 여기에서 선생님을 만난 뒤 처음 칭찬을 들은 것 같아요."

처음 칭찬을 들은 것 같다고? 그때 갑자기 경민 씨 등 뒤로 경민 씨의 '과대한 자기'가 어른거리는 게 보이는 듯했다. 성격 성향이라는 건 혼자 있을 때조차도 쉬지 않고 작동하는 인식과 행동의 프로세스다. 면담을 하는 진료실에서도 이 자동화된 과정은 환자의 내면에서 멈추지 않는다는 걸 새삼 떠올렸다. 면담이 진행되고 치료적 관계가 깊어지면서 경민 씨에게 내가 갖는 의미가 커질수록 그 '과대한 자기'는 나를 더욱 주도면밀하게 지켜보며 내가 자기를 어떻게 평가할지 의심의 눈초리를 거두지 않을 것이다. 그날, 진료가 모두 끝난 뒤 혹시 내가 그동안 경민 씨에게 긍정적인 피드백을 주는 데 인색하게 군 건 아니었는지 돌아보았다.

내 마음속
양날의 검

"선생님에게 처음으로 칭찬을 들은 것 같아요."

환한 표정의 경민 씨 말에 저는 경민 씨 내면에 있을 '인정 욕구'를 생각해 봤습니다. 인정 욕구라는 말은 정신의학 용어 중 가장 널리 알려지기도 했고 그만큼 일상에서 자주 쓰이는 말이지요. 자기애와 마찬가지로 인정 욕구 자체는 자연스러운 것이며 잘못된 감정이 아닙니다. 건강한 인정 욕구는 나를 발전시키는 원동력이 될 수도 있지요.

하지만 과도하고 왜곡된 인정 욕구는 결국 우리 마음을 초조하고 주눅 들게 합니다. 타인과의 관계에서 자신이 인정받고 있는지 확인하려는 마음이 변덕스럽고도 끈질긴 빚쟁이처럼 자리 잡는 것이지요. 인정 욕구가 건강하게 발견되려면 그것을 어떻게 충족시킬지 고민하고 훈련하는 작업이 필요합니다.

건강한 인정 욕구란 자기 내면에 진정으로 필요한 것이 무엇인지를 깨닫고 거기에 온 에너지를 쏟는 것, 그 과정에서 크고 작은 성취들에 스스로 만족하고 내가 의미 있게 여기는 누군가에게 인정을 받음으로써 충족감을 얻는 것입니다. 반면 끊임없이 더 많은 사람들에게 찬사와 부러움을 얻는 것을 목적으로 하는 과도한 인정 욕구는 결코 충족될 수 없기에 우리 마음을 끝없는 갈증으로 몰고 갑니다. SNS에서 이루어지는 '좋아요' 경쟁은 심지어 내가 잘 알지 못하는 불특정 사람들마저 내 욕구를 충족시킬 대상으로 불러들입니다.

건강한 인정 욕구를 가꾸기 위해 치료자는 내담자에게 이전에는 겪어 보지 못한 교정적인 감정 경험(어릴 때 충분하게 받지 못한 긍정과 공감 등)을 쌓도록 유도합니다. 그 과정에서 '나라는 사람도 내 모습 그대로 인정받고 수용될 수 있구나' 하는 인식이 자리를 잡게 하는 것이지요. 이런 안정된 경험을 기반으로 진짜 내가 원하는 것이 무엇인지를 탐색해 나갈 수 있습니다. 그리고 진료실 안에서의 경험은 진료실 밖으로 확장되어 일상에서 건강한 인정 욕구가 자리 잡게 되는 것이지요.

자기애와 수치심의
상관관계

"그때 말씀드린 친구 기억나시나요? 뒤늦게 대학 입시를 준비한다고 한 친구 말입니다. 그 친구랑 다시 연락을 하게 됐습니다."

경민 씨는 자리에 앉자마자 무엇이 그리 급한지 보고하듯 '포기'해 버렸던 친구와 다시 연락을 주고받게 됐다고 말했다.

"그냥 가끔씩 만나서 고민을 들어 주고 조언이나 좀 해 주기로 했습니다."

지난 면담 때 이 친구한테 연락하겠다고 했던가? 아니다. 취업 스터디 이야기를 먼저 듣게 될 거라 생각하던 터라 대입을 준비하는 친구와 다시 연락을 한다는 이야기가 튀어나온 게 다소 의외였다. 무엇보다 말을 이어 가는 경민 씨의 태도에 뭔가 불편한 기색이 있었다.

"그래요? 그 친구한테서 먼저 연락이 온 건가요?"

"제가 연락을 했어요. 그냥 오랜만에 얼굴이나 보자고 했습니다."

"어쩌다 그렇게 할 마음이 들었어요?"

"요새 워낙 정신없이 지내다 보니까 계획대로 모든 걸 다 한다는 게 얼마나 어려운 일인지 절감하게 되더라고요. 그러다 예전에 그 친구가 플래너를 챙기는 게 버겁다고 이야기한 게 떠올랐습니다. 제가 그 친구 입장을 생각 못 하고 섣부르게 판단했던 것 같다는 생각이 들었어요. 아무튼 그 친구도 여전히 처음 해 보는 공부에 쩔쩔매는 중이라 저한테 이것저것 많이 물어봐요. 처음에는 어색했지만 다시 연락하길 잘한 거 같습니다."

경민 씨는 '포기'한 친구에게 다시 다가가 관계를 복구했다. 이 행동은 경민 씨의 자동화 프로세스, 즉 이제까지의 '패턴'에 없던 새로운 행동이었다. 자기 문제를 극복하려는 긍정적인 행동이라고 칭찬을 해 줘야 하는 걸까? 어째서인지 좀처럼 입이 떨어지지 않았다. 아무래도 경민 씨의 자연스럽지 않은 태도와 겉도는 분위기가 마음에 걸렸다. 오늘따라 마치 숙제를 검사받듯 말하고 있다는 인상이었다. 진료실 밖에서 자신이 이룬 긍정적인 변화를 치료자인 나에게 보이고 인정을 받고 싶었던 걸까? 순간 경민 씨 등 뒤로 '과대한 자기'가 비죽 튀어나오는 게 보이는 것 같았다.

"그런데 선생님, 다음 주에 그 형들을 만나기로 했는데요. 아무래도 조금 초조하고 심란합니다."

화제가 매우 빠르게 전환됐다.

"어떤 점 때문에 초조하고 심란한가요?"

"형들과 함께 있을 때 공황이 왔으니까요. 이번에도 같은 일이 벌어질까 봐 겁이 납니다."

"그렇군요. 그때와 비슷한 상황이 두렵겠어요. 그래도 결국 언젠가는 부딪쳐야 할 상황이긴 하죠. 어때요? 면담을 하면서 그날 왜 공황 발작이 일어난 건지 실마리가 좀 잡혔나요?"

형들과의 만남을 앞둔 것 때문에 오늘 경민 씨의 태도가 부자연스러워 보인 걸까? 처음 면담을 왔을 때 경민 씨가 내민 소견서에도 예기불안에 관한 내용이 있었다. 힘든 감정을 되도록 내색하지 않으려는 경민 씨의 성격상, 겉으로 드러나는 것보다 더 심한 불안을 느끼고 있는지도 몰랐다.

"음, 그날을 곰곰이 떠올려 봤는데요. 역시 형들한테 들은 이야기들이 제 안의 뭔가를 건드린 것 같아요. 전에는 주로 형들 이야기를 듣다가 그날은 제가 화제에 오른 거죠. 눈을 낮춰라, 간판에 집착하지 마라, 무리하지 마라…… . 면접 떨어진 저를 위로해 주려고 하는 말이었겠지만 저는 저한테 어울리는 곳을 찾아가고 있는 중이라고 생각해 왔거든요. 그런데 그게 형들한테는 무리하고 있는 걸로 보인 건가, 처음부터? 그러면서 평가절하 당한다는 느낌이 들었습니다. 그게 왜 공황으로까지 이어졌는지는 모르겠지만요."

주위의 평가에 예민하게 반응하는 것으로 자기를 방어해 온 경민 씨로서는 그간 자신을 인정해 준다고 생각하던 사람들에게 예상치 못한 기습 공격을 받은 셈이었을 것이다. 여기에 면접 탈락으로 인해 생겨난, 그렇지만 표현은커녕 의식하지도 못했던 좌절감과 불안이 더해져 공황이 나타난 게 아닐까? 이런 내 생각을 본인에게 들려주어야 할지 짧은 고민을 하던 참에 경민 씨가 말을 이었다.

"선생님, 그간 혼자 생각해 본 걸 말씀드려도 될까요?"

나는 천천히 고개를 끄덕였다.

"지난번에 제가 상대방이 어떤 사람인지보다 상대방이 저를 어떻게 볼지 더 신경 쓰면서 관계를 포기한다는 이야기를 했지요. 그 뒤로 그동안 제가 맺고 끊어 온 관계를 하나씩 떠올려 봤어요. 그 랬더니 이런 의문이 들었습니다."

"어떤 의문인가요?"

"저는 어릴 때부터 저를 인정하지 않는 사람들을 밀어내 왔어요. 그래서 지금은 편하게 연락하는 사람도 몇 안 되고요. 가깝게 지낼 수 있는 많은 사람을 다 포기해 온 거지요. 그런데 그럴 정도로, 정말로 제 주변에는 저를 무시하고 인정하지 않는 사람들이 많았던 걸까요?"

"경민 씨가 생각할 때는 어떤 것 같나요?"

진료실 안에 잠시 침묵이 찾아왔다.

"제가 저를 무시하는 사람만 만나는 저주를 받았거나, 아니면 사실은 그게 아니었다는 생각이 들었어요."

"사실은 그게 아니었다는 생각이 무슨 뜻인지 설명해 줄 수 있을까요?"

"사람들이 저를 인정하지 않는다는 느낌, 제가 평가절하를 당한다는 느낌, 그게 실제가 아닐 수도 있다는 거예요. 제가 헷갈린 건지, 아니면 무의식중에 그렇게 믿고 싶었던 건지는 잘 모르겠지만요."

잘 모르겠다고 했지만 경민 씨는 자기 내면이 어떻게 작동해 왔는지를 침착하게 살펴보고 있는 중이었다. 실제로 일어난 사건과 자신이 그걸 받아들여 느끼는 감정이 서로 일치하지 않을 수도 있다는 걸 자각하기 시작한 것이다. 경민 씨의 경우 주위의 평가를 과도하게 의식하다 보니 그 과정에서 부정적 편향이 두드러지는 '인지 왜곡'이 발생한 것일 수 있었다. 예상보다 빨리 자기 내면을 탐색하고 인식의 폭을 넓히는 경민 씨를 보며 이런 단계라면 치료자인 나의 해석을 들려줘도 괜찮겠다는 생각이 들었다.

"착각을 했다고 볼 수도 있고, 그렇게 믿으려고 했다고 볼 수도 있을 거예요. 중요한 건 주위 사람의 평가를 사실과 다르게 받아들이는 경향이 있어 왔던 것, 그리고 이제 그걸 알게 된 점이죠. 누구나 어릴 때 자기만 옳고 사랑받아야 한다고 여기는 시기를 보내요. 남에게 어떻게든 이겨야 만족하는 시기를 보내지요. 이런 시기는 '과대한 자기'가 나타나 우리 마음을 휘어잡을 때예요. 그런데 언제나 혼자 옳을 수도, 언제나 남을 이길 수도 없잖아요? 성장하면서 그런 경험을 쌓으면서 과대한 자기는 자꾸 현실과 마찰하게 돼요. 그러면서 현실적인 자기, 건강한 자기애를 마음속에 갖고 주위와 관계를 맺으면서 살게 되죠."

"그렇다면 제 안에 그런 '과대한 자기'가 남아 있다는 말인가요? 하지만 저는 제가 초라해지는 게 싫어서 관계를 끊어 왔잖아요. 제 안에 '대단한 나'라는 인식이 있다면 사람들 앞에서 늘 당당해야 하는 거 아닌가요?"

경민 씨는 이해가 안 간다는 듯 고개를 갸우뚱하며 조용히 이의를 제기했다.

"'과대한 자기'는 사실은 당당함보다는 수치심이나 분노 같은 감정에 가까워요. '이렇게 대단한 내가 인정받지 못하는 건 아닌가?' 같은 의심이 현실화될 것 같으면 쉽게 상처받는 것도 그 때문이지요. 경민 씨에게는 이 '과대한 자기'가 생각과 감정, 행동에 유난히 큰 영향을 미쳐온 게 아닐까 싶어요."

경민 씨에게 직접적인 해석을 들려준 것은 오늘이 처음이었다. 경민 씨처럼 경계심이 많은 환자와 치료 관계를 쌓아 가는 초반에는 하고 싶은 말을 편안하게 할 수 있도록 격려하는 게 필요하다. 그런데 경민 씨는 예상보다 빨리 자기 내면에 들어설 준비를 하고 있었다. 이런 단계라면 치료자의 해석을 어느 정도 소화할 수 있으리라는 생각에 정리해 둔 말을 꺼냈다. 물론 내 판단이 틀릴 수도 있고, 내 해석이 경민 씨에게 공격이나 비난을 당한다는 느낌을 줄수도 있었다. 여러 가능성을 생각하며 되도록 평이하고 조심스럽게 말을 이었다. 경민 씨는 대체로 차분하게 고개를 끄덕이며 듣더니 어떤 이야기인지 알 것 같다고 짧게 대답했다. 그러고 나서 한참을 말이 없이 조용히 앉아 있다가 꽤 시간이 흐른 후 입을 열었다.

"사실 취업 스터디는 결국 그만두기로 했습니다. 이미 이전에 스터디를 하면서 다 공부한 것들이고, 말씀드렸듯이 제가 알바 시간을 늘려서 힘들었잖아요? 그러니까 혼자서 준비하는 게 낫겠다는 생각이 들었습니다. 후배나 다른 멤버들이 불편하기 때문에 이런 결정을 내린 건 아니라고 생각했어요. 그런데 이것도 모두 제 안에 있는 '과대한 자기' 때문에 포기한 것일까요?"

경민 씨는 전에 없이 초조하고 의기소침해 보였다. 스터디 내용이 최근에 갑자기 바뀐 건 아니었다. 그러니 이전에 공부해서 다시 할 필요가 없다는 건 변명일 뿐이었다. 결국, 인정받지 못한다고 느낀 관계를 그만둘 이유를 찾아 합리화한 거라는 생각이 들었다.

> **"**
> 이것도 모두 제 안에 있는
> '과대한 자기' 때문에
> 포기한 것일까요?
> **"**

    대입을 준비하는 친구에게 갑자기 다시 연락한 것도 이런 맥락에서 이해할 수 있었다. 물론 친구에게 먼저 다가가 도움을 주는 이타적인 행동에서 자기애적 욕구를 충족받았을 것이다. 또한, 상대적으로 덜 위협적인 관계에서 본인의 성향을 바꾸기 위한 도전을 시작하려는 것일 수도 있다. 하지만 무엇보다, 취업 스터디를 포기하면서 느끼는 죄책감을 상쇄하기 위한 보상 행동일 가능성이 컸다. 그러나 경민 씨는 이미 자신이 '과대한 자기'에 휘말린 것을 알고 있고, 스스로에 실망하고 있었다. 그런 그에게 이번 과정을 평가하고 반성하도록 몰아세우고 싶은 마음이 들지 않았다. 그건 경민 씨에게도, 우리의 면담에도 도움이 되지 않을 터였다. 지금 필요한 건 따뜻하고 온화한 격려의 말이었다.

    "글쎄요. 제가 경민 씨의 행동에 대해 단정하고 판단하는 건 정확하지 않고, 바람직하지도 않아요. 천천히 함께 생각해 볼까요? 취업 스터디를 그만둔 게 이전처럼 포기하는 패턴이 작동한 것인지 아니면 정말 불가피한 이유가 있었는지 말이에요. 다만, 패턴이라고 생각해도 너무 실망하지 않았으면 해요. 패턴이라는 건 거의 반사적으로 사고와 행동이 진행되는 자동화 프로세스 같은 거니까요. 우리 몸과 마음을 거대한 공장이라고 생각해 보세요. 머리부터 발끝까지 모든 세포가 아귀가 맞게 굴러가고 있었잖아요? 그런데 갑자기 공장 기계의 프로세스를 바꿀 수 있을까요? 설비부터 바꿔야 하고, 이것저것 준비할 게 많고 시간도 들겠죠."

경민 씨는 내 말에 고개를 끄덕였지만 그다지 기분이 나아진 것처럼 보이지는 않았다. 남은 시간 동안은 형들을 만나는 게 걱정이 된다는 이야기를 조금 더 나누었다. 공황 발작이 일어났던 이전과 비슷한 상황을 맞이할까 아무래도 걱정이 되는지 돌아가는 뒷모습에서도 긴장이 느껴졌다.

마음이 쓰는
다양한 색안경

인지 왜곡이라는 말을 들어 보셨나요? 사실과 다르게 왜곡되었거나 합리적이지 못한 생각의 패턴을 가리키는 말입니다. 이러한 인지 왜곡에는 다양한 유형이 있는데 '1등을 하지 못하면 실패한 것이다'라는 **이분법적 사고**가 대표적이죠. 경민 씨는 주위 사람의 행동과 표정, 말투에서 얻은 작은 부정적 단서를 확대해서 해석하거나 아예 단서가 없을 때도 부정적인 결론을 내려 버리곤 했습니다. 이건 속단하기 또는 **독심술 오류**라는 유형의 인지 왜곡으로 볼 수 있습니다. 이 과정에서 이미 내려진 부정적 결론에 반하는 긍정적인 단서들은 모두 배제되는데, 이런 왜곡은 **정신적 필터**라고 하지요. 이처럼 왜곡된 생각 패턴들이 경민 씨가 상대를 평가하는 과정에서 작용해 반복된 '포기'로 이어졌을 가능성이 있습니다.

인지 왜곡은 원래 우울과 불안이 심한 상태에서 두드러지기 때문에, 우울증 환자의 인지 증상을 연구하는 과정에서 비로소 유형별로 분류되기 시작했습니다. 우리의 기분과 생각은 서로 긴밀한 영향을 주고받지요. 심각한 우울 상태에 빠지면 과거와 현재, 미래에 관한 평가와 전망, 다시 말해 삶을 바라보는 관점 모두가 왜곡됩니다. 그래서 우울증에서 벗어난 사람들은 우울했을 때를 '마음속 모든 게 어둡게만 보이는 색안경을 끼고 지내는 것 같았다'라고 표현하기도 합니다. 직장에서 작은 실수를 한 뒤에 '내 경력은 끝장났어'라고 생각하고(섣부른 일반화, 재앙화), 자신과는 전혀 관계없이 생긴 부정적인 사건을 자신의 탓이라며 자책하기도 하지요(개인화). 이런 생각이 반복되면서 우울감이 더 심해지는 악순환에 빠지고, 때로는 자살이라는 극단적인 시도로 이어지는 방아쇠가 되기도 합니다.

우울하고 불안한 상태 말고도 성격 성향에 영향을 받은 인지 왜곡도 있습니다. 회피성 성격인 사람들은 자존감이 낮고 자기 자신의 능력에 확신이 없기 때문에 우울 상태와 비슷한 인지 왜곡에 빠져 대인 관계를 피합니다. 외현적 자기애 성격인 사람들은 자신의 사소한 성취를 과장해서 받아들여 자기애적 욕구를 충족합니다. 반대로 본인이 저지른 잘못과 문제는 사실보다 축소하거나 타인에게 책임을 돌려 비난하기('개인화'의 반대)에 몰두함으로써 자기애가 손상받는 스트레스에서 벗어나려 합니다.

인지 왜곡은 사실 성격장애나 우울증이 아니더라도 우리 모두가 때때로 범하는 실수입니다. 알고 보면 내 책임이 아니거나 그리 큰 일이 아닌데 생각의 오류들 때문에 필요 없는 스트레스를 과도하게 받기도 하지요. 내가 습관적으로 반복하고 있는 생각의 오류에는 어떤 것이 있을까요? 섣부른 일반화, 재앙화, 개인화, 비난하기 등, 내 생각의 오류들에 어떤 이름을 붙일 수 있을까요? 이 과정은 생각의 틀에 어떤 모순과 왜곡이 있는지 검토해 교정하는 '인지 재구성' 치료에서 중요한 작업입니다. 지금 마음속에 반복되고 있는 생각의 패턴을 들여다보세요. 혹시 색안경을 쓴 채 상대방의 태도와 내 마음을 해석하고 있는 건 아닐까요?

놀이터에
홀로 남은 어린아이

어느새 찌는 듯한 여름 더위가 한풀 꺾였다. 이제는 한낮의 햇살도 그리 사납지 않은 듯했다. 내가 아는 사람 중 가장 뛰어난 패션 감각을 가진 경민 씨는 초가을을 반기듯이 따뜻한 카멜 색 조끼를 입고 나타났다.

"형들은 잘 만났나요?"

내 질문에 경민 씨는 큰 표정 변화 없이 담담하게 말했다.

"일단 제일 친한 형이랑 단둘이 만났어요. 다 같이 만나는 게 솔직히 무섭더라고요. 만나서 그 이야기도 했어요. 이유는 잘 모르겠지만 형들을 다시 보는 게 조금 무섭다고요. 사실 그동안 이런 이야기는 자존심이 상해서 형들한테도 한 적이 없었거든요. 약한 소

리나 아쉬운 소리 말이에요. 그런데 그날은 그 말이 어떻게 튀어나
왔는지 모르겠어요."

"그러게요. 진료실에서 속마음을 털어놓으면서 진료실 밖에서
도 자기 이야기를 꺼낼 힘을 쌓았을지도 모르죠. 그랬더니 형은 뭐
라고 하던가요?"

"무슨 말인지 알 것 같다고 하더라고요. 그리고 미안하다고 해
서 좀 놀랐습니다. 형은 격려를 해 주고 싶었던 거지 기를 죽이려
고 한 게 아니라고 했어요. 자기가 아는 저는 똑똑하고, 성실하고,
좋은 사람이라고 말해 주더라고요. 삼 년 동안 알바하면서 취업 준
비를 하는 게 보통 일이 아닌데 자기보다 어리지만 대단하다고요.
다만 유난히 힘든 티를 안 내는 편인 걸 아니까, 그래서 너무 무리
하지 말라는 뜻이었다고 했어요. 격려를 해 준다는 게 뜻하지 않게
상처를 준 것 같아 미안하다고 하는데, 한 방 얻어맞은 기분이었습
니다."

"경민 씨의 걱정과 달리 형은 경민 씨를 평가절하하거나 깎아내
릴 마음이 없었던 거군요."

"…… 솔직히 형의 말을 들은 순간 '내가 공황을 겪는 걸 직접 봤
으니까 안쓰러운 생각에 마음에 없는 칭찬을 하는 건 아닐까?' 하
는 의심이 들기도 했어요. 앞으로 형들을 볼 때마다 그런 생각이
들어 불편하면 어쩌지 걱정되기도 하고요. 그런데 전에 면담하면
서 들었던 생각, 그러니까 어릴 때부터 내가 포기해 왔던 사람들

모두가 정말로 나를 무시한 건 아닐 거라는 생각이 떠올라서 마음
이 좀 편해졌던 것 같아요. 다음 주에 다 같이 보기로 했는데, 아마
괜찮을 것 같아요."

경민 씨가 온화하게 웃는 모습이 무척 편안하게 느껴져 덩달아
내 입가에도 미소가 걸렸다.

"정말 다행이에요."

"네, 그렇지요. 형이랑 이야기하니까 그때 왜 그렇게 공황 발작
까지 올 정도로 힘들었는지 어렴풋하게 알 것 같았어요. 제가 형들
도 포기해야 하나 생각했다고 말씀드렸죠? 패턴대로 그런 생각이
들었는데, 그 순간 마음속에서 거부 반응이 격렬하게 일어난 것 같
아요. 저를 이해해 주는 건 이 사람들뿐인데, 이 사람들마저 놓아
버리면 남는 게 무엇이 있지? 형들이 나를 인정하지 않는다면 늘
해 오던 대로 포기를 해야 하는데 말이에요. 그건 싫어서 이러지도
저러지도 못하는 상황에 놓이니까 불안 증상으로 터져 버린 게 아
닌가 싶어요."

"패턴대로 하고 싶은 마음과 그러고 싶지 않은 마음이 부딪친 거
군요. 그랬을 수 있겠어요."

나는 경민 씨의 말에 고개를 끄덕이며 대답했다. 처음 경민 씨가
형들의 이야기를 꺼냈을 때는 너무 사소한 일처럼 여겨져 공황 발
작과 연결하기가 어려웠다. 지금 실제로 맺고 있는 몇 안 되는 인
간관계이자 경민 씨로서는 심리적으로 깊은 유대를 맺고 있는 이

들이었기에, '포기'라는 내면의 프로세스가 시작되려고 할 때 그만큼 당황스럽고 거부감이 컸으리라.

"사실 최근에도 비슷한 감정을 느꼈습니다. 그게……."

한참을 망설이다 말을 이었다.

"지난번에 스터디를 그만두었다는 이야기를 했을 때, 선생님 표정을 보고 비슷한 감정이 들었습니다. 공황이 올 정도는 아니었지만요."

"제 표정이요? 어땠나요?"

"딱딱하게 굳어지셨어요. 그 표정이 꼭 '너 결국 겨우 그 정도였구나'라고 말하는 것 같았어요."

순간, 그렇게 생각하지 않았다고 변명하고 싶은 욕구가 치솟았다. 그러나 지금 경민 씨에게 해명을 한다고 얻을 건 없었기에 마음을 가라앉히고 차분하게 물었다.

"그랬군요. 그래서 어떤 생각이 들었나요?"

"그게, 음……."

침묵이 생각보다 꽤 오래 이어졌다. 경민 씨의 입술이 붙었다가 떨어지기를 몇 번 반복했다.

"예전 일이 떠올랐어요."

"예전 일이요?"

"네, 이상한 이야기인 것 같은데요. 갑자기 엄마가 생각났어요."

경민 씨는 지금까지 면담에서 한 번도 가족 이야기를 꺼내지 않았다. 면담을 할 때는 생애 초기 기억을 포함해 양육자와의 관계나 성장 환경을 묻는 게 보통이다. 다만, 경민 씨는 당장 자기 주위의 인간관계에 관해서 하고 싶은 말이 많았고 이제껏 그 이야기를 듣는 것만으로 면담 시간은 훌쩍 지나곤 했다. 게다가 지금의 관계들을 살펴보는 과정에서 자신의 문제적 패턴을 파악하고, 인지 왜곡에 관해 이해하고, 패턴을 벗어나려는 의지를 보이는 중이었기에 굳이 가족 이야기를 꺼내지 않고 있었다.

"제가 기억하는 아주 옛날부터 엄마는 늘 누워 계셨어요. 목소리도 크지 않았고 말씀도 많지 않으셨죠. 크게 웃지도 화를 내지도 않으셨어요. 나중에 고등학생이 돼서야 어머니가 마음이 많이 아팠다는 걸 알았습니다."

"그랬군요. 어머니 말고 다른 가족들이랑은 관계가 어땠나요?"

"아버지는 그런 어머니 때문인지 저한테 애정 표현을 아끼지 않으셨어요. 그렇지만 워낙 회사 일이 바빠서 함께한 시간이 적었습니다. 제가 첫째였기 때문에 친척 어른들한테 사랑을 많이 받은 기억이 납니다. 그런데 그것도 동생이 태어나기 전까지였죠. 동생이 태어나면서 관심을 모조리 뺏긴 것 같았어요. 그게 꼭 놀이터에 홀로 남겨진 기분이었어요. 저만 여기에 두고 모두 함께 어디론가 가버린 것 같았습니다. 사람들이 저를 잊어버린 것 같았어요."

'놀이터에 홀로 남겨진 기분'이라는 말이 유난히 쓸쓸하고 가슴 아픈 느낌으로 다가왔다. 건강한 자기애는 어머니나 혹은 그를 대신 할 만한 양육자의 한결같고 꾸준한 애정과 반응, 그리고 적절한 좌절의 경험이 반복되어야 자리 잡을 수 있다. 놀이터에 고독하게 서 있던 경민 씨의 내면에는 그 무렵부터 과잉되게 '대단한 나'로서의 자기애, 결코 누구에게도 충족받을 수 없기에 의미 있는 관계를 이어 나가기 어려운 아픈 자기애가 자리 잡기 시작한 건 아니었을까?

> **"**
> *꼭 놀이터에*
> *홀로 남겨진 기분이었어요*
> *사람들이 저를*
> *잊어버린 것 같았어요*
> **"**

"많이 외로웠겠어요."

나는 친근한 느낌을 주기 위해 경민 씨 쪽으로 몸을 슬쩍 기울이며 말을 이었다.

"지난번 경민 씨가 취업 스터디 사람들과 잘 해 보겠다고 의욕적으로 말해서 그 뒤에 어떻게 됐는지 궁금했어요. 결국, 취업 스터디를 이어 가지 않겠다고 말했을 때는 안타까운 마음이 들었죠. 그렇지만 그 일 때문에 경민 씨라는 사람에게 실망한 건 결코 아니에요. 패턴에서 벗어나는 건 무척 어려운 일이고 시간이 많이 드는

일이라고 말씀드린 적이 있지요?"

내 말에 경민 씨가 고개를 끄덕였다.

"경민 씨, 오늘 처음 경민 씨 가족에 관한 이야기를 들은 것 같아요. 보통은 면담 초기에 나누게 되는 이야기인데 말이에요. 아까 저한테도, 형들한테도 어머니를 떠올리게 하는 느낌이 들었었다고 했지요? 혹시 다른 관계에서도 그런 느낌을 받은 적이 있나요?"

"포기할 때마다 그런 느낌을 가진 것 같아요. 그런데 이제 저도 알거든요. 실제와 느낌이 서로 다를 수 있다는 거요. 그런 느낌을 받을 때마다 제가 오해하거나 섣불리 판단했을 수 있다는 게 저한테는 충격적일 만큼 큰 깨달음이었어요. 그래서 스터디에서 버텨보겠다고 한 거였고요."

말을 하다가 경민 씨가 고개를 절레절레 저었다.

"그런데 도저히 안 되겠더라고요. '괜찮아, 내가 괜히 그렇게 생각하는 거야.' 머리로는 계속 그렇게 생각하는데, 막상 그 친구들 얼굴을 마주하면 마음이 너무 힘들어졌습니다."

"그렇군요. 그런 노력을 한 것만으로 대단해요. 패턴에 넘어가지 않는 길에 도전한 거잖아요? 경민 씨는 실패했다고 실망할 수도 있어요. 그렇지만 우리 마음은 수식이나 프로그램으로 뚝딱뚝딱 돌아가는 기계가 아니잖아요. 머리가 안다고 해도 마음까지 따라가는 건 시간이 꽤 많이 걸려요. 때로는 그렇게 노력하는 와중에도 오히려 덜 성숙한 이전 모습으로 뒷걸음질 치기도 하고요. **마음에 단**

단한 박음질을 한다고 생각하면 어떨까요? 좋아졌다가 나빠지기를 반복하면서 더 단단하게 마음을 다진다고 생각하는 거예요."

"그렇게 말씀해 주시니 마음이 좀 편안해지네요."

경민 씨의 얼굴에서 걱정과 긴장이 조금은 가셨다.

"사실 여기 처음 온 날, 선생님이 제 이야기에 별로 관심이 없는 게 아닌지, 아니면 저를 한심하다고 생각하는 건 아닌지 신경이 많이 쓰였습니다. 이대로 치료를 받을 수 있을까 싶었어요."

"잘못하면 저도 포기하셨겠군요."

내 넉살에 경민 씨가 장난스럽게 울상을 지었다.

"그런데 그다음 시간에 선생님이 '네 마음을 제일 잘 아는 건 너다, 같이 답을 찾아보자'라는 이야기를 했을 때부터 조금씩 달라졌어요. 저를 인정해 준다는 느낌을 받았어요. 그래서 지금까지 누구한테도 하지 못한 이야기를 선생님에겐 할 수 있게 됐습니다. 그러던 중에 선생님이 저한테 실망한 듯한 표정을 지어서 상처를 받았어요. 선생님마저 저한테 상처를 줬다는 게 속상하고 인정하기 싫고 또 제가 가치가 없게 느껴졌어요. 그런데 '선생님이 정말 그랬을까?' 이런 의문이 들었습니다. 그래서 힘들지만 용기 내서 이야기를 꺼냈는데, 역시 잘한 것 같아요."

"잘했어요. 아까도 말했지만 경민 씨한테 실망한 건 전혀 아니에요. 이렇게 제 입장을 말할 수 있는 기회를 줘서 고맙네요. 진료실에서 한 것처럼 진료실 밖에서도 그런 시도를 계속 쌓아 가면 큰 변화로 이어질 거예요."

경민 씨는 내 말을 음미하듯 고개를 부드럽게 끄덕였다. 그리고 잠시 심각한 얼굴로 고민을 하는 것 같더니 조금은 민망한 표정으로 나를 쳐다보며 말했다.

"선생님, 제가 보여 드리고 싶은 게 하나 있습니다. 실례가 안 된다면 괜찮을까요?"

갑자기 무엇을 보여 준다는 거지? 걱정 반, 호기심 반으로 고개를 끄덕이자 경민 씨가 갑자기 신발을 벗었다. 그러더니 제법 두꺼운 키높이 깔창 두 개를 꺼내 자기 손바닥 위에 올려놓고 내 쪽으로 내밀었다. 훤칠한 키가 깔창의 힘이었을 줄이야……. 나는 경민 씨의 갑작스러운 고해성사에 어리둥절해졌다.

"이건 정말 아무도 모르는 제 비밀입니다."

"깔창이요?"

"네, 대학생 때부터 깔고 다니기 시작해서 외출할 때 한 번도 뺀 적이 없습니다. 키에서조차 지기 싫다는 마음이랄까. 근데 제가 신발에만 깔창을 깔고 지낸 게 아니라는 생각이 들었어요. 언젠가부터 제 마음속에도 깔창을 간 것처럼 센 척하고, 잘난 척하고, 강한 척하며 저 자신을 속인 것 같아요. 옷도 신발도, 남들이 얕잡아볼 수 없도록 차려입어야 한다고 거의 강박적으로 생각했어요. 다른 사람이 저를 못나게 보는 게 너무 견딜 수 없어서 내내 깔창을 벗어던질 수 없었던 거지요. 이제는 용기를 내고 싶습니다."

"그래서 깔창을 보여 주신 건가요?"

"네."

경민 씨는 그 깔창을 다시 주섬주섬 신발에 끼워 넣더니 신발을 제대로 신었다. 그대로 깔창을 휴지통에 던져 넣었다면 아주 통쾌한 드라마의 한 장면이었겠지만, 사실 우리의 마음은 대개 주춤거리고 뒷걸음질 치기도 하면서 앞으로 나아가는 법이다. 살면서 처음으로 어릴 때의 아픈 기억을 꺼내 보고, 깔창을 두 장이나 깔고 다닌다는 걸 고백하고 보여 주는 경험을 한 것만으로 경민 씨는 오늘 큰 도전에 성공한 셈이라는 생각이 들었다. 나는 잠깐 고민 끝에 경민 씨에게 제안했다.

> 66
>
> *제가 신발에만*
> *깔창을 깔고 지낸 게 아니라는*
> *생각이 들었어요*
>
> 99

"그날 공황 발작이 왜 있었는지는 경민 씨가 파악했고, 제 생각엔 아마도 앞으로 그렇게 급격한 불안증상이 재발하지는 않을 거라고 봐요. 그런데 여기서 진단을 멈추지 말고 계속 이어 가면서 어머니와의 경험들, 그리고 지금까지의 중요한 기억들에 관한 이야기를 해 보면 어떨까요?"

내 말에 경민 씨는 경쾌하게 고개를 끄덕이며 말했다.

"좋습니다. 제가 진짜 원하는 게 그거니까요."

"경민 씨가 진짜 원하는 거요?"

"네."

짧게 대답한 경민 씨는 가만히 진료실 벽을 쳐다보며 생각하는 것 같더니 곧 나와 눈을 마주치며 말했다.

"깔창을 끼지 않은 제 마음을 제대로 아는 거요. **그 마음이 자랑스럽지는 않더라도 부끄러워하지 않는 사람이 되는 거요.** 그게 제가 진짜로 원하는 것 같습니다."

다음 면담부터는 경민 씨의 생애 첫 기억과 성장 환경에 관한 이야기를 나눠 보기로 했다. 지금까지는 특별한 갈등이 없이 경민 씨가 알아서 길을 잘 찾아왔다. 그러나 더 깊은 마음속으로 들어가는 길은 그렇게 순탄하지 않을 수도 있었다. 저항이 있을 수도 있고 진료실 안과 밖의 격차에 혼란스러울 수도 있다. 그러나 나는 자신이 진짜 원하는 것을 찾아 용감하게 나서는 경민 씨 곁에서 힘들고 괴로운 순간마다 응원하고 지켜봐 주는 역할을 기꺼이 맡을 생각이었다. 그게 내가 선택한 직업이니까. 이제 곧 가을이 깊어질 것이고 머지않아 겨울이 올 것이다. 경민 씨의 가을과 겨울 패션을 기대하며 다음 면담을 기다리기로 했다.

건강한 성장에
필요한 거울

이제 경민 씨의 전이 감정과 이어지는 초기 경험, 다시 말해 어린 시절의 기억들을 살펴볼 때가 된 듯합니다. 경민 씨는 관계에서 오는 문제들을 예민하게 받아들이는 경향이 있어 관계로부터 스스로를 고립시키거나 온전한 능력을 발휘하지 못해 왔습니다. 이는 경민 씨의 '내현적 자기애'에서 비롯된 것이지요. 그렇다면 이런 '내현적 자기애'는 어떻게 경민 씨 내면에 자리 잡았을까요?

앞서 어린 시절에는 누구나 과대한 자기애를 품는다고 말씀드렸었지요? '세상 누구보다 대단한 나'라는 인식은 아이가 세상과 소통하고 성장하는 과정에서 자연스레 생깁니다. 이런 유아적인 자기애가 잘 다듬어지려면 먼저 자기애를 만족시키는 경험을 반복해서 쌓아야 합니다. 서툰 걸음이나 어설픈 젓가락질처럼 아무리 사소한 성취라도 마음껏 자랑하고 뽐낼 수 있도록, 주 양육자의 공감과 지지가 필요하지요. 이렇게 자기애가 충족된 뒤, 더 큰 현실에서 적절한 좌절을 겪어야 합니다. 그 과정에서 현실적인 자기 인식을 품게 되는 거지요. 이렇게 자기에 대한 믿음과 현실 감각이라는 내면의 프로세스를 거쳐 우리는 비로소 성숙한 자기애를 갖게 됩니다. 주위의 긍정적이거나 부정적인 피드백들에 귀를 기울여 자신을 객관적으로 돌아보고, 때때로 마주치는 근거 없는 비난에도 격앙되거나 압도당하지 않을 수 있지요. 또한 실패와 좌절을 겪어도 다음을 기약할 동력을 얻을 수 있습니다.

그런데 생애 초기에 '대단한 나'를 그대로 비추며 공감해 줄 거울이 없으면 어떻게 될까요? 시간이 지나도 자기애는 성숙하지 못한채 끊임없이 과대한 자신감을 확인받으려고 합니다. 자신이 없기때문에 다른 사람들 눈에 못나게 비치는 건 아닌지 자꾸만 의심을합니다. 경민 씨의 어머니는 아마도 우울증을 앓는 기간 동안 어린 시절 경민 씨의 거울 역할을 충분히 해 주지 못했을 겁니다. 아버지나 친지 등 다른 양육자들 역시 누구 하나 주 양육자로서 경민씨에게 충분한 공감을 주지 못했지요. 이런 경험들이 지금 경민 씨안에 '내현적 자기애'가 굳게 자리 잡는 데 영향을 미친 것이 아닐까 합니다.

그런데 과거에 어떤 결핍과 상처가 있었는지, 그 과거가 나를 어떻게 괴롭혀 왔는지, 그 연결 고리를 찾다 보면 어느 시점에는 '그 래서 지금 내가 뭘 어떻게 할 수 있지?'라는 무력감과 원망이 듭니 다. 이런 생각이 드는 것도 자연스럽지요. 하지만 그럼에도 기억을 더듬는 과정은 필요합니다. 미처 의식하지 못했던 기억 속 생각과 감정을 돌이켜 봄으로써, 그 생각과 감정이 현재의 내게 어떤 영향 을 미쳤는지를 이해할 수 있기 때문입니다. 이 과정에서 가족, 주 위 사람, 자기 자신, 치료자 등을 향한 격렬한 감정이 솟구쳐 힘들 어질 수도 있습니다. 당장은 그런 감정이 들지 않더라도 일상에서 언제든 새로운, 혹은 미처 몰랐던 문제에 맞닥뜨려 좌절할 수도 있 지요. 그러나 어떤 경우든 내 마음의 파동에 귀를 기울이고 이해하 고 보듬으려고 노력한다면, 때때로 들이닥치는 거센 파도에도 꾸 준히 앞으로 나아갈 수 있을 거라 믿습니다.

4부

상처 입는 게
두려운가요?

정글에는 다양한 동물들이 산다.

두껍고 날카로운 발톱과 이빨로 거침없이 사냥하는

육식동물부터 힘은 약해도 예민한 청력과 오래 달릴 수 있는

능력 덕에 살아가는 초식동물까지.

우리가 사는 세상도 정글처럼

다양한 성향의 사람이 모여 산다.

이 험한 세상을 잘 살려면

터프한 육식동물이 돼야 한다고 흔히들 말한다.

목소리를 더 크게 내고, 자기 몫을 악착같이 챙기고,

다른 사람한테 기죽지 말라고. 그런데 모든 사람이

육식동물처럼 산다면, 정글이 여전히 정글일 수 있을까?

또, 마음먹는다고 갑자기 모든 사람이 육식동물이 될 수 있을까?

은아 씨는 여린 자신의 마음 그대로

용기를 내 정글에 한 발 내디디려고 한다. 윤희우

폭식하는 게
문제가 아니에요

정신분석 세션에 내담자가 처음 방문하는 경우 충분히 평가하기 위해 시간을 여유 있게 잡는 편이다. 맨 마지막 시간에 세션을 배치하거나 상담에 두 시간 정도를 할애하기도 한다. 그런데 은아 씨의 상담은 앞뒤로 예약이 꽉 차 있는 중간에 잡혔다. 갑작스럽게 의뢰가 들어와 일단 가장 빠른 빈 시간을 잡았기 때문이었다. 무슨 사연이길래 이렇게 다급했던 걸까 궁금했다.

화장기 없는 동그란 얼굴에 검은 단발머리를 한, 얼핏 보면 중학생처럼 보일 정도로 앳된 인상의 은아 씨는 어머니와 함께였다. 은아 씨가 채 입을 떼기도 전에 은아 씨를 병원까지 데리고 온 어머니가 호소하듯 문제 상황을 이야기했다.

"대학 졸업한 지 3년이 다 돼 가는데, 아직 뭐 하나 제대로 하는 게 없어요. 만화 그린다고 끼적거리더니 이제는 그것도 안 한다고 하고요. 하루 종일 방에 틀어박혀서 나오지도 않아요. 일할 생각은 있는 건지, 도대체 누굴 닮아 이러는지 모르겠다니까요. 얘 오빠는 졸업하자마자 취직했지, 이제 결혼도 하거든요. 앞으로 어쩔 건지 아무 이야기도 안 하고, 정말 답답해서 제가 다 미치겠어요."

"그렇군요. 졸업하고 나서 일을 안 하고 있다고요. 그런데 오늘 여기까지 찾아오게 된 특별한 계기가 따로 있나요?"

> "
> *대학 졸업한 지*
> *3년이 다 돼 가는데, 아직 뭐 하나*
> *제대로 하는 게 없어요*
> "

어머니 입장에서는 걱정할 만한 일이겠지만, 그게 정신분석을 의뢰할 정도의 일인가 싶어 물어보았다. 어머니는 좀처럼 인상을 풀지 않고 이야기를 계속했다.

"그러니까요, 그래도 저는 얘가 정신 차리면 뭔가 시작하지 않을까 생각하고 내버려 뒀어요. 그런데 며칠 전에 글쎄, 밤에 뭐를 잔뜩 먹고서 오밤중에 '억, 억' 소리까지 내면서 토하고 있더라고요.

체한 줄 알고 씻기고 방에 가서 눕히려고 하는데 방에 못 들어오게 하는 거예요. 낌새가 이상해서 밀고 들어갔더니 과자 봉지들이 바닥에 잔뜩 널려 있더라고요. 그걸 다 먹고 토했다는 거예요. 거의 1년 전부터 그랬다는데, 그 얘기 듣고는 '얘가 드디어 정신이 나갔구나' 하는 생각이 들어서 부랴부랴 데리고 온 거죠."

그제야 어머니가 은아 씨를 병원으로 끌고 오다시피 한 이유가 이해가 갔다. 어머니가 막힘없이 이야기를 하는 동안 은아 씨의 표정은 점점 더 어두워졌다. 나는 시선을 아래로 떨구고 있는 은아 씨를 바라보며 부드러운 어조로 물었다.

"어머니 말씀은 잘 들었어요. 그런데 은아 씨는 여기에 어떤 이유로 오게 되었나요?"

"아니, 선생님. 제가 방금 다 말씀드렸잖아요."

어머니는 내가 지금까지 당신이 한 말을 무시했다고 느꼈는지 따지듯 끼어들었다.

"네, 어머니 말씀이 상황을 이해하는 데 많은 도움이 됐어요. 그런데 은아 씨한테 직접 병원에 오게 된 까닭을 듣는 게 매우 중요합니다. 어쨌든 진료를 받는 사람은 은아 씨니까요."

내 말을 듣고 그제야 은아 씨가 고개를 들어 나를 바라보았다.

"은아 씨 생각을 편하게 이야기해 주시면 돼요. 혹시 어머니하고 같이 있는 게 불편하면 따로 보는 것도 좋습니다."

"같이 있어도 괜찮아요."

만난 지 십여 분 만에 처음 들은 은아 씨의 목소리는 또랑또랑한 톤 때문에 외양만큼이나 어린 느낌을 줬다. 은아 씨는 옆에 앉은 어머니를 슬쩍 쳐다보고는 말을 이었다.

"엄마 말이 맞기는 해요. 그런데 저는 폭식하는 게 그리 큰 문제라고는 생각 안 해요."

"뭐라고? 얘 좀 봐라."

"어머니, 잠시만요. 은아 씨가 이야기하게 해 주세요."

은아 씨의 이야기를 들어야 할 상황인데 어머니가 자꾸 끼어들어 강하게 막을 수밖에 없었다. 잠시 정적이 흐르고 나서야 은아 씨는 다시 이야기를 시작했다.

"엄마한텐 무슨 말을 제대로 할 수가 없어요. 뭐라고 이야기하든 바로 정신 나갔냐고 혼내기만 하고. 폭식 하는 거는 1년 전부터 시작하긴 했지만, 자주 하지는 않거든요. 스트레스를 심하게 받은 날만 그러는데, 한 달에 한 번 할까 말까 할 정도예요. 그날도 엄마 때문이었어요. 엄마가 친구 분이 운영하는 갤러리에서 일하라고 해서 갔는데 막상 너무 힘든 거예요. 손님이 많진 않지만 낯선 사람들한테 그림을 설명하는 게 너무 어려웠어요. 오전에는 겨우겨우 버텼는데 오후가 되니까 어지럽고 토할 것 같았어요. 엄마 친구 분한테 못 하겠다고 하고 집으로 왔거든요. 그런데 집에 들어가자마자 엄마가 저를 째려보면서 한숨을 푹 내쉬는 거예요. 벌레 보는 것처럼 보는데……. 울컥해서 그날 폭식한 거예요."

"어머, 애 봐라? 지금 네가 잘 했다고 그러는 거니? 그날 내가 얼마나 속상했는지 알아? 그 친구한테 내가 어떻게 부탁을 한 건데. 창피해 죽는 줄 알았어."

"엄마는 거기서 창피한 게 먼저야? 내가 어디가, 얼마나 아픈지는 물어보지도 않고! 그때 얼마나 속상했는지 엄만 알아?"

은아 씨와 어머니가 서로를 잠시 바라봤다. 짧은 대치 상태는 어머니가 먼저 이마를 짚으며 고개를 돌리면서 깨졌다. 은아 씨는 나를 보며 이야기를 이어 갔다.

"엄마 말처럼 취직해야 한다는 건 알지만 일하는 게 금방 힘들어져요. 제가 생각해도 별로 한 것도 없는데 갑자기 너무, 너무 힘들어져요."

"갤러리 말고 다른 곳에서도 그랬나요?"

"네. 이전에 한 달 정도 광고 회사에서 인턴을 한 적이 있어요."

"그곳에서는 어떤 일이 있었나요?"

"제가 들어간 곳이 프로젝트 팀이었는데, 며칠씩 밤 12시가 넘어서 퇴근하는 일도 있었어요. 그래도 일 하는 건 버틸 만했어요. 그런데 프로젝트 마감이 가까워지면서 문제들이 하나둘 생겼는데 팀장님이 정말 장난 아니게 막말을 퍼붓고 화를 내더라고요. '이딴 식으로 하면 다 망한다'는 등, 평소엔 다정한 사람이었는데 그날은 다들 돌아가며 노려보고……"

"아니, 사람이 마감을 앞두고 그러면 누구나 좀 예민해질 수 있잖아요. 그리고 그렇게 할 말 다 해야 뒤끝 없이 다음 일을 하는 거지. 은아 친구도 적응해서 지금까지 잘만 다니고 있다고요. 그 팀장이라는 사람도 다 너 잘 되라고 그렇게 하는 거지, 넌 그런 것도 못 참고 도대체 어떻게 사회생활을 할래? 누굴 닮아서 이러는지 원."

은아 씨 말이 끝나기도 전에 어머니가 낚아채듯 가로막았다. 제지해야 하나 고민하던 찰나에 은아 씨가 목소리를 높이며 말을 이었다.

"알아, 아는데, 정말 무서웠다고! 팀장 얼굴을 볼 때마다 그날이 떠올라서 몸이 덜덜 떨릴 정도로 긴장이 되는데 어떡해!"

은아 씨는 프로젝트가 끝난 바로 다음 날, 회사에 통보하듯 더는 못 하겠다고 말을 하고 집으로 왔다고 한다.

"그땐 앞으로 제가 무슨 일을 해야 하나, 차라리 아무것도 하고 싶지 않은 심정이었어요."

이쯤 들으니 어머니가 왜 그렇게 답답해하는지 이해가 되기도 했다.

"그러면 그 일이 있고 난 뒤에 다른 일을 해 보려는 시도는 없었나요?"

"그래도 일단 좋아하는 걸 해 보자는 마음에 웹툰을 그렸어요. 연재도 했고 그걸 책으로 출판도 했어요. 그때는 그게 제 일인 줄 알았어요."

"오, 정말요? 책으로 나올 정도면 꽤나 잘 그렸나 보네요?"

"그런데 문제는 연재가 끝나고 다른 연재를 시작하려고 하는데, 도저히 못 그리겠는 거예요. 뭘 그려야 할지 아무 생각이 안 났어요. 마음에도 들지 않고, 친구들 반응도 그다지 좋지 않았어요. 이름을 숨기고 인터넷 커뮤니티에 올렸는데, '그림이 별로다', '재미없다' 이런 댓글이 달리니까 자신이 없어졌어요. 연습도 많이 했는데 마음먹은 것처럼 실력이 늘지도 않고요."

"아하, 연습하면서 나름대로 노력을 했군요? 그러면 아무것도 안 하고 있는 건 아니잖아요?"

"그렇긴 한데 그게……."

은아 씨는 말끝을 흐리며 다시 어머니의 눈치를 살폈다. 그게 기회라고 생각했는지 어머니가 다시 나서서 말했다.

"어유, 말도 마세요. 대단한 걸 그린 것도 아니고 게임 캐릭터들 스케치처럼 몇 장 그려 본 게 다예요. 일본에 일주일 정도 여행을 다녀오더니 또 방에 틀어박혀서 아무것도 안 하고."

"그래도 그때 사진도 찍고 그걸로 그림도 그렸단 말이야."

"그것도 잠깐이었잖아. 한 며칠 그랬나?"

"열심히 하려고 했어. 근데 엄마가 또 소용없는 짓 한다고 했잖아."

"솔직히 그림 그릴 거면 제대로 끝까지 그려 봐야지. 끼적대다 말면 그게 쓰레기 만드는 거랑 뭐가 달라?"

"엄마가 자꾸 그런 식으로 말하니까 내가 뭘 못 하는 거야. 엄마랑 이야기하면 되던 일도 안 된다고!"

은아 씨는 그렇게 말한 뒤 시선을 내리깔았다. 다시 처음의 구도로 돌아왔다.

나는 일단 어머니를 진료실 밖 대기실에서 기다리게 했다. 이대로 두면 문제의 핵심에 접근하기는커녕 두 모녀의 말다툼을 끝도 없이 관람해야 할 것만 같았다.

"선생님, 저 대신 애한테 이야기 좀 잘 해 주세요. 답답하게 굴지 말고 뭐라도 좀 적극적으로 나서서 하라고요."

어머니는 자리에서 일어서면서 나한테 단단히 주의를 줬다.

"글쎄요, 어머니. 물론 그것도 언젠가 필요하겠지만 지금 당장은 은아 씨가 어떤 마음인지를 알아보려고 해요. 어머니가 바라시는 것처럼 제가 무엇을 시킬 순 없어요."

"아유, 그래도 뭐라고 좀 해 주세요."

어머니는 내 말이 성에 차지 않는지 손을 허공에 휘휘 저으며 말했다. 은아 씨와 단둘이 이야기하고 싶다는 말에 내쫓기는 기분이 들었는지 어머니의 얼굴이 잔뜩 일그러져 있었다. 그러나 그런 어머니의 마음을 살피는 일보다 은아 씨가 자기 이야기를 편하게 털어놓을 수 있는 환경을 만들어 주는 게 중요했다. 그리고 어머니가 요청한 훈계나 교육은 면담의 궁극적인 목표가 될 수 없었다.

어머니가 나간 뒤 다시 이야기를 시작했다.

"조금 전에 이야기하기는 했지만 다시 한 번 물어볼게요. 은아 씨가 여기에 오려고 마음먹은 이유는 무엇인가요?"

"아까 이야기한 그대로예요. 앞으로 뭘 하고 살아야 할지 모르겠어요. 자신도 없고요. 전 아무것도 할 수 없을 것 같아요."

인턴을 하면서 경험한 사건 때문에 주눅이 들 수도 있었겠지만, 한편으로는 어머니의 생각처럼 그렇게 엄청난 일은 아니라는 생각도 들었다. 그 사건 이후로도 은아 씨는 웹툰을 그리고, 그것을 책으로 내고, 또 다른 연재를 위해 연습을 하고 있었다. 나는 은아 씨에게 지금과 같은 막막함을 언제부터 느끼게 되었는지 물었다.

"웹툰 연재할 때 악플에 심하게 시달린 적이 있어요. 여러 작가들이 모인 사인회에서 한 작가한테만 사람들이 몰리는 걸 보고 서운하기도 하고, 사인 받으려는 사람이 없는 상황이 머쓱해서 옆에 작가에게 '누구누구는 잘생겨서 좋겠다'라고 몇 마디 한 게 동영상에 찍힌 거예요. 원래 친한 작가라 농담처럼 한 말인데 그걸 가지고 저를 이상한 사람으로 몰고 가는 게 억울해서 만화에다가 악플러들은 '쥐떼 같다'고 했어요. 불에 기름을 부은 격이었죠. 별점 테러도 당하고, 올리면 기다렸다는 듯이 악플이 달리고……. 밖에 나가면 사람들이 알아볼 것 같고 내 욕을 할 것 같고 그랬어요. 지금보다 그때가 더 우울하고 불안했어요."

"정말 많이 힘들었겠어요. 그때 이후로 아무것도 못 하고 있는 건가요?"

"그 일이 크기는 했는데, 마냥 그 일 때문만은 아니에요."

은아 씨는 이름과 그림체를 바꾸면서까지 새 만화를 연재했다. 그런데 그 만화에도 이전과 유사한 악플이 달리는 것을 보고 불안에 시달리다 못해 어머니에게 하소연을 했다.

"엄마는 '너는 아무것도 아닌 일로 왜 그러냐. 맨날 방구석에서 만화나 그리니까 자꾸 망상에 빠지는 거지' 그러면서 한심하다는 듯 말하는 거예요. 그 순간 제 마음속에 있던 뭔가가 파삭 하고 부서지는 느낌이 들었어요. 그나마 집이 마지막 남은 안전한 곳이라고 생각했는데 그 믿음이 순식간에 사라졌어요. 제 방이 거실과 마주 보는 곳에 있어요. 방 안에 들어가서 문을 닫고 있어도 엄마가 절 쏘아보는 것 같아서 왠지 답답하고 두근거리는 거예요. 세상 어디에도 제가 편안하게 숨 쉴 수 있는 곳이 없는 것 같아요."

어느새 은아 씨의 눈시울이 붉어졌다. 숨조차 편안하게 쉴 곳이 없다는 심정이 어떤 마음일지를 가늠하며 아무 말 없이 티슈를 한 장 건네자, 기다렸다는 듯 은아 씨 눈에서 굵은 눈물이 떨어졌다.

"
세상 어디에도
제가 편안하게 숨 쉴 수 있는 곳이
없는 것 같아요
"

머릿속에 '심리적 안전 기지'라는 단어가 떠올랐다. 우리는 외부 세계와 접촉할 때 필연적으로 긴장할 수밖에 없다. 상대의 반응에 알게 모르게 늘 신경 쓰며 자신이 어떻게 대응해야 할지 골몰한다. 그래서 지친 하루를 보낸 뒤 편히 쉴 수 있는 공간, 그날 하루의 피로를 시원하게 풀고 새로운 하루를 시작할 용기와 힘을 얻는 공간이 필요하다. 그리고 이러한 공간은 사람의 마음에도 필요하다. 정신분석에서는 이를 '심리적 안전 기지'라고 표현한다. 은아 씨는 물질적 공간뿐 아니라 정신적으로도 안전 기지가 없는 상태였다. 부모님까지 편안하게 느껴지지 않는다는 은아 씨의 이야기를 들으며 진료실이 은아 씨의 보호막이 되어 주면 좋겠다는 생각이 들었다.

이야기를 마무리하고 어머니를 다시 진료실로 불러들였다.

"뭐라고 이야기를 좀 하던가요? 낯을 얼마나 가리는지 처음 보는 사람한테는 말을 잘 안 하는 편이라서 얼마나 이야기를 했을지 모르겠네요."

어머니의 강렬한 기세가 은아 씨를 짓누르는 게 느껴졌다. 나는 면담은 잘 진행되었고, 앞으로도 면담을 계속하면 좋겠다는 의사를 밝혔다. 그리고 일부러 어머니가 아닌 은아 씨를 바라보며 다음 시간에 보자는 인사를 건넸다.

"그때는 어머니는 같이 안 오셔도 좋습니다. 혹시 꼭 전달할 이야기나 필요한 것이 있으면 말씀드릴게요."

마음에도
숨을 곳이 필요하다

오늘 당신의 하루는 어땠나요? 사랑하는 사람과 오붓한 시간을 보내 행복했나요? 아니면 당신이 잘못한 일도 아닌 걸로 상사나 선생님한테 혼이 나 억울하고 화가 났나요? 우리는 매일매일 셀 수 없이 다양한 일을 겪습니다. 좋은 일을 겪으면 기쁘고 즐겁고 안도감이 들지요. 나쁜 일을 겪으면 화가 나고 슬프고 부끄러운 감정을 느낍니다. 하루를 산다는 건 어떤 일을 맞닥뜨릴 때마다 일렁이는 감정이라는 파도를 감당하는 일일지도 모르겠습니다.

물놀이를 신나게 하면 몸이 지칩니다. 감정의 파도를 감당하다 보면 우리 몸도 지치지요. 다시 내일을 맞이하려면 아무도 방해하지 못하는 안전하고 안락한 당신만의 공간에서 푹 쉬어야 합니다.

지친 몸과 마음을 편히 누이고 다시 세상을 향해 나아갈 힘을 얻는 곳, 그것이 바로 심리적 안전 기지입니다.

심리적 안전 기지는 집이나 침실 같은 구체적인 장소를 일컫는 개념이 아닙니다. 영국의 정신분석가 존 볼비가 애착을 이론화하며 밝힌 개념으로 볼비는 어린 시절 어머니와 아이의 안정적인 상호 관계가 아이의 정상적인 심리 발달에 중요하다고 보았죠. 그리고 이 관계에서 어머니가 아이의 심리적 안전 기지가 된다고 말했습니다. 탄탄한 심리적 안전 기지를 가진 아이는 어머니 주위에서 혼자서도 재미있게 노는 반면, 그렇지 못한 아이는 어머니 곁을 조금도 떠나지 못하거나 어머니가 있든 없든 무관심한 두 가지 극단을 보입니다. 이런 생애 초기 애착은 성인이 된 다음에도 다른 사람과 관계를 맺는 데 영향을 줍니다.

물론, 심리적 안전 기지가 꼭 어머니일 필요는 없습니다. 사랑하는 연인이나 절친한 친구처럼 내가 안심하고 속마음을 털어놓을 수 있는 사람들과의 관계에서도 심리적 안전 기지를 찾을 수 있지요. 그리고 우리는 심리적 안전 기지에서 정서적 에너지를 보충받습니다. 우리의 마음을 평안하게 유지하는 데도 중요한 역할을 하지요. 사람과 사람 사이 소통과 공감이 점점 중요해지는 사회에서 인간관계의 기초가 되는 애착과 심리적 안전 기지도 당연히 중요해질 수밖에 없습니다.

마음에 아픔이나 상처가 있어서 진료실을 찾는 분들 중에는 은아 씨처럼 그 어디에도 심리적 안전 기지가 없다고 느끼는 경우가 많습니다. 심리적 안전 기지가 없거나 빈약한 분들에게 진료실과 치료자와의 관계가 일시적이더라도 대안적인 심리적 안전 기지가 되기를 바랍니다. 치료자는 내담자의 말에 맞장구만 치는 사람이 아닙니다. 때로는 내담자가 외면하고 싶은 마음을 마주하도록 유도하기도 합니다. 내담자가 치료자를 믿을 수 있다면, 진료실이 마음을 편안하게 해 주는 공간이 된다면, 치료 과정이 평탄하게 흐르지 않을 때도 내담자가 포기하지 않고 힘을 낼 가능성이 커지지요.

저는 항상 진료실을 찾아오는 분들이 저와 이 공간을 어떻게 느꼈을지 궁금해하며 마음속으로 혼자 질문을 던지곤 합니다.

"오늘 면담은 편안했나요? 마음 놓고 하고 싶은 이야기를 마음껏 할 수 있었나요? 내일을 보낼 힘이 생겼나요?"

차가운 눈빛이
잊히지 않아요

보통 내담자와 두 번째로 만날 때가 첫 만남보다 더 긴장이 된다. 첫 번째 진료가 순간의 상태에 대해 알아보는 시간이라면, 두 번째 진료에서는 내담자가 변할 수 있는 한계와 진료에 몰입하는 정도 등 여러 정보가 한꺼번에 쏟아져 나오기 때문이다. 그래서 잠깐이라도 집중하지 않으면 많은 신호를 놓칠 수 있다. 이때, 내담자도 치료자에 관한 정보를 읽는다. 치료자가 자기 말을 얼마나 신뢰하나? 얼마나 변함없이 진지한 자세로 치료에 임하나?

은아 씨가 도착했다는 간호사의 말에 시계를 확인하니 약속 시간 5분 전이었다. 진료실에 들어온 은아 씨에게 카우치에 앉는 걸 권했다. 내 자리는 은아 씨를 옆에서 바라볼 수 있는 위치였다.

"준비되면 이야기를 시작하죠."

"음. 어떤 이야기를 하면 되나요?"

"뭐든지요. 그제 첫 면담을 하고 나서 어땠나요? 그리고 오늘 올 때는 무슨 생각을 했나요?"

보통 정신분석을 할 때 첫 번째와 두 번째 진료 사이를 가깝게 잡는 것이 좋다. 그래야 정신분석이라는 생소한 상황에 빨리 적응할 수 있고, 이전 진료 과정에서 생각하거나 느낀 것을 잊어버리지 않을 수 있기 때문이다.

"음, 이렇게 오게 된 것 자체가 마음이 들지 않아서 솔직히 첫날 시작할 때는 기분이 안 좋았어요. 그런데 엄마가 나간 뒤로 저도 모르게 이런저런 이야기를 다 한 것 같아요. 평소에는 제 이야기를 별로 안 하거든요."

"주위 사람들한테 자기 이야기를 많이 안 하시나요?"

"네. 가족들한테는 해 봤자 소용이 없을 테고, 친구들한테 이야기해도 '괜찮을 거야'라고 위로해 주는 게 다잖아요. 그런 말이 필요한 게 아니거든요. 그런데 선생님은 위로도 해 주고 뭐가 문제인지 물어봐 주니까 정말로 제 이야기를 듣고 있다는 느낌이 들었어요. 선생님이 하는 말은 빈말이 아닐 것 같았고요."

첫 만남에서 은아 씨한테 신뢰를 얻은 것 같아 다행이었다. 정신분석 초기 단계에서 가장 중요한 것은 바로 치료자와 내담자가 '치료 동맹'을 맺는 일이다. 치료 동맹이란, 치료자와 내담자가 서로를 믿으면서 치료적 관계를 유지하도록 노력하는 것이다. 어떤 사람들은 치료 동맹이 정신분석이나 정신 치료의 시작이자 끝이라고 이야기한다. 그만큼 치료 동맹은 중요하다.

"그랬군요. 저를 믿어 주는 것 같아서 저도 기분이 좋네요. 지난 시간에는 여기에 어떤 이유로 오게 되었는지 이야기해 보았지요? 오늘은 은아 씨 자신이 어떤 사람인지에 대해서 이야기를 들어 보려고 해요. 그럼, 기억할 수 있는 가장 오래된 과거부터 시작을 해서 내가 어떤 사람인지 표현을 해 볼 수 있을까요?"

"가장 오래된 과거요?"

"네. 정확하지 않아도 괜찮아요. 어렴풋하게 기억나는 것도 좋습니다."

'가장 오래된 과거'를 이야기하라고 하면 환자들은 대개 무슨 말인지 못 알아듣겠다는 표정을 짓는다. 은아 씨도 영문을 모르겠다는 얼굴로 나를 쳐다보더니 내가 다른 말을 더 할 것 같지 않자 차분하게 생각에 잠겼다. 우리의 기억은 현재를 기준으로 과거로 갈수록 점점 더 흐려지기 때문에 가장 오래된 기억을 떠올리는 것은 쉬운 일이 아니다. 그러나 어떤 기억은 시간과 상관없이 마치 바로 어제 겪은 일처럼 또렷하고 선명하게 떠오르기도 한다.

은아 씨가 망설이는 기색으로 말했다.

"이게 진짜인지 아닌지는 모르겠는데요. 저는 분명히 기억이 있는데, 엄마는 자기가 그런 적이 없다고 하시거든요. 그러니까 실제로 일어나지 않은 일일 수도 있고요."

잠시 말을 멈춘 은아 씨가 나를 바라봤다. 사실이 아닐 수도 있는 이야기를 계속해도 되는지 허락을 구하는 눈치였다.

"좋습니다. 그 기억이 사실인지 아닌지가 중요한 건 아니에요. 그것보다 은아 씨 기억 중에서 가장 오래된 기억이라는 게 중요해요. 이야기해 보시겠어요?"

내 말에 은아 씨는 안심한 듯 이야기를 시작했다.

"아마 제가 한두 살 정도 됐을 때, 오빠는 걸어 다니고 있었고, 저는 겨우 걸음마를 뗄 때였을 거예요. 시골집 마루가 기억나요. 건너편 집에 파란색 슬레이트 지붕도 기억나요. 오빠는 이리저리 돌아다녔고, 저는 앉아서 건너편 파란색 지붕을 보고 있었어요. 오빠가 제 보행기를 타고 걸어 다니는 걸 좋아했던 것 같아요. 그걸 타고 막 돌아다니다가, 하필 세워 놓은 다리미를 툭 치고 걸려 넘어진 거예요. 뜨거운 다리미가 제 종아리에 닿아서 아팠어요. 그래서 울기 시작했고, 오빠도 넘어져서 아픈지 따라서 울기 시작했어요. 그때 엄마가 나타났죠. 엄마가 오빠를 일으키고는 어르고 달랬어요. 오빠가 울음을 그럭저럭 그치고 나서야 엄마는 다리미가 넘어져 있는 걸 발견했어요. 나무 바닥에 까맣게 자국이 나 있었어요. 제가 놀다가 넘어뜨렸다고 생각했는지 엄마가 제 엉덩이를 때렸어요. 엄마를 쳐다봤는데, 그때 저를 노려보던 엄마의 날카로운 눈빛도 기억이 나요. 정말 무서운 눈빛······."

여기까지 이야기하고 은아 씨는 말을 멈추었다. 진료실 안에 침묵이 무겁게 흘렀다. 나는 말을 꺼내는 대신 가만히 은아 씨를 바라봤다. 은아 씨의 눈가는 눈물 때문에 빨갛게 부풀어 올랐다. 숨이 가쁜지 가슴을 크게 부풀렸다 꺼뜨리기를 반복했다. 아무 말도 하지 않았지만 진정하려고 애쓰는 은아 씨의 모습은 많은 이야기를 하고 있었다.

"

그때 저를 노려보던
엄마의 날카로운 눈빛도 기억이 나요

"

정신분석 세션에서 치료자는 내담자가 침묵을 깰 때까지 기다리는 것이 좋다. 섣부른 개입은 내담자가 자유롭게 연상하는 것을 방해할 수도 있고, 침묵 속에서도 눈빛이나 호흡 같은 여러 가지를 통한 의사소통이 벌어지기도 하기 때문이다. 하지만 나와 은아 씨가 만난 건 이번이 고작 두 번째였다. 본격적인 분석에 들어가기 전에는 은아 씨가 조금 더 편안하게 이야기를 이어 갈 수 있도록 적당한 시점에서 내가 먼저 침묵을 깨는 게 좋을 것 같았다.

나는 티슈를 건네면서 말을 받았다.

"그런 기억이 떠오르는군요. 방금 잠시 말을 멈추었을 때, 머릿속에 어떤 생각이 지나갔나요?"

"글쎄요. 이전에도 몇 번씩이나 떠올렸던 생각인데, 엄마한테 말한 걸 빼고는 다른 사람한테 말한 건 이번이 처음이에요."

"은아 씨 이야기를 듣고 어머니는 어떻게 말씀하셨나요?"

"그런 적이 없다고 하셨어요. 파란색 슬레이트 지붕이 있는 집 옆에 산 적도 없다고. 그런데 이상하게 저는 정말로 생생하게 기억이 나요. 그 지붕도, 그 지붕 위 듬성듬성 쌓인 흙더미에 잡초가 나 있는 모습까지도요. 그리고 그때 얼마나 무서웠는지……. 얼마나 아팠는지는 사실 기억이 잘 안 나요. 그때 엄마가 저를 노려보던 게 너무 무서워서 하나도 아프지 않았던 것 같아요. 아무튼 이 이야기를 했더니 엄마는 정말 그런 적이 없다고 그렇게 어릴 때를 어떻게 기억하냐고 하더라고요. 예전에 제 종아리에 난 화상 자국이 어릴 때 다리미에 데어서 다친 자국이라고 말해 놓고선 말이죠. 선생님, 저도 정말 궁금해요. 사람이 한 살쯤 겪은 일도 기억할 수 있나요?"

'생애 첫 기억'이 형성되는 시기에 관해서는 여러 의견이 있다. 태어나기 전부터 기억할 수 있다고 하는 사람들부터 유치원 정도 갈 나이가 돼야 진정한 기억이 있을 수 있다는 의견까지 다양하다. 그렇지만 공통적으로 인정하는 것은 방금 은아 씨가 묘사한 것처럼 하나의 이야기가 되는 생생한 기억은 말을 제대로 하기 시작한 이후에나 형성될 수 있다는 점이다. 기억하는 것과 그 기억을 떠올리는 것 모두 언어를 통해야 가능하기 때문에 언어를 사용할 수 있는 나이가 되어야 의미 있는 기억을 할 수 있다.

지금 이 시점에서 내가 어디까지 어떤 방식으로 개입해야 적절한 걸까? 전통적인 정신분석에서는 치료자의 역할을 '빈 화면'이라고 본다. **치료자는 내담자가 자기 자신을 스스로 비춰 볼 수 있는 역할을 제공해야 하며 쓸데없는 개입은 할 필요가 없다는 뜻이다.** 그런 관점을 따르면 은아 씨의 질문에 바로 대답해 주는 것보다 질문이 떠오른 이유를 탐색하는 게 더 의미가 있었다. 하지만 나는 생각이 달랐다. 이제 막 분석을 시작하려는 시점에서 내담자가 여러 의문을 품는 건 자연스러웠다. 이런 현상이 자연스러운 일이라는 메시지를 주는 게 적절한 접근 같았다. 치료자와 내담자 사이에 자연스럽지 않은 불안을 일으키는 건 초기 단계에서는 별로 달갑지 않은 일이었다. 나는 적당히 설명한 뒤에 은아 씨의 기억이 품고 있는 의미를 물어보기로 마음먹었다.

"지금 이야기한 은아 씨의 기억이 사실인지 아닌지를 알기는 어려워요. 어머니도 잘못된 기억이라고 했지만, 사실 그 나이 때의 기억이 이렇게 생생한 경우는 드물죠. 그렇지만 은아 씨에게는 정말 머릿속에 남아 있는 기억이라는 거잖아요? 그렇다면 몇 가지 디테일에는 차이가 있겠지만 그 자체로 큰 의미가 있는 기억이라고 볼 수 있어요. 그래서 저는 지금 은아 씨가 그 이야기를 하면서 어떤 감정이나 생각이 떠올랐는지 궁금하네요."

그 사이에 은아 씨의 눈물은 다 말랐지만, 눈은 여전히 붉게 충혈돼 있었다. 어렵게 꺼낸 이야기가 허무맹랑한 헛소리로 부정당하지 않자 은아 씨는 용기가 났는지 이전보다 또렷한 목소리로 말했다.

"솔직히 잘 모르겠어요. 어떻게 보면 엄청 슬픈 이야기잖아요. 나는 아픈데, 엄마는 날 노려보고 혼냈다는 게. 슬퍼서 눈물이 난 것 같아요. 근데 한편으로는 뭐랄까……, 무서운 마음이 커요."

"슬픈 것보다 무서운 마음이 크다……. 왜 그럴까요?"

"엄마한테 이야기를 한 적이 있다고 말씀드렸잖아요. 그때 제가 이야기를 하는데, 엄마가 갑자기 신경질을 내면서 절대로 그런 적이 없다고 소리치는 거예요. 내가 그렇게 나쁜 엄마 같으냐고. 근데, 그때 저를 쳐다보는 눈빛이 정확히 옛날에 봤던 그 눈빛이었어요. 그 눈빛이 저를 나쁜 딸이라고 하는 것만 같았어요. 실망스럽기도 하고, 너무 미웠어요."

"그러셨군요……."

나는 중요한 몇 가지 단어를 차트에 적으며 이야기에 집중을 하고 있었다. 그러다 은아 씨의 표정을 보려고 안경 너머로 눈길을 준 순간 은아 씨와 눈이 마주쳤다. 은아 씨의 눈빛이 불안하게 흔들렸다. 그러고는 갑자기 말을 멈추고 고개를 푹 숙인 채 떨리는 목소리로 말했다.

엄마가 갑자기 신경질을 내면서
소리치는 거예요
내가 그렇게 나쁜 엄마 같으냐고

"엄마를 나쁘게 말하려던 건 아니에요. 실제로 일어나지 않았을 수도 있는 일인데, 제가 거짓말로 엄마를 나쁜 사람처럼 만드는 것 같아서……."

은아 씨의 태도가 갑자기 확 바뀌었다. 씩씩하게 말하던 기세는 갑자기 어디론가 사라져 버리고 잔뜩 겁을 먹어 위축된 모습이었다. 은아 씨의 마음속에서 무슨 일인가 일어났다는 걸 깨달았다. 무엇이 은아 씨를 자극했는지 골똘히 생각하다가 문득 은아 씨한테는 편하게 쉴 수 있는 심리적 안전 기지가 없다는 걸 떠올렸다. 혹시나 내 시선이 노려본 것으로 보인 건 아닌가 싶어 일부러 미소를 짓고 은아 씨 쪽으로 몸을 기울이면서 최대한 부드러운 목소리로 말을 꺼냈다.

"그럴 수도 있겠네요. 엄마를 나쁘게 말한 것 같아서 죄책감이 들 수도 있죠. 그래도 괜찮아요. 여기서는 무엇보다도 은아 씨 마음속에 어떤 이야기들이 있는지를 살펴보는 게 중요하거든요. 여기만큼은 안전해요. 혹시나 혼날까 걱정하지 말고 편안하게 이야기할 수 있으면 좋겠어요. 오늘도 정말 이야기를 잘해 줬어요. 이렇게 자세히 이야기를 해 주니까 은아 씨가 어떤 마음이었는지를 훨씬 더 이해할 수 있었어요."

은아 씨가 서서히 고개를 들어 나를 바라봤다. 눈가에는 여전히 눈물이 맺혀 있고 상기된 얼굴이었다. 그러나 표정은 분위기가 달랐다. 얼굴에 슬픔이나 두려움이 아니라 기쁨이 서려 있었다. 다행이다. 그 순간 면담의 끝을 알리는 알람이 울렸다. 어느새 45분이 지난 것이다. 알람 소리에 은아 씨가 갑자기 현실로 돌아온 듯한 표정을 지으며 말했다.

"시간이 다 되었나 봐요."

"네, 그렇네요. 그러면 오늘은 이쯤에서 정리하고 다음 시간에 볼게요."

은아 씨는 천천히 자리에서 일어나 방문을 열고 나가다 말고 나를 보며 꾸벅 인사했다. 나는 배웅을 하듯 문이 완전히 닫힐 때까지 미소를 지어 보였다.

당신이 기억해 낼 수 있는
가장 어린 시절은 언제인가요?

'당신이 기억해 낼 수 있는 가장 어린 시절로 돌아가 봅시다. 당신과 당신의 어머니(혹은 아버지)의 관계는 어떤가요? 어떤 단어로 그 관계를 표현할 수 있을까요?'

출처: 성인애착면접(AAI)

정신건강의학과 면담, 정신분석, 심층 상담 등을 할 때 꼭 하는 질문 중 하나가 바로 생애 첫 기억입니다. 어떤 사람을 이해하는 데 아주 중요한 내용이기 때문이지요. 이야기 형식으로 말할 수 있는 기억은 언어능력이 발달해야 형성됩니다. 그러니 성인이 된 뒤에 떠올릴 수 있는 '생애 첫 기억'은 대체로 다섯 살 전후이지요. 은아 씨처럼 한 살 전후의 기억이 또렷하게 남아 있는 경우는 정말 드물고 사실과 다른 기억일 가능성이 높습니다. 정신분석을 처음 시작한 프로이트는 꿈이나 무의식의 검열이 왜곡된 기억을 낳는다고 생각했지요.

한편, 정신적인 문제는 모두 인간관계의 경험에서 비롯된다고 주장한 해리 스택 설리번은 언어가 발달하기 이전의 유아기에는 원형적 경험을 한다고 보았습니다. 이 시기에 정확한 사건을 기억할 수는 없지만 주 양육자와의 관계에서 형성된 분위기나 감정, 느낌을 경험하고 기억하게 되죠. 그 경험이 어떤 사람한테는 따뜻하고 포근하고 안전한 느낌일 수 있고, 또 어떤 사람한테는 차갑고 외롭고 불안정한 느낌일 수 있습니다. 이런 원형적인 경험들이 차곡차곡 쌓여 생애 첫 기억에 감정이라는 색을 물들입니다. 따라서 비록 정확한 사실을 기억하는 것은 아니더라도, 원형적 경험이 묻어난 생애 첫 기억은 그 사람의 성격을 간접적으로 드러냅니다. 시간을 거슬러 생생하게 존재하는 기억일수록 우리의 내면을 비춰 주는 빛 같은 것이라 할 수 있지요.

당신이 기억할 수 있는 가장 오래된 기억은 무엇인가요? 그 기억은 당신에게 어떤 느낌을 불러일으키나요? 그 기억과 느낌이 지금 당신의 성격에 어떤 영향을 끼치는 것 같나요? 이런 질문을 스스로에게 던져 보고 답을 찾으려고 노력해 보세요. 그러면 자기 자신에 대해서 조금 더 깊이 이해할 수 있을 거예요.

세 번째 이야기

선생님도 결국
다른 사람들이랑 똑같아요

점심을 먹으러 가는 길에 은아 씨가 카페 창가에 앉아 있는 걸 우연히 봤다. 검은색 셔츠를 입은 은아 씨는 화장기 없는 얼굴에 어두운 표정으로 허공을 멍하니 바라보고 있었다. 면담은 두 시에 시작하는데 일찍 도착한 모양이었다. 눈이 마주친 것 같아 살짝 목례를 했지만, 은아 씨는 나를 알아보지 못한 듯 아무런 반응도 보이지 않았다. 나를 정말 못 본 걸까? 봤다면 왜 반응을 하지 않았을까? 왜 이렇게 일찍 온 거지? 이런저런 생각을 하며 지난 차트를 바쁘게 훑어 내려갔다.

처음 은아 씨를 만난 지 한 달이 조금 넘었고, 그동안 열 차례 정도의 세션이 진행되었다. 초기 평가를 하는 동안 은아 씨는 자주 나의 눈치를 보고 말을 아끼곤 했다. 그 모습에 나는 내담자가 치료자의 반응에 신경 쓰지 않고 편안하게 이야기를 할 수 있도록 은아 씨에게 카우치에 누워서 상담을 받을 것을 권했다. 그렇게 일주일에 두 번씩, 카우치에 누운 상태로 정신분석 세션을 시작한지 한 달 정도의 시간이 흘렀다. 그간의 진료 과정에서 은아 씨에 대해 내가 받은 인상은 조금만 위험한 신호가 들려도 바로 도망칠 수 있게 늘 귀를 쫑긋 세우고 주위를 살피는 토끼에 가까웠다. 면담 중 조금이라도 나무라는 뉘앙스의 말을 하면 지금까지 하던 말이 진심이 아니라고 부정을 하거나 아니면 입을 닫아 버렸기에 말한마디를 꺼낼 때도 조심스러웠다. 그러면서 분석 세션을 심리적 안전 기지로 삼을 수 있도록 신경을 곤두세웠다. 어느 정도는 통했는지 은아 씨는 세션 중에 웃기도 하고, 살짝 화장을 하고 오기도 하는 변화가 있었다. 조금 전에 본 은아 씨의 어두운 얼굴이 마음에 걸린 것도 그 때문이었다. '뭔가 새로운 고민거리가 생긴 걸까?' 그때, 은아 씨가 도착했다. 약속한 두 시보다 십 분 정도 늦은 시간이었다.

은아 씨는 카우치에 앉아서 잠깐 나를 쳐다보더니 익숙하게 누웠다.

"준비되면 시작하세요."

"음……. 오늘은 무슨 이야기를 할지 준비해 온 게 없어서요."

그동안 은아 씨는 이야기를 잘 시작하는 편이었는데, 오늘따라 말을 쉽게 꺼내지 못했다. 잠시 기다리다가 내가 나섰다.

"딱히 이야기를 준비해 올 필요는 없어요. 지금 어떤 생각이 드는지 떠오르는 대로 이야기하면 돼요."

"음, 사실, 지난 상담이 끝나고 또 폭식을 했어요."

지난 상담에서 은아 씨는 인턴으로, 웹툰 작가로 일하며 부딪혔던 문제에 대해 이야기했다. 세션 말미에 은아 씨는 그동안 사회생활을 하기 어려웠던 이유를 드디어 알 것 같다며, 자신이 부정적인 피드백을 받을 때마다 도망치는 패턴을 보였다는 것을 발견했다고 말했다. 특히나 자신에게 무언가 잘못했음을 지적하는 눈빛을 받았을 때 가장 심했다. 그 순간 과거에 자신을 학대했던 어머니가 떠오르면서 두려움이 몰려왔고, 숨는 것 외에는 다른 방법이 없었다고 했다. 그러면서 은아 씨가 정말로 원하는 것은 웹툰을 계속 그리는 것이고, 어머니가 응원해 줬으면 한다고 말하면서 울음을 터뜨렸다. 그렇게 울고 나서 후련해진 은아 씨의 표정을 보고, 이제 하고 싶은 것을 찾았으니 그림을 다시 그려 보자고 부드럽게 권유했다. 나름대로 그날의 상담을 긍정적으로 평가했기에 진료를 마치고 폭식을 했다는 이야기를 듣고 내심 놀라 그 사이에 무슨 일이 있었는지를 물었다.

"왜인지 모르겠는데 상담을 마치고 나서 그냥 마음이 너무 좋지 않았어요. 아마 엄마 이야기를 너무 많이 해서 그런 것 같아요.

그것도 나쁘게만. 근데 상담을 마치고 나서도 한동안 엄마 생각에서 벗어날 수가 없는 거예요. 어린 시절 기억이 꼬리에 꼬리를 물고……"

은아 씨는 잠시 숨을 고르더니 한참을 망설이다 이야기를 이어갔다.

"중학교 3학년 올라가는 겨울에, 예고 입시를 준비하면서 그림 연습을 엄청나게 해야 했어요. 집에서도 엄마가 물건을 가져다 놓으면 그걸 정해진 시간 안에 그려야 했어요. 그림이 엄마 마음에 들지 않으면 엄청 혼났어요. 손등을 회초리로 때리기도 하고, 심할 때는 집 밖으로 쫓겨날 때도 있었어요. 아직도 기억나요. 정말 춥고, 눈까지 내리는 날이었어요. 게다가 감기에 걸려서 컨디션도 안 좋았는데 몸이 아프니까 시간 안에 못 하겠더라고요. 그랬더니 엄마가 정신 못 차렸다고, 나가서 한 시간 동안 베란다에서 그림 그리라고. 정말 나가기 싫어서 버텼지만 결국 눈 쌓인 베란다로 저를 떠밀고는 문을 잠갔어요. 바로 그때 오빠가 집에 돌아왔어요. 저를 노려보던 엄마가 오빠 목소리를 듣고는 환하게 웃으면서 오빠를 반기는데, 갑자기 속이 텅 빈 것처럼 느껴졌어요."

'처벌하는 권위자'로서 어머니의 이미지는 은아 씨의 이야기에서 자주 등장했다. 시키지 않아도 알아서 공부를 잘하는 오빠와 계속되는 비교 속에서 성장한 은아 씨는 어머니에게 칭찬받은 경험이 열 손가락으로 꼽기 민망할 정도로 적었고 좌절하거나 상처받

은 경험이 대부분일 정도로 정서적인 학대를 받으며 어린 시절을
보냈다. 두 사람의 관계를 어느 정도 짐작하고 있었지만 이처럼 끔
찍한 기억으로 남을 물리적인 학대를 받았다는 사실에 다시 한 번
눈살을 찌푸리지 않을 수 없었다.

> 66
>
> 저를 노려보던 엄마가
> 오빠 목소리를 듣고는 환하게 웃는데
> 갑자기 속이 텅 빈 것 같았어요
>
> 99

은아 씨가 말한 텅 빈 것처럼 느껴지는 반응으로 보아 어릴 때
어머니에게서 쫓겨난 경험이 '트라우마'로 남은 듯했다. 이럴 땐 그
트라우마를 떠올리게 하는 자극이 무엇인지, 그리고 그 자극에 어
떻게 반응하는지 알아보는 것이 매우 중요하다. 트라우마를 남긴
사건 자체는 과거의 일이지만, 그것이 불러일으키는 감정은 현재
생활에 막대한 영향을 주기 때문이다. 어쩌면 폭식은 이렇게 '속이
텅 빈' 느낌을 받고 그곳을 채우기 위한 보상 행동일 가능성이 있었
다. 트라우마를 떠올린 사건과 폭식 사이에 유의미한 연관이 있는
지 알아보기 위해 은아 씨에게 그 사건에서 연상되는 다른 이야기
는 없는지 물어보았다. 은아 씨는 한참을 머뭇거리다 고민 끝에 말

문을 열었다.

"사실……, 지난번 상담을 마치고 나오면서 이상하게, 춥다고 해야 하나, 그런 느낌을 받았어요. 선생님, 그날 제 다음에 들어온 환자 기억나세요? 젊은 남자였는데, 키는 보통이고 체격이 많이 마른 사람이요. 얼굴은 하얗고, 학생처럼 보였는데. 대기실에 앉아 있는 걸 봤어요."

"아마 맞는 것 같아요."

은아 씨가 갑작스럽게 화제를 전환하는 것이 느껴졌지만 부드럽게 고개를 끄덕이고 은아 씨의 다음 말을 기다렸다.

"어제 집에 가는 길에 계속 생각나더라고요. 그 남자가, 그 남자가 오빠 같다는 생각이 들었어요."

"좀 더 이야기해 주시겠어요?"

"지난 상담에서 엄마 이야기를 하면서 제가 많이 울었잖아요. 저는 선생님이 저를 위로해 주실 거라고 생각했어요. 그런데 선생님은 그림을 계속 그리는 게 어떻겠냐고 이야기를 하셨잖아요, 그 순간 제가 무슨 계획이라도 세워야 하나 싶은 생각이 드는 거예요. 저는 아직 마음의 준비가 안 됐는데, 뭐라도 이야기를 해야 할 것 같아서 고민하던 찰나에 종이 울렸고, 선생님은 제게 다음에 보자고 말했죠. 뭔가 쫓겨나는 기분이라고 생각했는데, 그 남자를 본 순간 저 사람 때문에 날 내보냈구나 싶었어요. 그리고 방금 얘기한 중학교 때 기억이 떠올랐어요. 이런 얘기가 우습다는 걸 알지만,

그땐 엄마가 나를 버리는 것만 같아서 무서웠거든요. 선생님도 혹시 나를 버리려는 건가 싶었어요. 점점 무섭고, 무서운 생각이 드는 게 당혹스럽고……."

"어허."

안타까운 마음에 탄식이 흘러나왔다. 은아 씨가 폭식을 한 이유는 단순히 과거 기억 때문만은 아니었다. 은아 씨는 치료자인 나에게서 '처벌하는 권위자'의 이미지를 찾았다. 은아 씨가 가혹하게 밀어붙이지 않으면 움직이지 않는 자신의 약점을 내게 투사했고, 나는 그런 식의 투사를 나도 모르는 사이 받아들여 은아 씨에게 '가혹한 어머니'의 모습으로 비치고 있었던 것이다. 은아 씨와 나 사이에 일어난 '투사적 동일시' 현상이 당황스럽기도 했지만, 어쩌면 은아 씨 문제에 접근하는 실마리가 될 수도 있겠다는 생각이 들어 차트에 방금 떠오른 생각들을 적어 넣었다. 그때 은아 씨가 낮은 목소리로 물었다.

"문득 궁금해서요. 오늘로 제가 몇 번째 온 거죠?"

"음, 정확한 횟수는 세 봐야 할 텐데요. 열 번보다 조금 더 되었죠?"

"열두 번이에요. 맨 처음부터 하면."

은아 씨는 기다렸다는 듯이 내 말을 받아쳤다. 나는 차트를 펴 봤다. 은아 씨의 기억이 정확했다.

"맞네요. 오늘이 열두 번째군요."

"이제 처음 왔을 때부터 한 달 반 정도 지난 거잖아요. 문득 이런 생각이 들어요. 내가 정말 좋아지고 있는 걸까? 여기에 왜 오고 있지? 솔직히 말해서 오히려 더 나빠진 건 아닌가 싶기도 해요. 처음에는 폭식하고 구토하는 걸 안 해서 좋았거든요. 그런데 어제 또 그랬잖아요. 오히려 여기서 이야기를 하고 나면 더 힘든 것 같기도 해요. 흙탕물을 마구 휘젓는 것처럼요. 그런데 그날 선생님은 그걸 가라앉힐 시간도 주지 않고 저를 밖으로 내쫓았어요. 제가 얼마나 힘들었는지 아세요? 저는 선생님을 믿고 이야기한 거라고요. 그런데 오히려 더 아프기만 하고……."

어조가 점점 높아지면서 격정적으로 변했다. 은아 씨는 결국 자기 감정에 못 이겨 눈물을 흘리기 시작했다. 손으로 닦아도 정돈이 안 될 만큼 눈물이 펑펑 쏟아졌다. 가만히 은아 씨의 이야기를 듣던 나는 티슈 상자를 은아 씨 옆의 테이블에 내려놓았다. 은아 씨는 말없이 티슈를 뽑아 눈물을 마저 닦았다. 진료실에는 은아 씨가 훌쩍이는 소리만 가득했다.

66

그런데 그날 선생님은
그걸 가라앉힐 시간도 주지 않고
저를 밖으로 내쫓았어요

99

"저는 정말 선생님을 믿었어요. 저를 이해해 주신다고 생각했어요. 그런데 이게 뭐예요. 제가 몇 번을 왔는지도 모르다니요. 이 시간이 저한테 얼마나 중요한 시간인데……. 선생님한테는 제가 다른 환자랑 다를 게 없는 거죠?"

은아 씨가 감정 기복이 있다는 건 면담을 하면서 익히 알고 있었지만 지금처럼 공격적인 태도를 보인 적은 없어 당황스러웠다. 나를 향해서 비난의 화살을 겨눈 것도 처음이었다. 그런데 그 순간 면담 시간이 끝났다는 알람이 울렸고, 동시에 몸이 뻣뻣하게 긴장됐다. 오늘도 이대로 아무런 개입 없이 면담을 종료한다면 다음 시간까지 지금의 감정이 지속될 것이라는 생각이 들었다. 어쩌면 다시 진료실에 오고 싶지 않을 수도 있었다. 나는 서둘러 입을 열었다.

"시간이 다 되었네요. 은아 씨, 지금 마음은 좀 어떤가요?"

"모르겠어요. 괜한 말을 해서 오히려 제가 초라해진 것 같아요. 그렇지만 선생님……, 이대로 선생님과 끝을 내고 싶다는 뜻은 아니었어요. 이건 진심이에요. 선생님을 그렇게 나쁘게 생각하고 있는 건 아니에요."

은아 씨가 두 손에 티슈를 들고 눈과 얼굴을 가린 채 사정했다. 어머니를 원망하거나 탓하는 말을 한 뒤 후회하는 모습과 비슷한 패턴이었다. 여기서 아무 말도 하지 않고 끝낸다면 지금까지 은아 씨의 패턴을 지속해도 된다고 인정하는 의미로 전달될 수 있고, 앞으로도 내가 '나무'라고 통제하려는 권위자'의 역할을 맡게 될 것이라는 생각이 들었다.

"그렇게 생각했군요. 저는 은아 씨가 이런 이야기를 해 줘서 오히려 좋았어요. 솔직히 말해서 조금 놀라기는 했어요. 면담이 끝난 뒤 오히려 더 아프다는 말을 들었을 때는 제 마음도 아팠고요. 그런데 오늘 은아 씨의 이야기를 들으면서 그래도 변하고 있는 것들이 눈에 보였어요."

"어떤 것들이요?"

"적어도 이렇게 힘든 마음을 직접 말로 표현하기 시작한 거잖아요. 전에도 이야기한 적이 있지만, 여기는 은아 씨와 저 둘만 아는 안전 기지예요. 어떤 이야기든 다 괜찮아요. 저는 은아 씨를 칭찬하거나 벌주는 사람이 아니라 은아 씨에 대해서 함께 알아 가는 사람이에요. 함께 은아 씨를 괴롭히는 마음과 생각이 무엇인지를 깨닫고 달라질 수 있는 방법을 찾는 거죠. 그런 점에서 오늘 이야기도 정말 의미 있었어요."

은아 씨는 내 말을 듣고 카우치에 누운 채 잠시 숨을 고르다 곧 느긋하게 몸을 일으켜 앉았다. 조금 전보다 긴장은 풀어졌지만 아직은 고개를 들어 나를 바라보고 싶진 않은 듯했다.

"이제 시간 되었으니 가야 하죠? 고맙습니다, 선생님. 다음 주에 또 뵐게요."

모두가 내게
나쁜 엄마인 것처럼

정신분석 상황에서 치료자는 기본적으로 중립적인 자세를 취해야 합니다. 그래야 내담자가 정말 하고 싶은 이야기나 해야 하는 이야기를 자유롭게 떠올리고 말할 수 있기 때문입니다. 하지만 실제로 분석을 하다 보면 생각과는 다르게 내담자에게 중립적이지 않은 반응을 할 때가 있습니다. 답답한 마음이 들어서 내담자를 다그치기도 하고, 안쓰러운 마음이 들어서 성급하게 위로를 하기도 하지요. 그런데 이런 순간에 치료자와 내담자 사이에 의미 있는 미묘한 교류가 일어나는 경우가 종종 있습니다.

그러한 교류 가운데 하나로 투사적 동일시라는 정신적 역동이 있습니다. 투사적 동일시는 대상관계학파를 창시한 정신분석가 멜라니 클라인이 발견한 것입니다. 사람은 태어나고 성장하면서 다른 사람, 특히 주 양육자인 어머니의 모습을 받아들이고 마음속에 간직하는 내재화라는 작업을 합니다. 그러면서 나를 따뜻하게 품어주는 어머니와 나를 혼내는 무서운 어머니가 하나의 어머니라는 것을 받아들이는 대상 통합을 하게 됩니다. '충분히 좋은 어머니'의 보살핌을 받으며 성장한 아이는 이런 통합 과정이 힘들지 않지만, 아이의 요구에 잘 공감하지 못하거나 학대하는 어머니에게서 자란 아이는 어머니라는 대상을 통합하는 데 실패하고, 마음속에 '나쁜 엄마'와 '좋은 엄마'가 각각 분리된 존재로 남게 됩니다. 그런데 '나쁜 엄마'라는 대상을 마음속에 품는 것은 나를 아프게 하는 일이기 때문에 자꾸만 타인에게 그 이미지를 투사하고, 그 대상을 받아들인 상대방이 마치 자신이 '나쁜 엄마'인 것처럼 나를 대하게 만드는 현상을 투사적 동일시라고 합니다.

앞으로 면담 과정에서 더 명확해지겠지만 은아 씨에겐 어떤 방식으로든 자신에게 개입하려는 상대의 의도를 공격이나 비난으로 해석하는 경향이 있었습니다. 비난을 당하는 마음은 당연히 아프고, 비난하는 근거가 나에게 있다고 생각하면 더 괴롭습니다. 그런데 나를 비난하는 사람이 나쁜 사람이고 나에게는 문제가 없다고 생각하면 마음이 편해지지요. 은아 씨는 이처럼 자신을 괴롭게 하는 관계를 '가해자-피해자 구도'로 몰고 가는 패턴을 보였습니다. 여기서 가해자는 자신을 게으르다고 비난하고 학대했던 '나쁜 엄마'의 형상으로 드러납니다. 상담실에서는 치료자인 제가 은아 씨의 투사적 동일시 대상이 된 것이지요.

이렇게 보면 투사적 동일시를 내담자가 치료를 방해하거나 치료자가 중립을 지키지 못하는 나쁜 상황으로만 볼 일이 아닙니다. 투사적 동일시는 내담자가 대인 관계에서 반복하는 패턴의 핵심이기 때문에 오히려 내담자를 더 잘 이해하고 핵심을 바꾸는 데 도움이 될 수 있습니다. 그 전에 먼저 내담자가 치료자와의 관계나 진료실을 심리적 안전 기지로 느낄 수 있어야 하고 치료자는 투사적 동일시에 흔들리지 않고 버틸 수 있어야 합니다.

네 번째 이야기

사람은 왜
쉽게 변하지 않는 걸까?

지난 상담에서 은아 씨는 처음으로 치료자인 나를 비난하고 탓하며, 원망하는 감정을 드러냈다. 처음에는 지금까지의 치료를 모두 평가절하하는 듯한 은아 씨의 태도에 어안이 벙벙했지만, 은아 씨가 나간 뒤 생각을 해 보니 이것을 긍정적으로 바라볼 수도 있겠다는 생각이 들었다. 은아 씨는 어머니를 비롯해서 자기보다 권위가 있다고 생각하는 사람 앞에서는 자기 속내를 드러내는 것을 두려워했고, 어쩌다 다른 사람에게 반발하는 모습을 보였다가도 이내 그 말을 취소하기를 반복했다. 그랬기에 나에게 원망하는 마음을 드러낸 건, 비록 세련된 방식은 아니었지만 유의미한 변화로 해석할 수도 있었다. 조금은 미성숙한 표현일지 몰라도 나에게 감정을 터뜨린 것이 오히려 은아 씨가 권위자에 대한 두려움을 극복하는 실마리가 되지 않을까 하는 기대도 가져 보았다.

긍정적인 신호도 있는 반면 상담 내내 은아 씨에게 관계를 일정한 방향으로 몰고 가는 특징이 지속적으로 엿보이는 게 마음에 걸렸다. 권위적인 인물 앞에서 한없이 약한 초식동물처럼 보이지만, 한편으로 은아 씨의 무의식이 모든 관계를 포식자-피식자의 관계로 몰고 가는 것은 아닌가 하는 의심이 들었다. 어머니와의 관계에 기초한 '투사적 동일시'가 다른 관계에도 영향을 미치고 있는 것은 아닐까? 인턴 시절 팀장에게 느낀 불안과 나에게 느낀 배신감도 그러한 관계 패턴의 하나가 아닐까?

사람의 사고와 행동은 대개 패턴을 그리며 반복된다. 세상을 이해하는 방식부터 세상과 관계 맺는 방식까지 모두 자기한테 익숙한 고유의 패턴을 따른다. 그렇지 않으면 외부에서 자극이 올 때마다 그 자극을 어떻게 이해하고 처리할지 매번 제로에서 다시 시작해야 하기 때문이다. 패턴이 있을 경우 크게 예외적인 일이 아니라면 자동적으로 외부 자극을 처리할 수 있다. 그렇기 때문에 사람의 일생은 패턴의 반복이라고 봐도 크게 무리가 아니다. 마치 프랙탈 무늬처럼, 하루에도 수십 차례 고유의 패턴이 반복된다. 진료실역시 그 패턴이 작동하는 공간이라는 걸 나는 은아 씨를 통해 다시한 번 크게 깨달았다.

"요 며칠 동안은 기분이 좀 우울했어요. 지난주에 친하게 지내던 웹툰 담당자한테 전화가 와서 만났거든요. 저보다 나이가 열 살 넘게 많지만 그냥 언니 동생 하는 사이인데, 만나서 같이 밥을 먹었어요. 조금 많이 먹어서 아무 생각 없이 '너무 많이 먹었네, 배 터지겠다'라고 했거든요. 그랬더니 언니가 다 들리게 큰소리로 '너 요즘도 먹고 토하니?'라고 하는 거예요. 그 순간 기분이 확 나빠졌어요. 믿을 만한 사람이라 생각해서 고민을 얘기한 건데, 그걸 그렇게 아무렇지 않게, 아무리 친해도 할 말, 못 할 말이 있는 건데……"

"어허, 그랬구나. 그래서 어떻게 했어요?"

"화가 났는데, 선생님 생각하면서 참았어요. 요즘은 안 그런다고 하고, 다른 이야기를 하자고 했어요. 그런데 자꾸 그 말이 생각나는 거예요. 그러면서 더 먹고 싶어지고, 그럼 안 된다는 생각도 들고, 머릿속이 혼란스러워서 그 뒤에 무슨 이야기를 했는지 기억이 잘 안 나요."

"그렇군요. 그래도 뭔가 기억이 나는 건 없어요?"

"음……"

은아 씨의 얼굴에 잠깐 망설이는 기색이 서렸다.

"웹툰 이야기를 좀 했어요. 요즘 언니가 새로 기획하는 릴레이 웹툰이요. 작가들이 돌아가면서 일주일에 한 편씩 작품을 올리는 건데, 저한테도 해 보지 않겠느냐고, 정말 좋은 기회라고 하는 거예요. 앞선 스토리를 이으면 되고, 또 제가 스토리를 완전 이상하게 그려도 다음 사람이 수습하면 되니 부담도 적고 복귀하는 데 도움도 될 거라고."

"그렇군요. 재미있을 것 같은데요?"

"저도 재미있을 것 같다고 생각했어요. 제가 연재를 끝낸 지가 꽤 되어서 사람들한테 잊히기도 했잖아요. 언니가 제안한 건 릴레이에서 한 편 그리는 거라서 그렇게 큰 효과는 없을지 몰라도 계속 눈에 띄는 게 중요하거든요."

은아 씨는 언니의 제안이 주는 이점을 조목조목 짚었다. 내가 보기에도 은아 씨에게 거절할 이유가 전혀 없는 제안인 듯했다.

"그래서 하기로 했나요?"

"문제가 좀 있었어요. 아무리 릴레이 웹툰이라도 어쨌든 한 편은 제가 그려야 하잖아요? 거기에 댓글이 달릴 수도 있고요. 갑자기 겁이 나는 거예요. 제 앞뒤로 인기 작가가 있으면 어쩌지? 스토리를 잘못 이으면 어쩌지? 어떻게 해도 악플이 엄청나게 달릴 것 같았어요. 그래서 언니한테 걱정이 된다고 했어요. 그랬는데……."

"아하, 악플이 걱정이 되었군요. 그랬더니?"

"언니가 괜찮다고 하는 거예요. 할 수 있다고. 그런 거에 겁먹지 말라고. 릴레이 웹툰은 원래 악플이 별로 안 달리고, 나만 타깃이 될 일도 없다고. 일단 해 보자고 밀어붙이더라고요."

"그 이야기를 듣고 어떤 생각이 들던가요?"

"모르겠어요. 저는 자꾸만 예전 일이 생각나는 거예요. 사람들이

단 악플들, 사인회 때 사람들이 저를 보던 시선들……. 무섭고 하기 싫었어요. 제가 가장 힘들었을 때 도와줬던 언니니까, 저는 언니도 제 마음을 잘 알거라고 생각했거든요? 근데 그렇게 말했더니, 글쎄, 진짜 지금 생각해도 화가 나요."

은아 씨가 어느새 주먹을 불끈 쥐고 있었다.

"왜요?"

"언니가 저한테 그만 좀 징징대라고 하는 거예요. 그러더니 제 생각을 무시하고 마음대로 스케줄을 짜는 거예요. 저는 아직 할지 말지도 못 정했는데, 게다가 하필이면 저보고 사인회 때 인기 있었던 그 유명 작가 다음에 그리라는 거예요. 공식적으로 그 작가한테 사과하고 마무리 짓는 모양새가 되면 복귀에도 도움이 되지 않겠냐면서요. 물론 그러면 사람들이 더 보긴 하겠지만 저는 그만큼 더 무섭다고요. 그런 제 맘 같은 건 생각도 안 하고……. 어떻게 그럴 수가 있어요? 속상해서 웹툰 이야기는 더 하고 싶지 않다고 하고 나왔어요."

66

저한테 그만 좀
징징대라고 하는 거예요

99

은아 씨의 패턴이었다. 자신을 도와주려는 사람의 말에 저항하는 패턴, 상대방이 자신을 재촉하게 하고 조종하게 유도한 뒤 압박이 심해지면 감정적으로 호소하면서 중요한 이야기를 회피하는 패턴 말이다. 이대로 두면 은아 씨와 그 언니의 관계도 이 상태에서 멈춰 버리거나 크게 충돌할 가능성이 컸다. 나는 공격당할 것을 각오하고서라도 그 패턴을 명확하게 끄집어내야 한다고 생각했다.

"그렇군요. 그런데 연재 제안 자체는 어떻게 생각해요?"

"당연히 싫죠. 제 상태는 하나도 고려를 안 한 거니까요."

"은아 씨의 상태가 어떤데요?"

"저는 그 작가 생각만 하면 숨이 막히고 가슴이 두근거려요. 무섭다고요. 자꾸만 화도 나고 짜증도 나고요."

"그렇군요. 지금 말한 그 작가요, 그 작가 생각을 하면 은아 씨한테 일어나는 반응을 풀어서 이야기해 볼 수 있을까요?"

"풀어서 이야기하라는 게 무슨 말이죠?"

은아 씨가 몸을 움츠리며 날카로운 어조로 물었다.

"그 작가를 생각할 때 은아 씨가 어떤 생각을 하는지 어떤 감정 변화를 느끼는지 알고 싶어요."

"음, 그 작가 생각을 하면……. 일단, 예전에 사인회 때 생각이 나요. 그날 그 작가한테만 사람이 몰려서 속상했고 짜증도 났어요. 이번에 그 작가랑 얽히면 분명 그때 사건이 다시 이야기될 거예요. 그 사람들이 제 웹툰에 몰려와 악플도 달 거고요. 그런 생각을 하

면 마치 구석에 몰린 것 같아요. 사람들이 노려보고 있는 것 같고요. 차라리 안 하는 게 낫겠다 싶어요."

"그래서 안 하고 싶다는 생각이 드는군요. 그런데 아까 말한 대로 오랜만에 다시 활동할 수 있는 좋은 기회인 건 맞죠? 그건 어떻게 생각해요?"

그 순간 은아 씨 몸이 경직되는 듯하더니 갑자기 공격적으로 말을 쏟아 내기 시작했다.

"선생님도 언니랑 똑같은 이야기를 하시네요. 아니, 제가 분명히 무섭다고 했잖아요. 저도 좋은 기회라는 건 알아요. 그런데 기회가 아무리 좋으면 뭐해요. 제가 할 수 없는데요. 분명히 사람들이 저 욕하고, 악플 달고, 그럴 텐데요. 그깟 원고료 얼마 받는다고……. 선생님은 제가 뭐 때문에 얼마나 아픈지 아시잖아요. 그런데 어떻게 그런 말씀을 하시는 거예요, 저를 정말 이해하고 계신 거 맞아요?"

공격의 화살이 내 쪽으로 돌아왔지만, 그건 내가 유도한 결과였다. 문제가 세션 안으로 들어왔기 때문에 드디어 해석이 가능해졌다. 해석은 전통 정신분석에서 가장 중요하게 여기는 치료 기법으로, 면담을 통해 환자의 증상이나 문제 행동의 패턴을 탐색해 환자 스스로 원인을 깨달을 수 있게 유도하거나 의사가 원인을 밝혀 설명하는 과정이다. 해석을 통해서 환자가 '병식'을 얻게 되면 증상이나 문제 행동이 사라질 수 있다.

"은아 씨, 잠깐만요. 은아 씨가 하는 이야기 계속 들을 건데요.

그전에 한 가지만 물어볼게요."

"······ 뭔가요?"

"은아 씨가 이야기한 이유들이 정말 중요한 문제인가요?"

"당연하죠, 얼마나 중요한데요. 지금 무슨 말씀을 하시는 거예요? 제 이야기를 듣기는 하셨어요?"

"오늘 은아 씨가 언니의 제안이 꽤나 좋은 기회라고 했잖아요? 그런데 그 과정에서 언니가 은아 씨의 감정을 생각하지 않고 몰아붙여서 서운하다고 했고요. 저도 은아 씨가 무척 서운했을 거라고 생각해요. 그런데 은아 씨가 서운한 감정에 빠져서 제안을 똑바로 마주하지 못하는 게 아닐까 싶어요. 그래서 저도 언니가 그랬던 것처럼 그 일을 하는 데 어떤 장단점이 있는지 알아보자고 한 거고요. 그랬더니 은아 씨가 다시 화를 내기 시작했잖아요? 그 순간 실제로 은아 씨 삶에 아주 중요한 일을 이야기할 때마다 은아 씨는 서운해하거나 화를 내면서 깊이 생각하는 걸 회피하고 있다는 생각이 들었어요."

내 말이 끝나고 치료실에는 정적만 흘렀다. 내가 말하는 동안 은아 씨는 당장이라도 일어날 것처럼 무릎을 세웠다가 어느 순간 그대로 멈춘 채 생각에 잠긴 것 같았다. 나도 아무 말도 하지 않고 은아 씨가 먼저 입을 떼기를 기다렸다. 나와 은아 씨 사이에 침묵만 흐르는 채로 몇 분이 지났다. 마침내 은아 씨가 힘이 쫙 빠진 목소리로 말했다.

> **"**
> *서운해하거나 화를 내면서*
> *중요한 문제를*
> *회피하고 있는 건 아닌가요?*
> **"**

"그래서, 저는 어떻게 해야 하죠?"

은아 씨 내면의 패턴이 더는 버티지 않고 순순히 백기를 드는 게 느껴졌다.

"은아 씨는 어떻게 생각해요?"

"잘 모르겠어요. 지금 마음이 좀……, 잘 모르겠어요. 모르겠는데……, 선생님 말씀이 맞는 것 같아요. 솔직히 일을 해야 할지 말아야 할지 고민 자체를 하고 싶지 않아요. 악플, 사실 그렇게 무섭지 않은 것 같아요. 악플 다는 사람은 어디에나 있지만 나한테 직접 피해를 주지는 못할 거니까요. 진짜 무서운 건……."

잠시 말을 멈춘 은아 씨를 쳐다보며 고개를 부드럽게 끄덕였다.

"예전보다 잘하지 못하는 거요. 예전에는 운이 좋아서 책까지 냈잖아요. 이번에는 그때만큼 잘하지 못할 것 같고, 잘 풀리지도 않을 것 같아요. 다시 그림을 그리면 전처럼 정말 잘해야 할 것 같은데, 또 다들 잘해야 한다고 하고, 담당자 언니는 다시 한 번 책 내자고 하고, 엄마는 뒤에서 노려보고 있고……. 조금만 잘못해도 다들 엄청나게 실망할 게 뻔히 보이잖아요. 그러니까 그냥……."

"……."

"차라리 시작을 하지 말자, 그런 마음이 있었던 것 같아요."

말을 마친 은아 씨가 가만히 앞을 바라봤다. 다른 사람이나 환경을 탓할 때는 쉽게 흥분하고 눈물을 흘린 것과 달리 이번에는 조용히 무언가를 곱씹는 것 같았다. 내담자가 자신의 삶을 자꾸만 곤란하게 만드는 패턴을 직시했을 때, 자기 자신이 외면하고 싶은 약점을 직시했을 때, 드라마틱한 반응이 일어날 거라고 생각하지만 오히려 이렇게 침착하고 차분한 경우도 많다.

"은아 씨는 앞으로 어떻게 하고 싶나요?"

"아직 답을 모르겠어요. 언니한테 연락해서 그려 보겠다고 해야 할지, 아니면 이번에는 넘어가고 다음에 도전을 할지……. 선생님, 어떻게 하는 게 좋을까요?"

나는 부드럽게 웃으며 고개를 가로저었다.

"은아 씨, 그 질문의 답은 은아 씨가 직접 찾아야 해요. 오늘 잘 했어요. 은아 씨는 생각보다 자기 문제의 답을 잘 알고 있는 것 같아요."

그때, 면담 시간이 끝났다는 걸 알리는 알람이 울렸다. 은아 씨는 평소보다 빠르게 자리를 털고 일어섰다. 혼란스럽지만 속이 뻥 뚫린 것처럼 시원하다고 말하며 감사하다는 인사까지 덧붙였다. 은아 씨를 보낸 뒤 나는 다음 세션까지 은아 씨가 겪을 혼란이 걱정됐다. 특히나 해석을 들은 뒤 반동을 보이지 않아 '패턴을 제대로 직면한 게 맞을까?' 하는 의심이 들었다. 하지만 나는 이내 은아 씨가 마지막에 보인 표정, 두려움이 아닌 후련한 감정이 배어 있던 표정을 생각하며 머리를 가볍게 비웠다. 이제부터 내가 해야 할 일은 은아 씨의 의지와 회복력을 믿고 곁에서 기다리는 일뿐이었다.

우리는
한 팀입니다

학파마다 의견이 조금씩 다르지만, 해석을 통해 증상을 해소하는 것은 정신분석에서 아주 중요한 치료 과정입니다. 사람은 무의식 속의 갈등 때문에 정신적인 증상을 겪습니다. 또 자기 자신을 힘들게 하는 행동 패턴을 반복하지요. 그렇기에 무의식 속의 갈등이 무엇인지 파악하면 심리적 문제에서 해방될 수 있습니다.

은아 씨는 감당하기 힘든 일이 생기면 상대방으로 하여금 자신을 공격하게 해 피해자가 되기를 자처합니다. 그래서 움츠러들고 숨는 패턴을 반복하지요. 이렇게 반복되는 패턴은 은아 씨가 깨닫지 못하면 멈출 수 없습니다. 그런데 이런 패턴도 오랜 시간 동안 많은 경험을 통해 쌓아 온 자기만의 적응 방식이기 때문에 문제점을 알아채고 바꾸는 게 쉬운 일이 아닙니다.

그렇기 때문에 무의식 속의 갈등을 해석할 때는 준비를 충분히 해야 합니다. 먼저, 해석할 수 있는 갈등은 치료 현장에서 일어난 일이어야 합니다. 그리고 문제의 패턴이나 갈등 양상이 명확해야 합니다. 내담자는 이미 합리화 과정을 통해 과거 경험을 자신에게 유리하고 편안한 방식으로 재구성을 한 상태입니다. 따라서 얼마든지 평계를 댈 수 있는 기억 속 경험에 의존하기보다 치료 현장에서 '지금 당장' 일어난 문제를 명료화하는 것이 좋습니다. 내담자가 방어기제를 사용해 빠져나가기 전에 당장의 문제와 무의식 속 갈등을 연결해 해석한다면, 내담자 스스로도 병식, 즉 병에 대한 인지를 할 수 있게 됩니다.

무엇보다 가장 중요한 것은 해석 전에 치료 동맹을 맺는 것입니다. 치료 동맹은 치료자와 내담자의 건강한 자아가 치료 과정에서 서로 협력하겠다는 약속을 의미합니다. 치료자가 아무리 내담자의 문제를 정확하게 파악해서 알려 줘도 내담자는 그것을 받아들이기 어렵습니다. 어떨 때는 모욕을 당한 것처럼 불쾌하고, 또 어떨 때는 자신이 잘못 살아왔다는 생각에 깊은 슬픔과 자책을 느끼기도 합니다. 충격을 받고 감정의 동요에 휘말리다 치료자를 향한 적대감을 느끼는 일도 잦습니다. 이때 치료자가 내담자의 건강한 자아를 믿고 내담자도 치료자가 자신을 도울 거라고 믿으면 내담자는 감정의 동요를 가라앉히고 스스로를 돌아보게 됩니다. 이것이 바로 치료 동맹의 힘입니다.

치료 동맹과 비슷하게 쓰이는 말로 라포가 있습니다. 둘 다 치료자와 내담자 사이에 좋은 관계를 유지해 치료 효과를 높이기 위한 것이라는 공통점이 있지요. 일상적으로는 '라포'라는 말을 많이 쓰고, 치료 동맹은 정신분석학적으로 더 깊이 들어간 개념이라 보면 됩니다. 오쿠다 히데오라는 일본 작가는 『공중그네』라는 소설에서 정신과 상담을 치료자와 내담자가 한 팀이 되어 공중그네를 타는 것에 비유했습니다. 여기서 공중그네를 못 넘을까 두려워하는 내담자의 마음에 공감하고 격려해서 용기를 북돋아 주는 것이 '라포'라면, 나쁜 자세를 지적하고, 뛰어넘을 수 있는 저력을 믿고 손을 뻗어 주는 관계를 '치료 동맹'이라고 할 수 있습니다.

내담자의 패턴이 삶의 경험이 쌓여서 만들어진 것처럼, 서로 믿음을 나누는 경험이 쌓일수록 치료 동맹은 단단해집니다. 그렇게 다져진 치료 동맹을 바탕으로 치료자가 내담자의 무의식적인 갈등 패턴을 수면 위로 끌어올릴 경우, 내담자는 그 해석을 듣고 반사적으로 회피하는 것이 아니라 똑바로 마주할 수 있는 것이지요. 저 역시 은아 씨와 맺은 동맹을 믿기에, 은아 씨가 혼란에 빠질 것이라고 걱정하지 않고 회복을 기대할 수 있는 것입니다.

다섯 번째 이야기

앞으로
계속해 보겠습니다

은아 씨는 다시 웹툰을 그리기 시작했다. 정신분석을 받은 지 6개월 정도가 흐른 뒤였다. 악플이 달릴까 무서웠기 때문에 당분간 댓글은 보지 않기로 마음을 먹었다. 그래도 담당자가 좋은 반응을 골라 보여 주곤 했는데, 완결을 한 만화 캐릭터로 참여한 릴레이 웹툰에서 은아 씨의 만화를 기다리던 독자들이 생각보다 많다는 걸 알게 됐다. 무엇보다 은아 씨에게 큰 힘이 된 것은 어머니의 지지였다. 상담 초반에는 의구심을 가지고 지켜보던 어머니가 한 차례 은아 씨와 세션에 함께한 뒤 조금은 믿음을 갖고 변화를 기다려 보기로 약속을 했고, 무엇보다 은아 씨가 웹툰을 다시 그리고 정기 연재를 하면서부터 평가하는 시선을 거두고 조력자가 되기로 마음을 먹은 듯했다. 은아 씨 역시 어머니의 시선에서 조금씩 자유로워졌다. 어머니가 지적하는 말에 반사적으로 움츠러들고 혼자 속으로 삭이는 것이 아니라 그 지적에 대한 자신의 생각이나 감정을 솔직하게 표현하기 시작한 것이다. 물론 이 모든 변화가 극적으로 일어난 건 아니었다. 은아 씨의 마음속에 불안은 집요하게 남아서 가끔씩 폭식을 하기도 했다. 다만, 이제 은아 씨는 스트레스와 폭식을 연관 지어 생각할 수 있었기 때문에 이전처럼 왜 폭식하는지 몰라 불안해하지는 않았다.

은아 씨는 정시에 도착해 별다른 안내 없이 익숙하게 카우치에 앉았다. 6개월 동안 진료실도, 치료자인 나도, 정신분석을 받는 것에도 모두 익숙해져 있었다. 그런데 그날, 은아 씨는 카우치에 바로 눕지 않고 잠시 머뭇거렸다.

"준비되면 시작하려고 하는데, 뭔가 불편한 게 있나요?"

은아 씨는 그제야 카우치에 누웠지만 평소하고 다르게 한참 동안 아무런 이야기도 꺼내지 않았다. 의아한 상황에 내가 먼저 이야기를 꺼냈다.

"오늘은 평소와 좀 다른 것 같은데, 말을 시작하기 힘드신가요?"

"네······. 말을 꺼내는 게 어렵네요."

"그렇군요. 괜찮습니다. 늘 하는 이야기지만 이 자리에서는 어떤 생각이라도 좋으니 떠오르는 대로 편안하게 이야기해 주세요."

"그럼, 그럼 이야기해 볼게요. 그러니까……, 제가 여길 계속 다니는 게 맞나 싶어서요. 근데 이걸 선생님께 어떻게 말씀드려야 할지……. 그만 다닌다고 해도 선생님하고 이야기해서 정해야 할 것 같은데요. 이 말을 꺼내는 게 힘들었어요."

"

계속 상담을 받는 게
맞나 싶어요

"

은아 씨의 말에 나도 환기가 됐다. 지금까지 반복해 온 문제 상황이 아니라 새로운 고민이 은아 씨 마음속에서 고개를 든 것이다. 물론, 이전에도 은아 씨는 나를 깎아내리며 치료가 소용없으니 그만두겠다는 말을 몇 번이나 했다. 그때마다 나는 버티기 전략을 쓰면서 은아 씨 곁에 있었다. 그러나 오늘은 여느 때와 분위기가 달랐다. 진지한 은아 씨의 태도를 보면서 이 이야기가 어떤 맥락에서 나왔는지 살펴보는 게 의미가 있겠다는 생각이 들었다.

"그런 생각이 들었군요. 이야기를 꺼내는 게 힘든 만큼 중요한 이야기일 수 있겠어요. 이런 생각이 언제부터 들었나요?"

내 말에 마음이 조금 편안해졌는지 은아 씨는 망설임 없이 이야기를 이어 갔다.

"그리 오래된 것 같지는 않아요. 요즘 한두 달 정도는 별 생각 없이 예약을 했으니까 왔던 것 같아요. 특별히 싫지도 않았고 고민도 별로 없었어요. 그런데 지난주부터, 문득 내가 여길 왜 다니고 있나 싶더라고요."

"그래요. 지난주부터군요. 혹시 특별한 계기가 있을까요?"

"그게……. 저도 이런 생각이 든 이유를 찾아봤는데, 음, 아마도 미팅 일정이 잡힌 뒤 같아요."

"미팅 일정이라, 무슨 미팅이죠?"

"이번에 제가 다시 시작한 웹툰 미팅이요. 릴레이 웹툰을 진행한 곳의 이사님이 제 만화를 꽤 좋아하셨대요. 사십 대 중반의 남자분인데, 제가 다시 만화를 그린다고 하니까 담당자 언니한테 엄청 관심을 보였다고 하더라고요. 제 만화를 좋아해 주는 게 좋기는 한데, 솔직히 좀 부담되기도 했어요. 평소엔 괜찮은데 한 번씩 화를 심하게 낼 때가 있거든요."

"그렇군요. 은아 씨한테 화를 낸 적이 있나요?"

"저한테 직접 화낸 적은 없어요. 릴레이 웹툰이 끝났을 때, 작가들하고 담당자들하고 모여서 조촐하게 파티를 했거든요. 그때 와서 좋게 이야기하셨어요. 저한테 그림을 다시 그린다니 기대가 된다고도 했고요. 근데…… 다른 팀에서 뭔가 실수를 했나 봐요. 저랑 대화하는 중간에 전화를 받으시더니, 전화에 대고 심하게 화를 내셨어요. 그걸 듣는데 갑자기 가슴이 두근거리고, 괜히 무서웠어요."

이 상황은 은아 씨가 지금까지 계속 반복해서 겪어 온 불안이었다. 여기서 어떤 계기가 은아 씨한테 새로운 고민이 되었을까?

"으음, 은아 씨가 아니라 다른 사람에게 낸 화니까 한 걸음 물러서서 바라볼 수 있지 않을까요? 일회성으로 일어난 일이기도 하고요."

"그렇죠. 그럼 되는데, 문제는 그 이사님을 정기적으로 만나야 한다는 거예요. 연재를 시작하면 한 달에 한 번씩 미팅을 하기로 했거든요. 만화만 그리는 게 아니라 그걸로 캐릭터 상품도 만들고 웹드라마도 만들겠다고요. 그래서 작가랑 담당 피디랑 마케팅팀 팀장이랑 모여서 회의를 하는데, 그 이사님도 들어오겠대요. 담당자 언니는 이사님이 제 작품을 특별히 좋아해서 그런 거라고 좋은 일이라고 하는데, 저는 그 이야기를 들으니까 이게 그냥 지나가는 일이 아니라는 생각이 들었어요."

"그렇군요. 그런데 그 이사님이 은아 씨한테 화낼 일이 있을까요?"

내 말에 은아 씨가 기다렸다는 듯이 고개를 끄덕이고, 잠깐 생각을 한 뒤 말을 이었다.

"저도 거기까지 생각해 봤어요. '선생님이라면 내게 어떤 질문을 던질까?' 그런데 대답이 엉뚱하게 나왔어요."

"엉뚱하게요? 어떤 대답이 나왔는데요?"

"이사님을 만나는 건 상관없다는 생각이 들었어요. 선생님 말대로 부하 직원들에게 하듯이 저에게 화낼 일은 없을 테니까요. 미팅 자체는 괜찮아졌는데, 문득 의문이 들더라고요. 내가 병원에 다닌 지도 벌써 여섯 달이나 지났는데 아직도 이러고 있다니……."

"조금만 더 구체적으로 이야기해 볼 수 있나요?"

"그러니까 치료를 꽤 오래 받았잖아요. 내가 뭘 불안해하고 힘들어하는지도 많이 이야기했고요. 그러면서 그 불안을 다른 사람 탓으로 돌리는 패턴이 있다는 걸 이제는 알아요. 아는데도 자꾸만 불안한 마음이 드니까. 오래 치료를 받았는데 아직도 이렇게 힘들어야 하나 싶고, 완전히 좋아질 수는 없는 건가 답답했어요. 그리고……."

은아 씨는 잠시 생각을 고르는 듯했다.

"여기 오기 전에 제가 혼자서 생각했잖아요. 이러이러해서 불안하고 힘든 거다. 괜히 무서워할 필요는 없다. 시간이 좀 걸렸지만 괜찮아졌어요. 그러니까 내가 왜 여길 계속 다녀야 하나 싶더라고요. 안 와도 마음이 편해지는 법을 알았잖아요."

혼란스러워하는 은아 씨를 보며 나는 오히려 안심이 됐다. 은아 씨는 정말 많이 달라져 있었다. 마음에 갈등이 생겼을 때 스스로 원인을 찾아보고, 치료자와 함께였다면 이 상황에 관해 무슨 이야기를 나눴을지도 상상하며 마치 상담을 한 것처럼 마음의 안정을 찾았다. 은아 씨는 이전과는 다른 단계에 진입해 있었다.

정신분석을 통해 자기 자신의 문제를 깨닫더라도 오랫동안 지속해 온 패턴을 한 번에 바꾸는 것은 쉽지 않은 일이다. 우리의 패턴에는 관성이 있어서 끊임없이 원래의 모습대로 돌아가려고 한다. 그게 자신의 마음을 아프게 하고 괴롭게 하는 패턴이라도 마찬가지다. 습관처럼 쉽게 바꿀 수 없는 패턴에서 벗어나려면 변화하려고 노력하는 과정을 지속적으로 반복해야 한다. 이 과정을 '훈습'이라고 부른다. 훈습이 시작되는 바로 이 시점이 은아 씨가 치료를 받아 이루려고 하는 목표를 명확하게 할 때였다.

"

선생님이라면
내게 어떤 질문을 던질까?

"

"그랬군요. 여섯 달 동안 분석을 받았는데 자극을 받으면 또 불안해지니까 정말 좋아지는 건지 의문이 들 수 있겠어요……. 그런데 은아 씨, **좋아지는 게 뭐라고 생각하나요? 그러니까 지금보다 좋아진다는 게 어떤 걸까요?**"

은아 씨는 한참 생각한 뒤 대답했다.

"선생님, 제가 하나도 안 좋아졌다는 건 아니에요. 예전 같았으면 잠수를 타든지 울든지 그랬을 것 같아요. 그런데 이번에는 혼자서 마음을 추스르고 계속 그림도 그리고 미팅도 피하지 않았어요. 병원에 다니기 전보다 마음이 단단해진 건 분명해요. 그런데 자극이 오면 순간 움츠러드는 건 변하지 않았잖아요. 이렇게까지 노력하는데 말이에요."

"그래요? 그럼, 처음보다 많이 좋아진 건 맞네요?"

"네, 맞아요. 제가 좋아지지 않았다고 말하려는 거는 아니에요. 그냥 이렇게 한 번씩 확 움츠러들 때면, 마냥 힘들고 우울하기만 해요. 엄마는 제가 변했다고 해요. 그런데 그걸 못 믿겠어요. 제가 보기에 저는 하나도 안 변했고 여전하거든요."

"그렇군요. 평소에는 좋아졌다고 생각하다가도 한 번씩 우울해지면 그런 생각이 사라지고 부정적이 되는 거네요. 그런 마음이 드는 건 당연해요. 어두운 선글라스를 쓰면 세상이 어두워 보이잖아요. 우울하다는 건 마음에 색안경을 쓰는 거예요. 나 자신도 부정적으로 바라보고, 세상도 부정적으로 바라보는 거죠. 적어도 은아 씨는 이제 그 단계는 벗어난 것 같아요."

"그렇지만 막상 기분이 곤두박질 칠 때면 다시 무서워져요. 이게 잠깐만 그런 게 아닐까 봐요. 겨우겨우 빠져나온 건데 다시 시작인가 싶으면서요."

"그랬군요. 그러면 이번에는 어떻게 마음이 안정되었다고 했죠?"

"정말로 엄청 무서워지고 두근거리기 시작했는데, 문득 선생님 목소리가 떠올랐어요. 엄마한테 혼나고 나서 자책하고 있던 저한테 괜찮다고 이야기했을 때가요. 그러면서 왠지 안심이 되는 느낌? 무섭지 않다는 생각이 들더라고요. 그래서 '선생님이라면 뭐라고 했을까' 하고 저한테 물어봤어요. 선생님이라면 제가 왜 그런 생각을 하는지 이유를 물어볼 것 같았어요. 그래서 그 이유를 차근차근 생각해 봤죠. 그러니까 특별히 근거가 없다는 걸 깨달았어요."

"그렇군요. 그렇게 생각을 정리하고 마음이 안정되는 데까지 얼마나 걸렸나요?"

"아마 반나절 정도 걸린 것 같아요."

"반나절이요! 저는 꽤나 좋다는 생각이 드는데요?"

"어떤 게요?"

은아 씨가 이상하다는 듯 되물었다.

"은아 씨가 우울한 기분에 빠졌을 때, 여기 이곳에서 하는 것처럼 그런 마음이 드는 이유를 자기 자신에게 물어본 거잖아요. 그런 방법으로 우울한 기분에서 벗어나는 데 걸리는 시간이 많이 짧아졌고요. 예전에는 며칠씩 힘들어했잖아요. 게다가 이번에는 폭식도 하지 않았죠?"

"그렇긴 하네요……. 좋아지는 것 같기는 해요. 그런데 이번처럼 우울한 기분에서 스스로 벗어날 수 있으면, 굳이 여기를 계속 와야 할까요?"

목소리에 망설이는 기색이 느껴졌다.

"아주 중요한 질문이에요. 은아 씨 생각은 어때요? 계속 분석을 하고 싶나요? 아니면 여기서 그만해도 될까요?"

"잘 모르겠어요. 오늘도 오기 전까지는 그만 다니는 게 맞을 것 같다고 생각했어요. 제 감정을 스스로 잘 추스르니까 이제 충분한 게 아닌가 싶었어요. 그런데 선생님이랑 이야기하다 보면 마음이 많이 안정돼요. 혼자 생각할 때도 여기 생각이 나고, 우울에 빠지는 느낌이 들 때에도 더 나락으로 떨어지지 않도록 버팀목이 되는 곳 같다는 생각도 들었어요. 그래서 더 다녀야 하나 싶기도 하고요."

"오늘도 마음이 안정되던가요?"

"선생님이 전보다 좋아졌다고 했을 때요. 저 혼자서는 그렇게 생각을 못 하거든요. 선생님이 좋아졌다고 하니까 정말 그런 것 같아서 마음이 놓였어요."

"지금 해 준 이야기가 정말 의미 있어요. 이렇게 계속 세션을 하는 가장 중요한 이유이기도 하고요. 은아 씨는 이제 자기의 패턴을 알잖아요. 그 패턴이 오랜 기간 동안 이어지면 그걸 성격이라고 해요. 성격은 오랜 세월에 걸쳐 형성된 것이어서 한 번에 바꿀 수는 없어요. 게다가 나에게는 너무나 익숙한 모습이기 때문에 어떤 점이 나를 힘들게 하고, 또 어떤 점이 달라졌는지를 알아보기가 쉽지 않아요. 그런데 은아 씨는 지금 그 변화를 서서히 보이고 있어요."

"선생님이 보기에도 정말 그런가요?"

나는 고개를 끄덕이며 말했다.

"지금 당장은 은아 씨를 견디지 못할 정도로 괴롭히는 증상들이 사라지고 있어요. 그러니까 이 정도로 만족한다면 치료를 중단해도 괜찮아요. 만약 성격이 달라지길 원한다면 더 긴 시간이 필요해요. 은아 씨는 어떤 방향을 원하나요?"

내 말에 은아 씨는 가만히 생각에 잠겼다. 나와 은아 씨의 치료 세션이 여기서 종결될지 아니면 다른 국면으로 계속 진행될지 기로에 서 있었다. 은아 씨가 겨우 입을 열었다.

"지금 당장이 아니라, 다음에 대답하고 싶어요."

나는 은아 씨가 어떤 선택을 하든 괜찮을 거라는 생각이 들었다. 증상은 충분히 나아졌고 혼자서 자기 마음을 돌볼 힘도 생겼기 때문에 세션을 여기서 그만둬도 괜찮을 것이다. 그리고 세션을 이어간다면 지금의 작업을 계속 진행하면서 은아 씨가 말한 대로 더 단단한 사람이 되는 훈련을 함께할 수 있다. 여리고 섬세한 자신을 보호할 튼튼하고 건강한 갑옷을 함께 만들 수도 있을 것이다.

"좋습니다. 이 이야기를 더 하고 싶을 때, 언제든지 신호를 주세요. 어떤 선택이든 은아 씨는 잘해 낼 수 있다고 믿어요."

진심이 담긴 말이 은아 씨한테 잘 전달됐을까? 내 말에 은아 씨는 빙그레 웃더니 자리에서 일어났다. 진료실 밖으로 나가는 걸음에도 왠지 모르게 힘이 실린 것 같았다. 나는 의자에 몸을 깊이 기댄 채 은아 씨가 나가면서 반쯤 열어 둔 진료실 문을 흐뭇하게 바라보았다. 은아 씨와 함께 새로운 출발점에 선 느낌이었다.

사람은 똑같은
잘못을 반복한다

자, 이제 해석과 깨달음을 통해서 환자에게 병식이 생겼습니다. 무엇이 문제인지 알게 된 거죠. 그런데 환자한테 새로운 문제가 드러났습니다.

'왜 문제 행동이라는 걸 알면서도 계속 반복하고 있을까요?'

이런 현상이 일어나는 까닭은 무의식 속 갈등을 머리로 이해하긴 했지만 마음속으로는 아직 받아들이지 못했기 때문입니다. 살을 빼려면 야식을 먹으면 안 된다는 걸 알면서도 참지 못하고, 체력을 키우려면 규칙적으로 운동을 해야 한다는 걸 알면서도 실천하는 게 어렵지요. 문제를 아는 건 그리 어려운 과정이 아닙니다. 진짜 어려운 과정은 실제로 변하는 것이지요.

정신 치료 과정에서 문제를 깨닫고 실제 생활에서 치료자의 도움 없이 문제를 다루는 과정을 훈습이라고 부릅니다. 은아 씨는 자신의 팬인 이사가 다른 사람에게 화내는 모습을 보고서 심하게 불안해하면서 숨고 싶은 충동이 들었습니다. 이때 은아 씨는 만약 치료자라면 이 상황에서 자신한테 어떤 질문을 했을지 상상했지요. 그 질문에 스스로 답을 찾으면서 이사가 자기한테 아무 이유도 없이 화를 내지 않을 테니 피하지 않아도 된다는 결론을 내렸습니다. 이렇게 치료자의 도움 없이도 정신 치료 과정에서 배운 방법을 적용하는 게 훈습입니다.

사람은 희한하게도 자꾸만 똑같은 잘못을 반복합니다. 미국의 정신분석가 해리 스택 설리번은 불안한 감정에서 그 원인을 찾았지요. 불안한 감정은 다른 사람한테 비난을 받을까 두려워하는 마음에서 생기는데 사람들은 이런 불안을 달래기 위해 자동적으로 자기만의 패턴을 반복합니다. 중요한 시험이나 회의를 앞두고서 공부를 하거나 회의 준비를 하는 게 아니라 일찍 잠들어 버리거나 텔레비전을 보거나 집안일을 한 뒤 '내가 또 왜 이랬지?' 하며 후회를 하는 것처럼요. 이성적으로 옳지 않지만 당장 자신을 편하게 하는 방법을 선택한 것입니다. 반면, 꾸준히 치료를 받은 은아 씨는 치료 과정을 자신의 마음속으로 받아들여 심리적 안전 기지로 삼았습니다. 불안한 감정이 떠오른 순간 마음속에 치료자를 불러내 치료 과정을 반복했지요. 이를 통해 불안한 감정에서 자기 자신을 보호하고 실제 생활에서 중요한 선택을 할 때 불안에 지지 않을 수 있었습니다.

훈습의 과정은 멀고도 힘듭니다. 은아 씨도 앞으로 몇 번이고 자신의 토끼 굴(안전 기지)로 도망쳐 숨고 싶어질 것입니다. 그래도 은아 씨와 저는 이제 알고 있습니다. 잠깐 도망쳐도 괜찮다는 것을, 우리가 함께 만든 마음속 안전 기지에서 지친 숨을 고르고 놀란 마음을 살살 달랜 뒤 용기를 내 다시 밖으로 나와도 된다는 것을, 그 과정이 지겹고 힘겨울 수 있지만, 천천히 또 씩씩하게 자신이 바라는 방향으로 나아가고 있다는 사실을 말이지요.

5부

완벽하지 않아서
화가 나나요?

지구가 자전하는 방향이 마음에 들지 않아
화가 나는 사람이 있을까?
해가 동쪽에서 서쪽으로 뜨는 게 불만인 사람은?
이런 일이 자기 마음대로 되지 않는다고
답답해하는 사람은 없을 것이다.
그렇다면 가족이나 친구, 연인이 내 생각과 달리 행동하거나
내가 원하는 대로 움직이지 않을 때는?
내가 스스로 목표한 일을 해내지 못하고 실패했을 때는?
지구의 자전이나 공전처럼 사람들은
각자 자기만의 논리로 생각하고 움직인다.
누구도 그것을 백 퍼센트 완벽하게 통제할 순 없다.
우리는 왜 때때로 세상 모든 게
내 마음대로 돌아가야 한다는 생각에 빠지는 걸까? 허규형

약이나
처방해 주세요

밤사이에 아이가 열에 시달렸다. 수족구병이었다. 아이가 아파서 자주 깨는 바람에 덩달아 나도 잠을 깊게 자지 못했다. 평소보다 조금 멍한 상태로 예약 목록을 확인했다. 오늘따라 오전 면담만 세 명이나 있었다. 우울증 때문에 약을 복용하면서 하루 종일 기운이 없다는 대학생과 사회불안 장애로 사람들 앞에서 발표하는 데 어려움을 겪고 있는 회사원이 차례로 다녀가고 세 번째로 신욱 씨가 진료실에 들어왔다. 앞의 두 환자에게선 쭈뼛거리고 망설이는 기색이 역력했다면 말끔한 정장 차림의 신욱 씨는 거침없는 태도로 의자에 앉았다. 초진 전 작성한 설문지에서 신욱 씨가 체크한 증상 항목은 딱 하나였다. 불면이었다.

"요즘 통 잠을 잘 못 자서요. 친구가 여기를 추천해 주더라고요."

"친구요?"

"네, 오동수, 아시죠?"

"아, 동수요?"

처음 만나는 환자 입에서 아는 이름이 나오자 깜짝 놀랐다. 동수는 중, 고등학교 동창으로, 졸업을 한 후 학교는 다르지만 나란히 의대에 들어가 지금은 나와 같은 정신건강의학과 전문의가 된 절친이었다.

"잘 알다마다요. 어, 그런데 따로 연락을 받지 않았어요. 미리 이야기해 줬으면 좋았을 텐데요."

"아니에요. 제가 이야기하지 말라고 했어요. 올까 말까 고민했거든요. 동수한테 약이나 처방받으려고 갔는데, 상담을 권하면서 선생님 병원을 추천해 주더라고요. 솔직히 그럴 정도인가 싶고, 정신과에서 환자들을 본 적은 있었지만 막상 제가 오려니까 내키지도 않았고요."

> **"**
> *약이나 처방받으려고 갔는데,*
> *상담을 권하더라고요*
> **"**

알고 보니 신욱 씨는 성형외과 전문의로, 인턴 시절 정신과에서 실습한 경험도 있었다.

'내키지 않았다고? 의사들이라고 다를 바 없구나.'

지나가듯 한 얘기였겠지만 같은 동료 의사에게서 정신건강의학과에 대한 편견을 확인하고 나니 씁쓸한 기분이 들었다.

"그런데 잠을 못 주무신다고요?"

"네, 요즘 잠자는 게 너무 힘들고 생각이 많아져서 더는 안 되겠다 싶었어요."

"언제부터 그러셨어요?"

"음, 한 달 정도 된 거 같아요. 점점 더 심해지고 있고요. 처음에는 자려고 누운 뒤 한두 시간 뒤척거리다 겨우 잤어요. 조금 지나면 괜찮아지겠지 생각했는데 나아지지 않더라고요."

"점점 심해진다라……, 그럼 최근 상태는 어떠세요?"

"잠드는 것도 어렵지만 어쩌다 잠이 들어도 중간에 자꾸 깨요."

"한 달 전부터라고 하셨지요? 혹시 그런 증상이 나타날 때쯤, 특별한 무슨 일이 있었나요?"

"동수도 같은 질문을 하던데, 특별한 일은 없었어요. 그냥 여자 친구랑 좀 크게 싸웠는데 그날 밤부터였던 것 같아요. 그때는 여자 친구 일로 마음이 복잡해서 못 자는 거라 생각했지요."

직업상 과로나 스트레스로 인한 불면이 아닐까 짐작했는데, 뜻밖에 여자 친구 이야기가 나와 귀가 솔깃했다.

"조금 더 자세히 말씀해 주실 수 있나요?"

"여자 친구 이야기요? 그게 도움이 되나요?"

신욱 씨는 내 질문이 불쾌하다는 듯 팔짱을 낀 채 의자 등받이에 몸을 기대며 물었다. 같은 직종에, 지인의 친구, 게다가 저런 방어적인 태도라니, 앞으로 면담이 쉽게 풀리지 않을 것 같다는 느낌이 왔다.

"불편한 내용이라면 굳이 말하지 않으셔도 돼요. 다만 어떤 일 이후로 불면 증상이 시작된 거라면, 그 일을 해결하는 게 증상을 조절하는 데 도움이 됩니다. 약으로도 조절할 수 있지만, 스트레스의 직접적인 원인을 찾아서 교정하는 게 더 근본적이니까요."

탐탁지 않은 표정을 완전히 푼 건 아니었지만, 신욱 씨는 알아들었다는 듯 고개를 끄덕였다.

"동수한테는 말하지 말아 주세요. 좋은 이야기도 아니잖아요."

"당연하죠. 여기서 말씀하신 내용은 모두 비밀이 유지되니까 걱정하지 않으셔도 됩니다. 신욱 씨가 동의하기 전에는 부모님을 포함해서 누구에게도 면담 내용을 알리지 않아요."

"흠, '비밀 보장 의무' 말이지요? 그래도 갑자기 이야기를 하려니 무슨 말부터 해야 할지 모르겠네요."

"아무거나 괜찮아요. 그때 무슨 일로 다퉜는지, 다투고 나서 무슨 생각이 들었는지, 서로 화해는 했는지, 떠오르는 대로 이야기해 주시면 돼요."

"음, 그때 여자 친구가 헤어지자고 했어요. 뭐 그렇다고 지금 헤어진 건 아니고요. 근데 당시엔 너무 어이없고, 화가 나더라고요."

"어이가 없고 화가 나셨군요. 무엇 때문에 여자 친구가 그런 말을 했을까요?"

"그날 여자 친구가 약속 시간에 늦었어요. 평소에도 늦는 편인데, 그날은 좀 심했어요. 제가 계획 세우는 걸 좋아해요. 데이트할 때도 식사는 어디 가서 할지, 그 뒤에는 뭘 할지, 다 정해 놓고 기다리죠. 여자 친구도 제가 신경 써 준다고 좋아해요. 그런데 뭐랄까……, 제가 신경을 쓰는 만큼 그 친구가 노력을 안 한다고 해야 하나? 약속에 늦으면 제가 세운 계획이 다 어긋나잖아요. 제가 그런 것에 예민하다는 걸 알면서도 늦는 건 예의가 아닌 거죠."

"네, 준비를 열심히 하셨는데 여자 친구가 약속에 늦으면 그런 마음이 들 수 있겠네요. 그래서 어떻게 하셨나요?"

"그래서 따끔하게 한마디 했죠. 준비는 내가 다 하는데 시간 하나 지키는 게 그렇게 어렵냐고요. 그랬더니 늦은 건 미안한데, 늦으면 늦은 대로 일정을 조정하면 되는 거 아니냐고 하는 거예요. 그 말을 들으니 갑자기 더 화가 났습니다. 제 생각에도 제가 좀 목소리를 높였던 것 같긴 해요. 하지만 이번에 확실하게 여자 친구 생각을 고치지 않으면 안 될 것 같아서 소리를 좀 질렀습니다. 아예 조목조목 일부러 냉정하게 얘기했어요. 지금까지 몇 번 지각을 했는지, 내가 그때마다 얼마나 참았는지. 사실 데이트 한 번 하는 게, 아시잖아요? 우리 같은 사람은 시간이 돈인데 말입니다. 그제야 여자 친구도 울면서 미안하다고 하더라고요. 그날은 그냥 그렇게 헤어졌는데 며칠 뒤에 계속 만나기 힘들 것 같다고 하는 거예요. 황당했죠."

<blockquote>
**약속에 늦으면
제가 세운 계획이 다 어긋나잖아요**
</blockquote>

신욱 씨의 말에서 몇 가지가 신경이 쓰였다. 약속을 지키지 못한 건 분명 여자 친구의 잘못이지만, 그게 그렇게까지 소리 치고 화를 낼 정도였을까? 설사 그렇다고 해도 여자 친구를 대하는 태도에서 묘하게 거슬리는 지점이 있었다. '따끔하게 한마디를 했다'든가, '생각을 고쳐야 한다' 같은 표현은 연인 관계라기보다는 손윗사람이 아랫사람에게 쓸 법한 것이었다. 게다가 여자 친구가 울었다는 이야기를 하면서도 미안하거나 안쓰러운 감정을 전혀 드러내지 않은 것도 마음에 걸렸다. 하지만 진료 첫날부터 이런 이야기를 꺼내는 건 위험했다. 자칫하면 마음의 벽만 더 높아질 수 있으니까.

"그러셨군요. 그래도 다행히 여자 친구와 화해를 했나 봐요. 지금도 만나고 계신다니."

신욱 씨는 긍정인지 부정인지 모를 태도로 고개를 저으며 말했다.

"저희가 그렇게 쉽게 헤어질 사이는 아닙니다. 결혼 계획도 있는 걸요. 몇 차례 잘 다독이고 다시 만난 지 일주일 정도 됐어요."

"흠, 결혼까지 생각하고 있는 여자 친구와 문제가 있었다면 충분히 불면에 영향을 줄 만큼 큰 스트레스였겠네요. 다른 일로 스트레스가 누적되다 여자 친구와 다투면서 그 일이 일종의 '트리거' 역할을 했을 수도 있고요."

신욱 씨는 팔짱을 풀고 한쪽 손을 입가에 댄 채 한참 생각에 잠겼다.

"어찌 보면, 스트레스라고 할 수도 있죠. 사실 제가 여자를 별로 믿지 않아요. 특히 남 험담이나 하고 책임감도 없는 여자들은 질색입니다. 지금 여자 친구는 다른 여자들과는 다르다고 보고 결혼할 마음까지 먹었는데, 헤어질 수도 있다고 생각하니 좀 충격을 받았던 것도 같네요."

여자 친구에 대한 태도는 여자에 대한 신욱 씨의 기본적인 불신에서 비롯된 것일까? 그러나 지금까지의 면담 내용으로 미루어 보건대, 신욱 씨는 여자뿐 아니라 남자에 대해서도 비슷한 생각을 하고 있을 거라는 느낌이 들었다. **자기 관리에 철저하고 여자 친구를 통제하려는 모습에서 완벽주의 성향의 강박성 성격이 아닐지 의심이 됐다.** 차트에 '강박'이라는 메모를 무의식적으로 끄적거리는데 의자가 뒤로 젖혀지며 '삐걱' 하는 소리가 났다.

"선생님은 여자 친구 있으세요? 결혼하셨나?"

몸을 의자에 기대며 신욱 씨가 갑작스러운 질문을 던졌다.

"저요? 혹시 궁금한 이유가 있나요?"

"그냥요. 별 이유는 없고 갑자기 떠올랐어요. 여자 친구에 대해서 계속 물으시는 것 같아서요. 그런데 저는 약을 먹는 게 좋겠죠? 잠을 제대로 자려면요."

의사이기 때문인지, 성격 특성 때문인지 신욱 씨가 면담도 자신의 의지대로 이끌고 가려 한다는 느낌이 들었다.

"약이 필요한지 확인하는 질문을 몇 가지만 더 드릴게요. 지금까지 말한 것 말고 다른 스트레스는 없으셨나요? 병원이나 집에서나?"

신욱 씨는 내 눈을 바라보며 고개를 저었다. 이번에는 확실히 부정하는 의미였다. 먼저 신욱 씨의 수면 패턴을 확인했다. 자리에 누운 뒤 두 시간 정도 지나서야 겨우 잠이 들었고 중간에 몇 차례 자다 깨다를 반복하다 새벽 이른 시간에 일어나는 패턴이었다. 나는 약을 처방하며 처음부터 약이 딱 맞아떨어질 수는 없다고, 정신건강의학과 약은 먹는 사람에 따라 반응이 천차만별이라 시간을 두고 용량을 조절해야 한다고 일러 두었다. 그리고 정기적인 면담을 병행하는 걸 권유했다. 신욱 씨는 내가 말하는 걸 이미 잘 알고 있다는 듯한 뉘앙스로 고개를 끄덕였다. '면담'이라는 말에서 조금 멈칫했지만, 이내 알겠다고 답했다.

신욱 씨는 자기 자신에 관해 근원적인 의문을 품은 환자는 아니었다. 지금 당장의 불면증만 해결하면 된다는 의사가 분명했다. 그런 신욱 씨에게 면담을 제안한 게 잘한 일인지 자신이 없었다. 사실 면담에 시종일관 방어적인 태도를 취하는 신욱 씨는 상대하기 쉬운 환자가 아니었다. 상담 과정에서 비난받는 느낌을 주지 않도록 신경을 쓰느라 에너지 소모가 더 컸다. 같은 의사에게는 좀 더 의학적인 설명을 해 줘야 할 것 같고, 아는 친구의 지인이기도 해서 부담도 있었다. 하지만 계획에 집착하거나 여자 친구를 평가하는 듯한 태도 등 몇 가지 마음에 걸리는 지점들이 있었고, 그걸 확인해 보고 싶었다. 차트에 그런 고민을 메모한 뒤 진료를 기다리고 있는 다음 환자를 불렀다.

쉿, 비밀입니다

신욱 씨는 자신의 이야기를 의사에게 꺼내는 걸 어려워합니다. 평소 친구에게도 자신의 고민을 털어놓지 않는 성격이니, 처음 보는 의사한테는 더욱 어렵겠지요. 게다가 신욱 씨는 병원을 소개해준 친구가 자신의 이야기를 알게 될까 걱정이 많습니다.

신욱 씨가 이야기한 '비밀 보장 의무'는 의료 윤리 의무 중 하나입니다. 치료 과정에서 얻은 정보를 제3자에게 유출하지 않을 의무인데, 비단 의료 분야뿐만 아니라 클라이언트에게 자문을 제공하는 전문가들은 대개 이를 지켜야 합니다. 특히, 정신건강의학과에서 이 의무는 매우 중요합니다. 정신건강의학과 치료를 받는다는 사실이 알려지는 것만으로 오해와 편견 때문에 피해를 입을 수 있기 때문이지요. 자신의 정신 건강에 관한 내용이 불특정 다수에게 알려진다면 치료자에게 자유롭게 자기 속마음을 털어놓을 사람은 없을 것입니다. 다른 사람이 자신을 어떻게 볼지 의식하느라 속마음을 들여다보는 일에 자꾸 브레이크가 걸리겠지요.

하지만 걱정하지 마세요. 환자 본인이 동의하기 전에는 부모님을 포함해서 누구에게도 면담 내용을 알리지 않습니다. 보험 회사에 진료 기록을 줄 때도 환자에게 알리거나 동의서에 환자의 사인을 받아야 합니다. 법적으로 의무 기록을 요청받았을 때도 최소한의 필요한 자료만 제출합니다.

예외가 있기도 합니다. 자해, 타해, 아동 학대 등과 관련한 정보를 치료 과정 중에 알았을 때는 가족이나 의료 당사자가 관련 기관에 연락을 해야 합니다. 그래서 진료실에서는 '죽고 싶은 마음이 너무 강하게 들거나, 남을 해치고 싶은 충동이 심할 때를 제외하고 모든 비밀은 보장된다'라고 안내를 드립니다.

그 밖에도 연구나 진료를 위해서 정보를 공유할 때도 있습니다. 그럴 때는 환자에게 먼저 동의를 구하고 인적 사항은 가리거나 변형합니다. 환자에게 이익이 된다고 하더라도 비밀 보장의 의무를 저버려도 되는 상황은 극히 제한적입니다. 그러니 자신의 의료 정보가 노출될까 봐 정신건강의학과 진료를 망설이는 분이 있다면 너무 걱정하지 마세요. 저희에겐 여러분의 비밀을 지킬 의무가 있습니다.

두 번째 이야기

데이트가 아니라
면접이라면 늦겠어요?

신욱 씨를 면담한 날 저녁, 동수에게 전화를 걸었다. 생각난 김에 어찌 지내는지 안부나 물을 요량이었다. 오히려 동수가 신욱 씨를 잘 부탁한다며 먼저 이야기를 꺼냈다. 동수와 신욱 씨는 대학 때 동아리에서 만난 사이였다. 신욱 씨는 공부도 잘하고, 키도 크고, 인물도 좋아서 인기가 많았다고 했다. 깔끔하고 반듯한 사람이라 딱 성형외과에 갈 이미지였는데, 아니나 다를까 성형외과 선배들도 예전부터 점찍어 두고 신욱 씨를 '꼬셨'단다. 동수가 설명한 신욱 씨는 내가 신욱 씨를 처음 보고 받은 인상에서 크게 벗어나지 않았다.

"동아리도 같이 했으면 많이 친한 사이겠네?"

전화기 너머로 동수의 웃음소리가 들렸다.

"글쎄, 안 친한 건 아닌데 친하다 하긴 어렵달까?"

알쏭달쏭한 말이었다.

일주일 뒤에 다시 만난 신욱 씨는 언짢아 보이는 기색이었다.

"약이 안 듣는 것 같아요. 여전히 잠을 제대로 못 자거든요. 약 때문인지 아니면 수면 부족 때문인지 아침에 좀 어지럽기도 하고요."

"처음 복용하는 거라 한 번에 약을 맞추는 게 쉽지 않습니다. 어지러운 건 언제 가장 심한가요?"

"아침에 일어났을 때요. 약 먹으면 바로 좋아질 줄 알았는데 답답하네요."

말대로 목소리에는 짜증이 묻어났다.

"시간이 좀 걸릴 수 있습니다. 일상생활 하는 건 어때요? 일이나 운전할 때 지장이 있지는 않고요?"

"원래 일하러 갈 때 차는 안 가지고 가요. 10시나 11시 정도 되면 어지럽고 졸린 것도 그럭저럭 괜찮아지고요. 다행히 일할 때는 큰 문제가 없어요. 선생님, 이거 좀 보실래요?"

신욱 씨가 내민 휴대폰 화면에는 지난 한 주 동안 잠이 든 시간, 자다가 깬 횟수, 일어난 시간이 적혀 있었다. 나도 모르게 신기하다는 듯 신욱 씨를 쳐다봤다.

"수면 일기를 적어 오셨네요? 제가 가르쳐 드린 적도 없는

데……. 게다가 이렇게 자세히 적는 분도 거의 없거든요. 대단하네요. 여기 동그라미, 세모, 엑스 표시는 뭔가요?"

"그건 아침에 일어나서 잘 잤다 싶으면 동그라미, 아니다 싶으면 엑스로 표시한 거예요. 중간 정도면 세모로 표시했고요. 보면 아시겠지만 아직 잠 때문에 힘든 날이 많습니다. 꿈도 많이 꾸고요. 결국 약으로도 안 되는가 싶네요. 정신과까지 왔는데도 이러니 오히려 스트레스가 더 늘어요. 어떻게 빨리 좀 좋아질 수 없을까요?"

> "
> 약 먹으면 바로
> 좋아질 줄 알았는데
> 답답하네요
> "

계획대로 되지 않는 것을 참지 못하는 게 신욱 씨답다는 생각이 들었다. 여자 친구가 약속 시간에 늦은 것에 화를 냈던 것처럼, 신욱 씨는 불면증이라는 몸의 증상마저 자기 마음대로 되지 않는다고 답답해하고 있었다. 스스로 수면 일기를 쓰는 건 분명 증상을 이해하고 다스리는 데 도움이 될 테지만 당장 좋아지지 않는다고 조급해하는 건 치료에 방해가 될 뿐이다. 자꾸만 불면 상태에 집착하는 신욱 씨의 관심을 불면의 원인으로 옮겨야 했다.

"네, 정말 동그라미가 하나밖에 없네요. 항상 두세 번 정도 깨고 있고요. 음, 그런데 여자 친구 분이랑은 어떠세요? 다시 만나고 나서 관계에 변화는 없나요?"

"예, 뭐……, 지난 주말에도 만났는데, 솔직히 예전하고 분위기가 다른 게 느껴지긴 합니다. 계획대로라면 본격적으로 결혼 준비를 해야 할 시기인데, 좀 짜증이 나네요."

"신경이 많이 쓰이겠네요."

맞장구를 쳐 주는데 순간 신욱 씨 미간에 주름이 졌다.

"그런데 불면증에 이런 이야기가 도움이 되나요?"

이런 반응을 예상했기 때문에 나는 부드럽게 웃으며 말을 이었다.

"네, 지난주에도 말씀드렸지만 원인을 해결하는 것이 필요하니까요. 여자 친구와 갈등으로 불면증이 생겼으니 일단 거기서부터 이야기를 시작해 보는 게 좋을 것 같아요. 어떻게 만났는지, 지금까지 관계가 어떻게 지속돼 왔는지 정리를 하다 보면 해결할 방법을 찾을 수 있을 겁니다."

"글쎄요. 뭐, 정신과에 오면 이런 이야기도 해야 한다고 배운 것 같네요."

무언가를 찬찬히 생각하더니 내키지 않는 기색으로 말했다.

"1년 전, 이맘때였어요. 교수님이 괜찮은 사람을 소개해 줄 테니 만나 보라고 하더라고요. 교수님 권유를 무시할 수도 없고, 그렇게 권하는 데는 이유가 있겠지 하고 나갔어요."

신욱 씨는 여자 친구를 만나기 전에 대강의 이야기를 들었다. 여자 친구 아버지는 서울에만 빌딩과 오피스텔이 몇 채씩 있는 부자였는데, 예전부터 의사 사위를 원해서 알고 지내던 교수에게 부탁을 한 거였다. 그 이야기를 들은 신욱 씨는 결혼을 전제로 한 만남이라 생각하고 첫 만남부터 굉장히 신경 쓰였다는 말을 덧붙였다.

"막상 만나 보니 외모도, 성격도 괜찮더라고요. 철없는 부잣집 딸일 거라 생각했는데, 첫 만남부터 선물을 준비하는 센스도 있고요. 선물에 보답이라도 해야 할 것 같아서 몇 차례 더 만났는데, 그러다 자연스럽게 사귀게 됐습니다."

"만날 때마다 신욱 씨가 계획을 잡으시나요?"

"네, 항상 제가 일정을 잡았어요. 여자 친구는 제가 짜 놓은 코스대로 하는 걸 좋아하니까요."

"먹고 싶은 거나 가고 싶은 곳이 달라서 다투는 커플도 많잖아요. 그런 문제는 전혀 없으셨던 거네요."

신욱 씨는 이해할 수 없는 질문이라는 듯 어깨를 으쓱했다.

"전혀요."

"음, 약속 시간 때문에 갈등이 생기기 이전에는 서로 부딪혔던 적이 없었나요?"

신욱 씨가 못마땅한 표정으로 나를 바라보는 게 느껴졌지만, 모르는 척 대답을 기다렸다.

"뭐, 만난 지 6개월쯤 되었을 때였나? 다퉜다기보다는 제가 여자 친구한테 잔소리를 좀 했던 적은 있었죠. 결혼 이야기를 꺼냈어요. 슬슬 준비를 해야 할 때라고 생각했거든요. 언제 결혼할지, 결혼하면 어디에 살지, 아이는 언제 낳을지 등등. 물론 제 계획은 있지만 어쨌든 여자 친구 의견도 중요하니까요. 그런데 여자 친구는 전혀 결혼 생각을 안 하고 있었더라고요."

"그래서요?"

"결혼을 전제로 한 만남이었는데, 6개월 동안 아무런 준비도 안 했다는 데 화가 나더라고요. 집에서 너무 곱게 키워서 그런가 싶기도 하고요. 그래서 여자 친구한테 '생각이 너무 없다'고 말하고 좀 다그쳤어요. 결혼이라는 게 그렇게 쉬운 일이 아니라는 걸 알려 준 거죠. 그랬더니 여자 친구가 울면서 앞으로 고민해 보겠다고 하더라고요. 그 뒤로 양가 부모님에게 인사도 드리고 결혼 준비를 하기 시작한 거죠. 그때 제가 물어보지 않았으면 여자 친구는 아마 지금까지도 생각 없이 지냈을 겁니다."

신욱 씨의 얘기를 듣고 있자니 여자 친구라면 같은 상황을 전혀 다르게 말할 것 같다는 느낌이 들었다. **신욱 씨 머릿속에는 결혼에 대한 그림이 명확하게 그려져 있지만 거기에 여자 친구의 의사는 애초부터 중요하지 않은 것 같았다.** 아예 여자 친구가 자기와 다른 생각을 가질 수 있는 존재라는 걸 생각하지 못하는 게 아닐까?

"혹시 여자 친구의 생각이 신욱 씨와 달랐던 적은 없나요?"

내 말에 신욱 씨가 영문을 모르겠다는 듯 뚱한 표정을 지었다.

"제가 말하지 않았나요? 여자 친구는 제 계획대로 하는 걸 좋아해요. 제가 계획을 철저히 세우는 편이긴 하죠."

"여자 친구가 신욱 씨에게 서운하달지 하는 감정을 비춘 적도 없고요?"

"저는 그런 일을 아예 만들지 않습니다. 약속 시간만 해도 그래요. 저는 이제까지 만나면서 단 한 번도 늦은 적이 없거든요. 일이 늦어질 것 같은 날에는 아예 약속 자체를 잡지 않아요. 그런데 여자 친구는 그렇지 않더라고요. 남자 친구와의 약속이 아니라 중요한 면접이라면 늦겠어요? 서로 그 정도로 중요하게 생각해야 한다고 봐요, 저는."

신욱 씨를 상담하며 힘든 건 치료자로서 신욱 씨의 고통에 쉽게 공감이 가지 않는다는 점이었다. 헤어지자는 말이 나오기 직전 상황으로 돌아간 신욱 씨는 계속해서 자신이 얼마나 완벽한지, 그리고 그에 비해 여자 친구가 얼마나 부족했는지를 강조하는 방식으로 말을 이어 나갔다. 약속에 늦은 건 여자 친구 잘못이지만, 과하게 화를 내서 갈등을 불러온 쪽은 신욱 씨였다. 하지만 신욱 씨는 불화의 원인을 여자 친구 탓으로만 돌리며 자신을 합리화하고 자기 잘못을 여자 친구에게 투사하는 방식을 택했다.

무엇보다 신욱 씨는 여자 친구가 자신과 생각이 다를 수도 있다는 사실을 전혀 받아들이지 못하는 듯했다. 타인에게 나와는 다른 그 사람만의 생각이 있다는 사실을 이해하는 '정신화' 능력도 부족한 것 같았다. 신욱 씨가 안고 있는 문제를 차분히 생각해 보려 했지만 성격적인 문제여서 단기간에 쉽게 해결할 수 있을 것 같지 않았다. 오늘은 이쯤에서 신욱 씨를 달랜 뒤에 다음 면담을 기약해야겠다고 생각하며 말을 꺼냈다.

"때로는 문제 상황을 그대로 지켜보는 게 나을 때가 있어요. 여자 친구와의 관계도, 불면증도, 짜증이 나거나 걱정이 들 때 가만히 떠오르는 생각을 지켜보는 연습을 해 보세요. 그러다 다른 생각이 들면 그 생각을 따라가면 돼요. 그런데 퇴근은 언제쯤 하세요? 운동은 하시나요?"

내 질문에 다시 신욱 씨의 얼굴이 구겨졌다. 자꾸 저렇게 인상을 쓰니 덩달아 내 미간까지 꿈틀거렸다.

"아, 그것도 그래요. 지난달에 피티를 끊었는데, 이번 달부터는 아예 못 가고 있어요. 운동도 못 하고 되는 게 하나도 없네요. 인생이 망가진 기분입니다."

운동을 하겠다는 결심이 흐지부지되는 건 보통 사람들한테는 흔한 일이다. 그러나 모든 걸 자기 계획대로 실행하려는 신욱 씨의 성격을 떠올렸을 때 자기 신체는 물론이고 의지까지 통제되지 않는 상황에는 극도로 스트레스를 받을 만했다.

"인생이 망가졌다……. 그렇게까지 생각하시는군요. 신욱 씨, 지금 힘든 상황인 건 분명해요. 하지만 과도하게 생각하는 것 같습니다. 요즘 힘들어서 부정적인 생각도 심해진 것 같고요. 오늘은 이 정도에서 마무리하지요. 약은 조절해 드릴게요."

신욱 씨가 한숨을 푹 내쉰 뒤 말했다.

"그다지 별로 정리된 건 없는 것 같네요. 일단 이번에 조절해 주시는 약이 잘 듣기를 바랄 수밖에 없겠죠?"

신욱 씨의 노골적인 평가에 얼굴이 화끈거렸다. 지금까지의 진료가 무시당했다는 느낌이 들자 내 속에서도 급한 성미가 욱하고 올라왔다.

> "
> *운동도 못 하고 되는 게*
> *하나도 없네요*
> *인생이 망가진 기분입니다*
> "

"제가 느끼기에 신욱 씨는 지금 상황을 과도하게 부정적으로 생각하시고 계세요. 신욱 씨는 건강, 대인 관계, 일, 모든 걸 본인이 원하시는 대로 해야 만족하시는 것 같아요. 그게 안 되니까 인생이 망가진 것 같다고 느끼는 거고요. 모든 걸 본인의 '통제' 아래 둬야 하는 것 같다는 생각이 진료 중에 들었습니다. 그런 성격이 어디에서 온 건지 다음 시간에 이야기해 보면 좋겠어요."

'통제'는 신욱 씨를 면담하는 동안 내내 떠올린 키워드였다. 핵심 키워드를 너무 이르게 직면하게 한 건가? 끝까지 공감하는 태도를 보였어야 했나? 그러나 후회해 봤자 이미 뱉은 말을 주워 담을 수 없었다. 신욱 씨가 무심한 표정으로 나를 쳐다봤다. 똑똑한 사람이라 내가 한 말을 못 알아듣지는 않았을 것이다.

"무언가를 준비해 와야 하나요?"

"생각해 오셔도 되고 안 해 오셔도 괜찮습니다."

신욱 씨는 다음 면담을 약속한 뒤 진료실을 빠져나갔다. 진료실 문이 닫히자 나도 모르게 몸이 축 늘어졌다. 신욱 씨를 진료하고 나면 기가 다 빠지는 기분이었다. 자기 자신뿐만 아니라 주위 사람들도 통제하려는 신욱 씨한테 나도 통제당하고 있다는 느낌이 들어 등골이 서늘했다. 그동안 신욱 씨가 내린 선택은 모두 성공적으로 신욱 씨의 통제 아래 놓여 있었다. 그러나 여자 친구의 갑작스러운 이별 통보는 신욱 씨의 통제를 한참이나 벗어난 돌발 행동이었다. 그 상황에 신욱 씨는 엄청난 좌절감을 느끼는 것이 아닐까?

control issue, perfectionism, 강박적 성격 특성을 보임

신욱 씨에 대한 인상을 메모로 남겼다. 다음 시간에는 이 부분을 더 자세하게 다룰 생각이다.

📖

나를 이해해야
타인도 이해한다

　정신화는 다른 사람의 생각과 감정을 이해하는 과정으로, 복잡한 생각 없이 머릿속에 떠오르는 대로 다른 사람의 마음을 생각하는 **내면적 정신화**와 의식적으로 다른 사람의 마음을 이해하려고 노력하는 **외현적 정신화**로 나눌 수 있습니다. 내면적 정신화는 성찰하지 않은 채 직감적으로 자신의 관점에서 상대방을 생각하는 것입니다. 예를 들어 아기가 울면 "어? 배가 고픈가?" 하고 직관적으로 생각하고 반응하는 것입니다. 외현적 정신화는 자신과 그 사람이 다르다는 것을 알고 상대에 대해 의식적으로 성찰하고 심사숙고해서 알아보려고 노력하는 것입니다.

　옆의 그림을 보세요. 어떤 것이 보이시나요?

물병이 보인다는 사람도 있고, 두 사람이 마주 보는 옆모습이 보인다는 사람도 있을 겁니다. 그림을 보자마자 바로 떠오르는 생각이 자동적이고 내면적인 정신화입니다. 그런데 예를 들어 나는 물병을 보았는데 옆 친구는 두 사람 이미지가 보였다고 해요. 그 순간 자신과 다른 사람이 본 것이 서로 다르다는 사실을 인식하고 '두 사람의 모습'을 찾으려고 노력하는 게 외현적 정신화입니다.

그런데 이때, "뭐야, 어떻게 봐도 물병인데 사람이 어떻게 보인다는 거야? 어이없네"라고 생각했다면요? 다른 사람과의 차이를 받아들이지 못하고, 사람마다 고유한 감정과 생각이 있다는 걸 인식하지 못한다고 할 수 있겠죠? 이런 사람은 외현적 정신화 과정을 잘 하지 못하는 거라고 할 수 있습니다. 결혼에 관해 여자 친구가 자신과 다른 생각을 하고 있다는 사실을 신욱 씨는 전혀 받아들이지 못하지요. 신욱 씨도 외현적 정신화 과정에 문제가 있는 것입니다.

정신화는 다른 사람의 생각과 감정뿐 아니라 자신의 생각과 감정을 이해하는 과정도 포함합니다. 아이가 장난을 치다가 물을 바닥에 쏟은 상황을 가정해 볼까요? 아이의 행동을 보고 바로 소리를 지르는 것은 내면적인 정신화 과정입니다. 그런데 소리치기 전에 자신의 감정과 생각을 한 번 정리할 수도 있습니다. 당황스럽기도 하고, 아이가 다치지 않았을까 걱정도 되고, 왜 저리 부주의할까 화도 나고, 미리 주의를 주지 않은 걸 자책하기도 할 거예요. 아이가 일부러 물을 쏟은 게 아니라는 생각도 들지요. 이렇게 여러 가지 감정과 생각이 드는 것을 알아차린다면 곧바로 소리를 지르는 대신 마음을 가라앉히고 아이에게 침착하게 이야기를 할 수 있습니다. 이렇게 자신의 생각과 감정을 제대로 바라보려고 노력하는 게 외현적 정신화입니다.

사람마다 자기만의 의견을 갖고 있습니다. 이건 아주 당연한 거지만 우리는 종종 이런 당연한 사실을 잊어버립니다. 그리고 상대방이 내 생각대로 움직이지 않는다고 화를 내지요. 상대에게도 자기만의 생각과 감정이 있다는 걸 인정하고 수용해야 합니다. 다른 사람의 행동이 이해가 가지 않나요? 무턱대고 화를 내거나 상대방을 고치려고 하기 전에 우선 어떤 생각에서 그런 행동을 했는지 먼저 물어보세요. 또 나는 지금 왜 울컥한 건지 자기 자신한테도 물어보세요. 의외로 여러 일들이 화를 낼 일도, 이해하지 못할 일도 아닐 거예요.

제 성격이
문제라고요?

일주일 뒤 신욱 씨가 보여준 수면 일기에는 대부분 세모 표시가 되어 있었다. 완벽하진 않지만 불면 증상은 서서히 호전되고 있었다.

"지난주에 특별한 일은 없으셨어요?"

"딱히요. 선생님은 어떠셨는데요?"

신욱 씨가 무심하게 되물었다.

"제가 어떻게 지냈는지 궁금하세요?"

"그냥 무슨 이야기를 해야 하나 싶어서 물어본 거예요."

"혹시 저하고 이야기하는 게 불편하신 건 아니고요?"

신욱 씨는 애꿎은 넥타이를 만지작거리다 고개를 가로저으며 답했다.

"아뇨, 그건 아닌데요. 솔직히 환자 입장에서 병원에 오는 건 또 다른 경험이네요. 편하다고는 할 수 없어요."

나 역시 웬만큼 아프지 않으면 병원에 가지 않는 사람이라 신욱 씨의 말이 이해가 됐다. 병원을 싫어하는 의사들이라니, 공통분모를 발견한 것 같아 한참 그 주제로 대화를 나눴다.

"자, 그럼 그동안 여자 친구 분하고는 특별한 일 없으셨나요?"

"네, 그 사이에 여자 친구는 한 번 만났어요. 보통은 더 자주 만나는데, 이번에는 미리 준비하고 계획을 짜는 게 즐겁지 않더라고요. 그렇다고 계획 없이 만나는 건 더 싫고요. 일단 선생님이 말씀해 주신 것처럼 일이 생기면 걱정하자고 마음먹었어요. 그랬더니 만날 때 좀 편해지더라고요. 조언해 주셔서 감사해요."

방금 내가 제대로 들은 게 맞나? 면담 내내 거리를 두던 신욱 씨 입에서 고맙다는 말이 나왔다. 신욱 씨의 마음의 벽이 조금은 낮아진 걸까? 지난 면담에서 끝맺지 못했던 '통제' 성향에 대해 살펴볼 때가 된 것 같다는 생각이 들었다.

"신욱 씨, 지난번 면담을 마무리할 때 제가 말씀드린 거 기억나세요?"

"네, 제가 모든 것을 통제해야 하는 사람 같다고 하셨죠?"

"잘 기억하고 계시네요. 생각 좀 해 보셨나요?"

신욱 씨가 나를 바라보며 말했다.

"돌아가서 계속 생각해 봤어요. 사실 그 이야기를 들었을 때 뭐,

새롭지는 않았어요. 원래 알고 있던 성격이거든요. 주위 사람들에게도 꼼꼼하고 계획적이라는 평가를 종종 받고요. 그렇지만 솔직히 이렇게 사는 게 불편하거나 문제가 있다고 생각해 본 적은 없습니다. 남들보다 열심히 사는 게 나쁜 건 아니잖아요?"

"아, 제가 신욱 씨의 성향에 문제가 있다고 말하려는 건 아니었습니다. 다만, 계획적이고 완벽하게 일하려는 신욱 씨의 성격이 불면에 영향을 주었을 수 있다는 생각이었어요. 주위 사람들한테도 그런 이야기를 듣는다고 하셨죠? 주로 어떤 모습을 보고 그럴까요?"

> **"**
>
> *솔직히 이렇게 사는 게*
> *불편하거나 문제가 있다고*
> *생각하지 않습니다*
>
> **"**

신욱 씨는 학창 시절에도 철저하게 계획대로 공부하는 유형이었다. 그 모습을 본 친구들이 기계 같다는 이야기를 했다고 한다. 대학을 졸업한 뒤 인턴 시절에도 신욱 씨는 좋은 평가를 받았다. 바쁜 인턴 생활에도 일이 밀리는 일은 거의 없었고, 정해진 일정에서 조금만 어긋날 것 같아도 비번에 병원을 지키면서까지 그 일을 마무리했다고 한다. 그런 모습을 성형외과 선배들이 좋아하고 그를 아꼈기 때문에 큰 고민 없이 성형외과에 지원했고, 정해진 것처럼 합격했다. 신욱 씨는 지금까지 살면서 놀라울 정도로 평탄한 길을 걸었다. 그러니 정신건강의학과 진료를 받는 게 납득하기 쉽지 않을 것이다.

"공부든, 일이든 먼저 목표를 세우고, 그 목표에 맞춰 계획을 세웠죠. 지금까지 그 계획에서 어긋난 던 적은 없었던 것 같아요. 운이 좋았다는 게 아닙니다. 그만큼 제가 노력을 한 거죠."

"대인 관계는 어떠세요? 속마음을 털어놓을 정도로 친한 친구는 몇 명이나 있나요?"

"친한 친구라……. 친구에게는 그런 이야기를 잘 안 해요. 고민거리가 특별히 없기도 하고, 고민이라는 게 친구한테 이야기한다고 답이 나오는 건 아니잖아요?"

그때 신욱 씨와 친한 사이냐는 내 질문에 머쓱하게 웃으며 말을 흐렸던 동수와의 전화 통화가 떠올랐다. 신욱 씨는 곧 고민만 이야기하지 않을 뿐이지 필요할 때 연락할 수 있는 친구는 제법 된다고 덧붙였다.

'필요에 따라?'

"혹시 이성 관계는 어떠셨나요? 예전에도 여자 친구를 만날 때 지금처럼 힘들었던 적은 없었나요?"

"선생님도 알다시피 여자 친구한테 소홀할 수밖에 없는 상황이었어요. 병원 일이라는 게, 일이 우선일 수밖에 없지요. 가장 오래

간 게 육 개월이었나? 만나고 헤어지고 반복하다 보니 그마저 피곤해졌을 때 지금 여자 친구가 나타난 거죠. 그래서 더 잘 해 보려고 했던 것도 있었고요."

이렇게 담백하게 지난 연애사를 말할 수 있는 사람도 없을 것이다. 신욱 씨에겐 연인도 친구처럼 필요에 따라 만나고 헤어지고를 반복하는 패턴 속에 있는 것일까?

신욱 씨의 이야기를 들을수록 예전에 봤던 강박성 성격의 환자가 떠올랐다. 그는 40대에 고속 승진을 한 고위 공무원으로, 대학 입시, 행정 고시, 사내 평가, 결혼, 모두 자신이 계획하고 원했던 대로 이뤄 왔다. 상대적으로 젊은 나이에 높은 자리에 오른 그는 일을 완벽하게 해야 한다는 생각에 집에도 들어가지 않고 업무를 보다 결국 과도한 중압감을 견디지 못하고 우울증으로 입원을 했다. 본인이 일하는 방식대로 해야만 직성이 풀리는 성격, 융통성이 부족하고 깐깐하다는 주위 사람들의 평가, 가볍게 술을 마실 친구 하나 없는 점, 우울하고 무기력해 보이는데 감정을 표현하지 못하는 모습까지, 그 환자는 강박성 성격의 전형이었다.

그런데 강박성 성격 환자는 학습 능력이나 업무 효율이 좋기 때문에 자신의 성격이 문제라고 생각하기 어렵다. 특히, 어릴 때부터 경쟁이 심한 한국 사회에서는 이런 성격이 모범적이라고 평가받기도 한다. 그렇기 때문에 강박성 성격 환자들이 성격을 바꾸려고 정신건강의학과에 내원하는 경우는 매우 드물었다. 우울증이나 불면증 등 다른 문제가 생겨야 병원을 찾는 게 보통이었다. 또한 자신이 살아온 방식을 부정당하는 느낌 때문에 치료가 힘든 편이었다. 그때도 우울증을 호전시키는 데 신경을 쓰느라 성격에 관해서는 제대로 다뤄 보지 못했다. 신욱 씨를 보니 딱 그 환자 생각이 났다.

신욱 씨는 본인만의 질서, 규칙, 계획에 지나치게 몰두하고, 관계에서도 친밀감보다 관계를 조절하는 데서 오는 통제감을 추구한다는 점에서 강박성 성격 특성을 전형적으로 보이고 있었다. 바람에 이리저리 휘는 갈대가 아니라 단단한 나무가 오히려 부러지기 쉬운 것처럼 강박성 성격의 유연하지 못한 사고방식은 예상하지 못한 변화에 취약하다. **자신의 안정성을 흔드는 일에 불안을 쉽게 느끼며 계획한 대로 일이 이뤄지지 않을 때 크게 좌절하기 때문이다.** 신욱 씨가 여자 친구의 이별 통보에 불면증을 앓을 정도로 좌절한 까닭은 여자 친구를 향한 애정 때문이라기보다 예상하지 못한 돌발 상황을 감당할 유연성이 없기 때문일 것이다.

> **"**
>
> *강박성 성격의*
> *유연하지 못한 사고방식은*
> *예상하지 못한 변화에 취약하다*
>
> **"**

강박적 성격의 사람들 가운데는 돈, 지위, 성공이 감정적인 안정감을 유지하는 토대라 생각하고 그것에 지나치게 집착하는 경우가 많다. 신욱 씨가 지금의 여자 친구를 각별하게 생각하는 것도 여자 친구 집안의 경제력 등이 영향을 주었을 수도 있다. 어쩌면 신욱 씨는 그러한 자신의 성격을 십분 발휘해 지금의 자리에 오른 것인지도 모른다. 그렇기 때문에 더욱, 신욱 씨의 성격적인 문제를 직접적으로 언급할 수는 없었다. 다만 문제 상황에서 신욱 씨의 성격이 어떤 영향을 미치는지에 초점을 맞출 필요는 있었다.

"신욱 씨, 오늘도 고생 많으셨어요. 여러 가지 이야기를 해 주셨는데, 오늘 면담은 어땠는지 정리해 볼까요?"

어떤 질문에도 자신감 넘치게 대답하던 신욱 씨가 처음으로 뜸을 들이더니 잠시 생각에 잠긴 듯 어느 한 곳을 가만히 응시했다.

"선생님이 보시기에 제 성격에 정말 문제가 있나요?"

"음, 성격에 문제가 있다기보다 신욱 씨 성격의 어떤 특성이 신욱 씨와 여자 친구 사이에 문제를 만들고 불면증이 생기는 데 영향을 준 거라고 봐요. 예를 들어 술을 잘 마시고 사람들과 어울리는 것을 좋아해서 영업직으로 크게 성공한 사람이 어느 날 지방간에 걸린 거예요. 그 사람에게 술을 잘 마시는 것은 성공을 도운 수단인데, 결과적으론 건강에 무리를 준 거죠. 물론 지방간은 잠시 술을 끊고 운동을 하면 회복될 수 있습니다. 신욱 씨의 경우도 마찬가지예요. 계획적이고 완벽주의적인 성격이 지금 이렇게 성형외과 의사가 되는 데 좋은 영향을 줬을 거예요. 하지만 결혼하려는 여자 친구와는 그 성향 때문에 문제가 생긴 거죠. 그 성향을 제대로 파악하는 것만으로 여자 친구와 관계를 회복하는 데 도움이 될 것 같아서 드린 말씀이에요."

"네, 어떤 말씀이신지는 알겠네요. 좀 더 생각해 볼게요."

순순히 인사를 하고 나가는데 뒷맛이 씁쓸했다. 신욱 씨는 여전히 본인의 문제를 부인하는 채로 약점을 방어하고 있어 뚫고 들어갈 틈이 없었다. 처음부터 약물 처방만 하고 수면 위생 교육, 인지 행동 치료에 집중을 하는 것이 좋았을까? 친구의 소개로 온 데다 같은 의사라고 해서 진료에 너무 욕심을 부리고 있는 건 아닐까? 그런 고민을 하다 불현듯 다음 진료 전까지 신욱 씨가 여자 친구랑 다퉜으면 좋겠다는 생각이 떠올랐다. 그럼 이야기를 나눠 볼 틈이 생길 테니까. 세상에 환자한테 트러블이 생기길 바라다니! 이게 무슨 말도 안 되는 생각인가 싶어 머리를 세게 뒤흔들었다.

완벽하지 않으면
불안한 당신

여러분은 신욱 씨의 이야기를 들으며 어떤 생각을 했나요? 겉으로 보기엔 성공한 전문직 직장인, 여자 친구에게 충실한 연인, 가족들에겐 책임감 강한 큰아들, 신욱 씨의 계획적이고 꼼꼼한 성격이 대체 무슨 문제일까 싶진 않았나요? 그런 신욱 씨에게 강박성 성격 성향이 있는 건 아닐까 의심하는 저를 의아하게 생각하는 분들도 있을 겁니다. 여기서 강박성 성격장애와 강박성 성격 성향을 구분해야 할 것 같습니다. 정신건강의학과에서는 사회적으로나 직업적으로 큰 문제가 있을 때에만 '장애'라는 이름을 붙이지요. 지금의 신욱 씨는 여자 친구와 생긴 문제를 제외하면 일에서도 대인 관계에서도 크게 불편한 게 없습니다. 하지만 모든 것을 통제해야 하는 성향은 분명 신욱 씨의 삶의 패턴을 설명하는 중요한 키워드이고, 그래서 '강박성 성격 성향'이 아닌가 생각했던 것이지요.

강박성 성격장애와 강박성 성격 성향은 그 성격의 색채를 얼마나 진하게 띠고 있는지 정도의 차이입니다. 강박성 성격 성향을 설명할 때 성격장애의 특성들을 언급하는 것도 이 때문이지요. 강박성 성격의 색채가 너무 강해서 문제가 될 때 성격장애라고 부릅니다. 한편 흔히들 **강박성 성격장애**와 **강박 장애**를 혼동하는데, 둘은 명확히 다른 개념입니다. 똑같이 '강박'이라는 단어가 들어가지만 강박성 성격장애는 완고함, 완벽주의, 통제라는 단어로 설명됩니다. 모든 일을 자신이 계획한 대로 완벽하게 해야 하고 융통성이 없습니다. 자기 자신은 물론이고 일, 대인 관계 모두 자기 통제 아래에 있어야 마음이 편해지지요. 고집을 부리고 사소한 것에 집착하기 때문에 다른 사람이 볼 때 차갑게 느껴지기도 하고요. 감정을 표현하는 능력도 제한적이기 때문에 친하게 지내는 친구도 거의 없습니다. 자신에게 문제가 있다고 스스로 생각하는 경우는 매우 드물고, 문제가 있다고 하더라도 완고함과 통제받지 않으려는 특성 때문에 치료에 소극적입니다.

강박 장애는 강박 사고와 강박 행동을 보이는 질환입니다. 원치 않는 생각이나 충동, 이미지가 반복적으로 떠올라 어떤 행동을 하지 않으면 불안해서 견딜 수 없는 병이지요. 가스 불을 잠그지 않은 것 같다는 생각이나 이미지가 계속 떠올라 직접 확인하지 않으면 불안해하는 증상을 예로 들 수 있습니다. 강박성 성격장애처럼 강박 장애도 강박 사고와 강박 행동이 너무 심해서 일상생활에 큰 문제를 줄 때만 '장애'라고 할 수 있습니다. 강박 장애는 강박성 성격장애와 다르게 본인이 불편함을 느끼는 경우가 대부분입니다. 또한 강박성 성격장애의 경우 일상생활은 지나치게 완벽하게 통제하는 반면 정리정돈은 하지 않는 경우가 많은데, 이 점도 강박 장애와 다른 점입니다. 강박성 성격장애의 완고함과 완벽주의 뒤에는 대개 분노가 숨겨져 있고, 강박 장애의 증상에는 불안과 공포가 숨어 있습니다.

신욱 씨는 일, 결혼, 나아가서 자기 자신의 증상까지 완벽하게 통제되지 않을 경우 분노나 우울감에 빠진다는 점에서 강박성 성격장애까지는 아니지만 성격 성향을 의심해 볼 만했습니다. 이러한 성향은 분노 조절에 어려움을 겪거나 통제되지 않는 상황에 대한 깊은 무력감에서 오는 우울증으로까지 발전할 수 있습니다. 그리고 결혼하는 데는 성공하더라도 이후의 결혼 생활에 문제가 생길 가능성도 높아 지속적인 면담 치료를 권한 것이기도 하지요. 겉으로 보기엔 완벽하지만 휘어지지 못하는 나뭇가지처럼 보이는 사람, 혹시 여러분 주위에도 있지 않나요?

아니요, 그렇게
힘들지 않았습니다

일주일 만에 보는 신욱 씨 표정은 다행히 한층 여유가 넘쳤다. 수면 일기에도 동그라미가 세 개, 세모가 네 개였고, 엑스 표는 하나도 없었다. 잠들기까지 걸리는 시간도 줄어들었다. 너무 이른 아침에 깨는 것 빼고는 상태가 양호했다.

"좋습니다. 점점 수면 사이클이 잡혀 가고 있네요. 중간에 스트레스를 받거나 회식 때문에 술을 마시면 잠시 안 좋아질 수도 있지만 나아지는 궤도에 올라선 것 같습니다."

"그런 돌발 상황도 예상해야죠. 그래도 상태가 나아졌다니 다행이네요. 저는 잠을 자는 게 힘들다는 말을 모르고 산 사람이거든요. 인턴 때랑 성형외과 수련받을 때는 수술방에서나 스테이션에서도 머리만 대면 잤었는데……."

"그렇죠. 불면으로 병원에 오시는 분들이 정말 많은데요. 절반 이상이 비슷한 말씀을 하세요."

내 말에 또 안다는 듯 대꾸할 줄 알았는데 신욱 씨가 잠잠했다. 망설이던 신욱 씨가 물었다.

"선생님, 지난주에 제 성격 이야기를 했잖아요. 저 같은 성격의 사람들도 병원에 많이 오나요? 제가 치료를 받아야 하는 게 맞나 싶어서요."

"면담을 통해서 성격을 바꾸는 건 쉽지 않아요. 때론 몇 년에 걸쳐 상담을 받는데 그렇게 해도 바뀌는 건 성격의 일부분일 수 있고요."

"몇 년씩이나요? 그렇게 오래 치료받는 건 생각도 못 해 봤네요."

"다들 놀라시죠. 특히 신욱 씨는 수술로 곧바로 결과물을 내는 외과 계열을 전공하셨으니까 더 그러실 것 같아요. 그 부분은 천천히 생각해 보세요. 혹시 오늘 이야기해 보려고 생각한 게 있을까요?"

신욱 씨는 고개를 가볍게 흔들었다.

"고민을 하긴 했는데요. 딱히 떠오르는 게 없더라고요. 지난주에 면담이 끝나고 집에 돌아갈 때는 뭔가 있었던 것 같은데……."

"그럼, 나중에 떠오르면 말씀해 주세요. 생각이 났을 때 적어 두시는 것도 좋습니다."

"네."

"그럼 지금은 무슨 생각 하고 계세요?"

"그냥 벽에 걸린 시계를 보고 있었어요. 시간이 생각보다 느리게 흘러간다 하고요. 면담을 보통 30분 정도 하는 것 같은데 딱히 정해진 건 아니죠?"

"네 신욱 씨와는 면담 시간이나 횟수를 정해 놓지 않았으니까요. 그래도 대충 30분 내외로 진료를 마치려고 하죠. 정확히 알고 계셨네요. 그런데 시간이 느리게 흘러가는 것 같으세요?"

"네, 그냥 시곗바늘이 흘러가는 걸 보고 있으니까 이렇게 가만히 있던 적이 있었나 싶어요."

조금 더 생각할 시간을 줘야 할지 질문을 해야 할지 고민을 하다가 지난주 의무 기록에 '가족 이야기를 해 볼 것'이라고 적어 놓은 게 보였다. 정신건강의학과 진료 시에는 보통 가족력이나 가족 이야기부터 다루는데 신욱 씨는 신기할 정도로 가족에 관해서는 이야기를 하지 않았다. 신욱 씨가 입을 떼기를 마냥 기다리기보다 묵은 숙제를 꺼내기로 맘을 먹고 질문을 던졌다.

"여자 친구와 사이가 좋아지니까 수면 상태도 좋아졌나 봐요. 여자 친구가 약속을 지키지 않아서 화가 많이 난다고 하셨죠? 혹시 어릴 때 약속을 안 지켜서 크게 혼난 적이 있다거나 약속에 관해서 특별히 떠오르는 기억이 있나요?"

신욱 씨가 손가락으로 허벅지를 가볍게 두드리며 '약속'이라는 말을 중얼거렸다.

"약속……, 약속 하면 부모님이 하라고 한 걸 안 했을 때 혼난 것? 어렸을 때 엄청나게 맞았어요. 아버지가 테니스 채, 골프채 뭐 잡히는 대로 때리셨거든요. 저녁을 같이 먹기로 했는데 갑자기 친구가 놀자는 거예요. 그때 친구 집에 너무 나가고 싶어서 저녁 먹으러 갈 시간까지 꼭 오겠다고 약속한 뒤 놀러갔어요. 놀다 보니 약속 시간을 한 시간 정도 넘겨서 부랴부랴 집에 갔는데 아버지가 영화 대사처럼 몇 대 맞을 거냐고 물어보시더라고요. 한 시간 늦게 왔으니까 한 대 맞겠다고 했는데 엄청나게 맞았어요."

> **"**
>
> *아버지가 영화 대사처럼*
> *몇 대 맞을 거냐고 물어보시더라고요*
>
> **"**

신욱 씨는 가볍게 웃으면서 그러다 죽는 줄 알았다는 말을 덧붙였다.

"어렸을 때 그렇게 맞았으면 정말 힘드셨겠네요."

"별로요. 그렇게 힘든 건 아니었어요."

"힘들지 않았다고요?"

"네, 제 말은 그냥 많이 맞았다는 거예요."

신욱 씨의 말에 고개를 가만히 끄덕였지만 어딘가 이상하게 느껴졌다. 어릴 때 성인 남자에게 테니스 채와 골프채로 엄청나게 맞은 게 아무렇지도 않은 일일 수 있을까? 신욱 씨는 그때의 경험에 관해서 감정적인 표현을 하는 걸 꺼리는 듯했다.

"아, 그러고 보니 가족 관계는 어떻게 되나요? 형제는 있나요?"

"동생이 한 명 있어요."

"남동생인가요?"

"네. 남동생이에요."

"신욱 씨는 지금 누구랑 살고 계세요?"

"병원 옆에서 혼자 자취하고 있어요."

"다른 가족들은요?"

"어머니하고 동생은 같이 살아요. 집은 서울이고요."

"그럼, 아버지는요?"

"아버지는 돌아가셨어요."

신욱 씨는 내 질문에 한 번도 망설이지 않고 거침없이 말했다. 오히려 아버지가 돌아가셨다는 대답에 내가 잠시 멈칫했다.

"제가 고등학교 2학년일 때, 위암으로 투병하다 돌아가셨어요. 꽤 오랫동안 병원에 계셨는데 제대로 신경을 못 써 드린 게 죄송해요. 그때는 한창 공부하느라 집에도 거의 안 있었거든요. 더 잘해 드렸어야 하는데 하는 아쉬움이 항상 있어요."

"네, 정말 안타깝네요. 어머니는 어떻게 지내세요? 일을 하시나

요?"

"네, 지금도 일하고 계세요. 어머니도 의사예요. 산부인과 의사인데 강북 쪽에서 개업해서 일하신 지 꽤 됐어요. 아, 아버지도 의사셨고요."

신욱 씨는 자신이 부족함 없이 자랐다는 걸 인정했다. 경제 형편이 넉넉해 또래 친구들에 비해 가지고 싶은 건 대부분 가질 수 있었고, 어머니가 파트타임으로 주말에만 일하면서 신욱 씨를 돌보는 데 시간을 대부분 보내는 등 애정도 충분히 받았다고 했다.

"예전에 학교 다닐 때 공부를 잘해서 부모님이 기뻐하셨다고 했지요? 부모님이 성적에 신경을 많이 쓰셨나요?"

"네, 어머니가 신경을 많이 쓰셨죠. 아버지는 1등 해야 하는 걸 당연하게 생각하셨던 것 같아요. 성적이 잘 나오면 용돈을 좀 더 주시기는 했는데 1등 하고 상을 타 와도 아버지는 그렇게 좋아하지 않으셨어요. 어머니가 항상 공부 잘해라, 공부 잘하는 친구들하고 어울려라 하는 말씀을 많이 해서 어머니 때문에 공부를 열심히 했다고 생각했는데 이제 와 보니 아버지 때문에 공부를 했던 것 같네요. 아버지한테 계속 인정을 받고 싶어서요."

"공부할 때 계획적으로 하는 편이었나요? 아니면 벼락치기 하는 편이었나요?"

"아주 어릴 때부터 이미 매일매일 해야 할 공부 분량이 정해져 있었어요. 학원에서 내 주는 숙제에, 어머니가 내 준 과제도 있었고요. 그냥 그렇게 하루하루 해야 하는 걸 하다 보면 벼락치기를 안 해도 되더라고요. 그게 습관이 돼서 계획적인 성격이 된 것 같아요."

누군가한테는 어린 나이에 매일매일 정해진 분량의 공부를 한다는 게 스트레스일 수 있지만 신욱 씨에게는 그런 양육 방식이 잘 맞았던 모양이었다.

"어머니는 어떤 분이세요? 한 단어로 표현한다면?"

"헌신적인 분이세요. 어렸을 때 친가나 외가 도움 없이 저희 둘을 직접 키우셨고, 아버지가 돌아가신 뒤에는 홀로 아들 둘을 건사하셨죠. 그 힘든 상황에서도 '네가 우리 집안의 기둥이다'라고 말씀하시며 공부하는 제 옆을 지키느라 밤늦게까지 책을 읽곤 하셨어요."

"정말 대단하시네요. 그럼, 아버지는 어떤 분이셨나요? 어떤 것이 기억에 남으세요?"

"굉장히 강한 분이셨어요."

질문에 곧장 답을 한 뒤 신욱 씨는 잠시 머릿속을 정리하는 듯했다.

"한 번씩 화낼 때는 엄청나게 무서웠어요. 거짓말하는 걸 굉장히 싫어하셨어요. 저녁 약속에 늦었을 때도 약속을 어기는 건 거짓말하는 것이나 마찬가지라고 하면서 맞았으니까요. 아버지야말로 기둥 같은 분이셨어요. 어머니도 아버지에게 많이 의지하셨고요."

아버지에게 약속을 어기는 건
거짓말하는 것과 마찬가지였어요

신욱 씨의 부모님은 신욱 씨에게 관심도 많았고 일관성 있는 태도를 보여 준 듯했다. 하지만 동시에 매우 엄격했다. 용돈이나 물질적인 부분에서는 부족한 것이 없었지만 친구 관계부터 하루 일과까지 지나치게 통제하는 양상이었다. 이렇게 통제가 심한 가정에서 자란 아이는 일찌감치 반항하고 엇나가거나 사춘기 때 방황하는 일이 꽤 있다. 신욱 씨는 항상 부모의 기대를 충족해 실패한 경험이 없고 인정받는 상황 때문인지 통제를 거부감 없이 내재화한 듯 보였다.

신욱 씨의 부모님 이야기를 들으니 신욱 씨가 약속을 중요하게 여기고 약속을 어기면 심하게 화를 내는 맥락도 이해가 됐다.

"저…… 오늘은 이만해야 할 것 같은데요. 뒤에 일이 있어서요."

시계를 확인하니 진료를 시작한 지 삼십 분이 훌쩍 넘어 있었다.

"아, 시간이 벌써 이렇게 됐네요. 오늘 말씀을 잘해 주셔서 시간 가는 줄 몰랐습니다. 제가 신욱 씨를 이해하는 데 많은 도움이 됐어요."

"그런가요? 저도 오늘은 좀 괜찮았던 것 같네요."

신욱 씨는 내 말에 동의하면서 자리에서 일어섰다. 오늘 면담은 여느 때와 달리 자연스럽게 진행되었지만 여전히 신욱 씨한테서 감정을 끌어내는 건 어려웠다. 사람은 어떤 사건이나 기억을 떠올릴 때 자연스럽게 관련한 감정도 함께 끄집어낸다. 그러나 신욱 씨는 아버지와 어머니에 관한 이야기를 하면서 감정적인 표현을 전혀 하지 않았다. 그저 사건을 나열하고 평가하는 듯한 태도였다. 내가 감정적으로 공감하는 말을 해도 그 말을 부정하거나 거부했다. 혹시 감정 표현이 적은 아버지의 체벌과 헌신적이면서 자식한테 의지하는 어머니의 과잉 보호가 감당할 수 없을 만큼 압박이었던 건 아닐까? 그런 생각을 하며 차트에 '격리'라는 단어를 끼적였다.

◆

꺼내기 싫은 감정을
서랍에 넣다

　진료를 마무리하며 차트에 끄적인 격리라는 단어는 과거의 고통스러운 기억과 관련된 감정을 따로 떼서 분리하는 방어기제입니다. 사실은 기억하지만, 그 사실에 얽힌 감정은 느끼지 않는 것이지요. 이것은 기억을 의식에 두고 감정을 무의식에 보내기 때문에 발생합니다. 고통스러운 감정을 느끼면 너무 괴롭기 때문에 자신을 지키려고 사용하는 방어기제이지요.

　신욱 씨가 아버지에게 심하게 맞은 기억을 떠올리면서도 아무렇지 않게 가볍게 웃는 건, 실제로 아무렇지 않다기보다 너무 괴롭고 힘든 감정이기에 기억에서 '격리'했을 가능성이 큽니다. 아버지를 향한 분노를 직접적으로 표현하면 더 큰 체벌이 돌아올 수 있고,

그게 아니더라도 분노를 품는 것만으로 죄책감을 느낄 수 있지요. 품고 있기에 너무 힘든 감정을 무의식에 묻어 버리는 겁니다.

여린 마음을 지키려는 방어기제인 격리, 그러나 격리를 통해 마음과 정신을 지키는 일은 살얼음판을 걷는 것과 같습니다. 살얼음판이 작은 충격에도 무너지듯이 애써 분리해 둔 감정이 무의식에서 올라오면 심각한 우울증에 빠질 수도 있습니다. 특히 격리라는 방어기제를 취해 온 사람은 감정 그 자체를 인식하고 표현하고 해소하는 데 서툴러 더 큰 문제 상황에 빠질 수 있습니다.

격리라는 방어기제의 함정에 빠지지 않으려면 평소에 부정적인 감정이나 고통스러운 감정을 건강하게 해소하는 방법을 찾는 게 중요합니다. 아주 솔직하게 일기를 쓰거나 의지할 수 있는 사람에게 털어놓을 수도 있지요. 일기를 쓸 때는 그날 있었던 일들 중 기억에 남는 사건을 쓰고 그때 내 감정이 어땠는지 적어 보는 감정 일기를 권합니다. 반대로 누군가 여러분에게 힘든 일을 이야기할 때는 그 일에 얽힌 감정이 어떤지 충분히 표현할 수 있게 도와주세요.

이제
그만하겠습니다

"이제 그만 와도 될까요?"

일주일이 넘는 긴 휴식의 여운이 한 번에 날아갔다. 연휴 때문에 2주 만에 만난 신욱 씨가 자리에 앉자마자 치료를 종결하고 싶다는 말을 꺼낸 것이다. 모든 진료를 연휴 뒤로 미룬 터라 대기 환자가 밀려 있어 정신이 없었는데 그 소리에 정신이 번쩍 들었다. 이전 면담에서 가족 이야기를 하면서 신욱 씨가 어떤 사람인지 더 자세하게 알았다고 생각했는데 이렇게 갑작스러운 결말이라니, 내가 놓친 부분이 있는지 걱정이 됐다.

"치료를 그만 받으시겠다고요? 갑자기 왜 그런 생각을 하셨어요?"

"증상이 좋아졌으니까요. 거의 80퍼센트, 괜찮아진 것 같아요."

신욱 씨가 휴대폰을 내밀어 수면 일기를 보여 줬다. 증상이 좋아졌다고 했지만 수면 일기에는 엑스 표시도 있었다. 크게 나빠진 건 아니었지만 그렇다고 크게 좋아진 것도 아니었다.

"약을 조금 더 유지하다가 완전히 잡힌 뒤에 천천히 끊는 게 좋아요. 그동안만 진료를 받는 게 어떠세요?"

무슨 조언을 하든 신욱 씨는 내 말을 튕겨 낼 기세였다. 어떤 말도 듣지 않을 작정인가? 문득, 연휴 전에 약 처방을 일주일치만 했다는 게 떠올랐다.

"그런데 신욱 씨, 약이 떨어지지 않았나요? 날짜를 보니까 4일치 약이 없었을 텐데요."

"안 그래도 약이 다 떨어져서 연휴 끝나자마자 예약을 잡은 거예요. 지난번 진료가 끝나고 집에 돌아온 뒤에 연휴 때문에 진료를 못 받는다는 걸 알았어요. 약 처방받으러 다시 올까 하다가 수면 패턴도 많이 좋아지고 이제 약을 좀 끊어도 괜찮지 않을까 하는 생각에 그냥 있었습니다."

"그럼, 4일 동안 약을 안 드신 건가요?"

"4일 내내는 아니고요. 처방해 주신 약을 초반에 잘 안 먹었거든요. 어지러워서요. 그 약이 남아 있어서 그거 먹었어요. 생각보다 괜찮았어요. 약은 제가 알아서 조절할 수 있을 것 같아요."

나는 할 말을 잃고 신욱 씨를 가만히 쳐다봤다. 어떤 것이든 통제하려는 성격이 진료와 처방에도 영향력을 미치는 건 자연스러운 일이었다. 그래도 신욱 씨는 의사이니 의사의 처방만큼은 그대로 따를 거라고 생각했는데 방심한 셈이었다. 약이 안 맞는 것 같다며 불평할 때도 분명 약을 자의로 조절했을 것이다.

> **"**
>
> *약은 제가 알아서*
> *조절할 수 있을 것 같아요*
>
> **"**

"신욱 씨, 증상이 나아진 것 말고 오늘 치료를 끝내고 싶은 이유가 따로 있을까요? 지난번 진료도 괜찮았다고 말씀하신 기억이 나는데요."

"진료 시간은 나쁘지 않았어요. 어머니, 아버지, 그리고 동생 생각도 해 보고 저 자신에 대해서도 생각해 볼 수 있었으니까요. 그런데 계속 가족 이야기나 여자 친구 이야기를 하는 게 무슨 의미인지 모르겠더라고요. 뭐, 여자 친구 이야기까지는 어떻게 이해할 수 있어요. 불면증의 원인이니까요. 그런데……, 아버지 이야기는 괜히 했나 싶더라고요."

"아버지 이야기요?"

"네, 아버지가 저를 때린 이야기는 안 하는 게 좋았겠다는 생각이 들었습니다. 이미 돌아가신 아버지한테 따질 수 있는 것도 아니고. 솔직히 선생님이 그런 이야기를 유도했다는 생각도 들더군요. 정신과에서 자주 하는 거죠? 모든 걸 가족의 문제로 돌리는 거요."

연휴 동안 예전의 공격성을 다시 장착하고 돌아온 듯, 신욱 씨의 말에 가시가 돋아 있었다.

"네, 그런 마음이 드실 수 있죠. 이해합니다. 제가 치료 과정에 대해 설명을 충분히 못 드린 것 같기도 하네요. 면담을 하다 보면 자기 자신도 몰랐던 부분을 많이 알게 돼요. 사람이 자신은 자기가 가장 잘 안다고 생각하지만 그렇지 않거든요. 힘든 기억이나 단점은 일부러 혹은 무의식적으로 보지 않으려고 하죠. 그런데 자기 자신에 대해서 잘 알면 문제 상황도 객관화할 수가 있어요."

"그러니까 선생님, 저는 애초에 선생님이 말씀하시는 게 이해가 안 가요. 저는 제 성격에 문제가 있다고 생각하지 않는다니까요. 그런데 무엇을, 왜 고쳐야 하나요? 선생님이 제 성격에 문제가 있다고 생각하니까 저를 바꾸려는 것 아닌가요."

나는 잠시 말문이 막혔다. 신욱 씨의 말에도 일리가 있었다. 나는 신욱 씨의 문제가 지나치게 통제하려는 성향, 완벽주의, 정신화와 공감 능력의 부족, 감정 조절의 어려움, 융통성 없는 사고라고 판단 내렸다. 반면, 신욱 씨 본인이 자각한 문제는 불면증뿐이었다. 무엇이 문제인지 합의가 안 된 상태에서 치료자와 내담자는 서로 엇갈릴 수밖에 없었다. 그런 상황에서 신욱 씨는 내가 자신을

'통제'한다고 느낀 것이다.

> ❝
> 선생님이 저를
> 바꾸려는 것 아닌가요?
> ❞

"네, 그렇게 느끼셨을 수 있겠네요."

나는 순순히 인정했다. 오늘 진료가 끝나면 신욱 씨를 볼 일이 없을 거라 생각하니 마지막이라는 마음으로 신욱 씨에게 그간 진료 과정에서 내가 생각한 바를 솔직히 이야기하기로 했다.

"여자 친구가 약속에 늦어서 신욱 씨가 한 시간 가까이 화를 냈다고 했지요? 그때 신욱 씨 마음에는 어린 시절 약속에 늦은 자신을 혼내던 아버지와 비슷한 감정이 들어 있었던 게 아닐까요? 저는 약속이나 규칙이 어긋나는 상황에서 심하게 스트레스를 받는 신욱 씨 성격을 고치면 좋겠다고 생각했어요. 완벽하고 꼼꼼한 성격은 분명히 장점이지요. 지금 하시는 일에도 도움이 많이 될 테고요. 그걸 전부 부정하려던 건 아니에요. 어쨌든 신욱 씨를 무작정 바꾸려는 것처럼 느꼈다면 제 전달 방법에 문제가 있었던 거겠죠."

내 말에 신욱 씨는 바로 대답하지 않았다. 제법 긴 침묵을 깨며 신욱 씨가 말했다.

"······ 혼란스럽네요. 어쨌든 전 돌아가신 아버지를 존경합니다."

"그걸 부정하려는 게 아니에요. 신욱 씨를 때린 아버님은 아버님의 일부분이죠. 신욱 씨가 존경하는 아버님은 그 일부분을 포함한 전체일 거고요. 여자 친구가 좋아하는 신욱 씨도 약속 시간에 엄격한 신욱 씨까지 포함한 전체일 거예요. 그저 일부분, 그러니까 신욱 씨의 경우에는 계획대로 하지 않거나 약속을 지키지 않았을 때 가끔씩 욱하는 것을 줄인다면 여자 친구와 신욱 씨가 모두 행복해지지 않을까요?"

"어떤 말씀인지 알겠어요. 어쨌든 저도 감사드려요. 여자 친구와 관계가 안 좋을 때 참고 기다리라고 하셨죠. 그 덕분에 사이가 좋아졌어요. 불면증도 거의 다 나았고요. 오늘은 원래 예약 날짜도 아니고 약이 떨어져서 처방받으러 온 거거든요. 시간이 별로 없어서 그러는데 이 정도만 하고 나가 볼게요. 뒤에 환자 분들도 많이 계시던데요."

서둘러 자리를 정리하려는 듯한 태도에 나도 어쩔 수 없이 고개를 끄덕였다.

"네, 알겠습니다. 그럼 이만하지요. 이번에는 2주치를 처방해 드릴까요?"

"그래 주실 수 있나요? 네, 그럼 그렇게 해 주세요."

신욱 씨에게 약물의 금단 증상을 설명하면서 혹시 중간에 문제가 생기면 얼마든지 연락을 하라고 했다. 그러나 그 이후로 신욱 씨가 약을 처방받으러 오는 일은 없었다.

* * *

신욱 씨와의 면담을 돌아보며 나는 치료 과정에서 내담자의 의지가 얼마나 중요한지 다시 생각했다. 면담 치료 과정에서 힘든 이야기를 하다 보면 증상이 더 안 좋아지는 경우가 있다. 직면하고 싶지 않은 기억을 끄집어내는 일은 의식적, 무의식적 방어에 부딪히고, 그럴 때 내담자는 치료자에게 저항하기도 한다. 진료실에서 한참 가족 이야기를 하고 간 내담자가 집으로 돌아가 자신에게 상처를 줬던 가족에게 '내가 당신 때문에 이렇게 됐다'며 싸울 때도 있다. 방어와 저항, 그리고 원망이라는 긴 터널을 뚫고 면담을 계속 이어 나갈 때 무엇보다 중요한 것은 내담자의 '바뀌려는 의지'다. 어쩌면 그러한 의지가 없는 신욱 씨를 내가 억지로 끌고 온 게 아닐까? 너무 전형적인 강박성 성격의 환자라 분석하고 싶다는 욕심을 낸 게 아닐까? 그 욕심 덕분에 나는 신욱 씨를 더 잘 이해할 수 있게 되었지만, 신욱 씨에게는 면담이 불쾌한 경험이 되었을 수 있겠다는 생각이 들었다.

몇 주가 지나서 동수로부터 신욱 씨가 내 덕분에 좋아졌다며 소개해 줘서 고맙다는 인사를 했다고 전해 들었다. 그 소식을 듣고 가볍게 웃었지만 입안이 몹시 썼다.

불안에서
도망치는 방법

신욱 씨의 면담은 결국 중간에 끝나 버렸습니다. 정신건강의학과에서 **저항**은 치료 목적에 반하는 환자의 모든 행동을 말합니다. 면담 치료를 하다 보면 어쩔 수 없이 힘든 이야기를 하게 되는데, 이때 '불안'이 발생합니다. 불안에서 도망치고 싶은 마음에 치료에 저항하게 되지요. 신욱 씨도 여러 가지 저항을 보였습니다. 여자 친구에 대해 물었을 때 "그게 도움이 되나요?"라고 되물으며 팔짱을 끼었죠. 치료자에게 "선생님은 여자 친구가 있나?"라며 말을 돌리고 수면 문제에만 집중하려는 모습은 모두 탐색을 꺼리는 저항입니다.

저항은 여러 가지 모습으로 나타납니다. "모르겠어요"라거나

"지금은 아무 생각 없어요" 등 중립적으로 표현되기도 하고 이야기하기 싫다고 직접적으로 표현되기도 합니다. 말을 돌리거나 시계만 쳐다보는 등 아예 말을 하지 않기도 합니다. 신욱 씨는 감정은 일절 표현하지 않고 사건의 사실만 이야기하는 경향이 있는데 이것도 저항일 수 있습니다.

저항이 모두 부정적인 태도로 드러나는 건 아닙니다. 치료자가 흥미 있고 좋아할 만한 이야기만 골라서 하는 경우도 있죠. 저도 이전에 꿈에 관련한 이야기로만 한 시간 가까이 면담한 적이 있습니다. 면담을 마무리하면서 다음에도 기억나는 꿈이 있으면 이야기해 보자고 했지요. 그랬더니 몇 주 동안 꿈 이야기만 하게 됐습니다. 내담자가 늘어놓는 꿈 이야기를 듣다가 오히려 그가 일상생활에서 겪는 문제나 심리를 탐색할 기회가 줄었습니다. '치료 목적에 반하는' 저항으로 작용한 것이지요.

면담에서뿐만 아니라 일상의 대인 관계에서도 관계를 방해하는 저항이 나타날 때가 많습니다. 연인과 다툰 뒤에 무엇 때문에 마음이 상했는지 물었을 때 "나 아무렇지도 않은데?"라고 하거나 "내가 말로 해야 돼?"라며 직접적으로 이야기하는 걸 피하기도 하지요. 여러 이유가 있겠지만, 대개는 솔직하게 이야기하면 더 큰 문제나 갈등을 빚을 거라고 판단하기 때문입니다. 그런데 관계가 발전하려면 상대방을 잘 알고 이해하는 과정이 필요합니다. 이런 식으로 속마음을 감추는 행동은 두 사람 모두를 지치고 불편하게 하지요.

저항은 불안 때문에 일어난다고 말씀드렸습니다. 따라서 저항을 이겨 내는 과정은 불안을 이겨 내는 과정과 같습니다. 불안을 이겨 내는 건 보통 험난한 과정이 아닙니다. 그래서 환자의 의지가 매우 중요하지요. 치료자와 함께 천천히 불안을 이겨 나가야 하는데, 신욱 씨한테는 그 과정이 너무 급작스러웠나 봅니다. 스스로 변하고 싶지 않다는 마음도 컸고요.

여러분은 더 가까워지고 싶은 사람이 있나요? 크게 다투고 화해하고 싶은데 마음먹은 대로 되지 않나요? 대인 관계에서 마음의 저항이 느껴지는 건 당연합니다. 그 마음을 솔직하게 표현해 보세요. 당장은 불편하겠지만, 이런 과정을 통해 더 진솔하고 편안한 관계가 될 수 있습니다. 반대로 상대방에게 저항이 느껴진다면, 부정적인 답을 들을 걸 각오하고 직접 물어보세요. 곧바로 솔직한 마음을 듣기는 어려울 거예요. 상대방이 저항을 이겨 내는 동안 인내심을 갖고 가만히 기다려 보는 것도 좋습니다. 불안과 저항의 관계를 이해한다면, 대인 관계는 물론 나 자신을 이해하고 받아들이는 데 훨씬 여유로울 수 있을 테니까요.

에필로그

이상,
〈뇌부자들〉이었습니다

문정, 홍주, 경민, 은아, 신욱

다섯 명의 내담자가 고민을 안고 다섯 명의 〈뇌부자들〉을 찾았습니다. 오랫동안 괴롭혀 온 문제의 실마리를 찾아 묘한 흥분을 느끼기도 했고, 모든 것이 명쾌해진 듯 기뻤다가 더 깊은 고민 속으로 빠져들기도 했습니다. 긴 시간 동안 충분히 마음 깊은 곳을 들여다보는 과정을 가진 사람도 있고, 덮어 둔 과거의 상처를 발견하고는 힘든 마음에 진료실을 떠난 사람도 있었습니다.

여러분은 누구의 이야기가 가장 와 닿으셨나요? 얼굴 한 번 본 적 없는 이의 사연이라 이해하기 어렵다는 느낌이 들었겠지만 개

중엔 마치 내 이야기인 듯 공감 가는 부분도 있었을 거예요. 그러다 내게도 낯익은 어떤 마음을 마주하고는 도망치고 있던 자신을 발견한 분도 있을 거라 믿습니다. 저희의 이야기를 들으면서 여러분의 마음이 숨겨 둔 자신의 민낯에 조금이라도 가까이 다가가는 기회를 가져 보았길 바랍니다.

정신건강의학과에서 이루어지는 면담이란 드러난 증상을 실마리 삼아 가장 오래된 기억인 생애 첫 기억부터 진료실 안팎에서 반복하고 있는 행동과 심리 패턴을 파악하면서 내면 깊숙이 있는 '진짜' 마음을 들여다보는 과정입니다. 보통 심한 우울이나 불안, 불면과 같은 분명한 증상이 있어야 정신건강의학과를 찾는 거라고 생각하지만 감정을 적절하게 표출하는 데 어려움을 겪는다거나, 관계에서 매번 문제적인 패턴을 보여서 괴롭다거나, 더 막연하게는 도무지 마음에 갈피를 잡을 수 없어 혼란스러울 때에도 얼마든지 정신과적 면담을 요청할 수 있습니다.

정신건강의학과 치료는 내담자와 의사의 '공동 작업'이라고 해도 과언이 아닙니다. 의사의 처방을 내담자가 일방적으로 받아들이는 게 아니라 서로 공을 주고받듯이 대화를 나누며 문제를 깨닫고 시행착오를 거치며 적절한 해법을 체득하는 것이지요. 이 과정이 순탄한 것만은 아닙니다. 마음의 방어막 뒤에 있는 진짜 마음을 알고 싶은 마음도 있지만, 그렇게 드러난 마음이 부끄럽고 초라할까 봐 피하고 싶은 욕구 또한 함께 있기 때문입니다. 그 과정에서 내담자의 마음에 갈등과 혼란이 찾아오기도 하고, 의사에게 특별한 감정이 생기기도 합니다.

이 책에서는 이 모든 것이 면담을 통한 변화에서 자연스러운 과정이라는 점을 보여 주고 싶었습니다. 제한된 지면과 소설이라는 형식 때문에 실제 면담에서와는 달리 건너뛰거나 축약한 부분이 있지만 최대한 실제 진료 현장의 모습을 독자 여러분에게 보여 드리길 원했습니다. 부족하나마 이 책을 통해 조금이라도 정신건강의학과에 대한 막연한 불안감이 사라지고 오해와 편견 들이 해소되었으면 하는 마음입니다.

이제 어쩐지, 도망치고 싶었던 다섯 명의 주인공들에게 저희 〈뇌 부자들〉이 전하고픈 말을 끝으로 독자 여러분에게도 인사를 고할까 합니다.

문정 씨, 지금 어떤 생각을 하고 있나요? 어떤 감정을 느끼고 있나요? 그동안 다른 사람들이 하는 이야기에 집중해 왔으니 이제는 문정 씨의 마음이 내는 목소리에 귀를 기울여 주세요. 때로는 잘 들리지 않아도 조급해하지 말아요. 귀를 기울이려는 시도만으로도 문정 씨는 자신을 사랑할 기회를 얻은 거니까요.

홍주 씨, 엄마의 사랑을 갈구하던 아이에서 아기에게 사랑을 주는 엄마로의 변신, 아직도 조금 어색하시죠? 하지만 고치에서 나온 나비가 다시 애벌레가 되지 않듯이, 앞으로는 이전과 다른 인생이 펼쳐질 거예요. 자신의 변화를 두려워하지 말고 맘껏 날아 보세요.

경민 씨, 마음 속 깔창을 내려놓는 연습, 생각처럼 쉽지만은 않죠? 과민하고 과대한 자기가 커져 또다시 누군가를 포기하게 될 때도 있겠지만, 애쓰는 만큼 점점 나아질 거예요. 앞으로도 멋진 패션만큼이나 멋진 마음으로 '스타일' 변신을 기대할게요.

은아 씨, 언제든지 하고 싶은 이야기가 있으면 편하게 말해 주세요. 때로는 다시 불안한 마음이 들고 힘든 시간이 오겠지만, 지금의 은아 씨는 이겨 낼 수 있다고 믿어요. 그리고 은아 씨 마음속의 안전 기지도 은아 씨를 계속 지켜 줄 거예요.

신욱 씨, 정말 잘 지내고 계신 것 맞죠? 솔직히 신욱 씨와의 면담은 제게도 긴장되는 시간이었습니다. 문제가 생기기를 바라는 것은 아니지만 혹시 문제가 생겼을 때 다시 한 번 저를 찾아 주신다면 정말 반가울 것 같아요.

독자 여러분, 다음에 더 유익하고 재미있는 이야기로 찾아뵙겠습니다. 감사합니다.

이상, 〈뇌부자들〉이었습니다.